*Autoren und Verlag haben sich bei diesem Führer gewissenhaft um verlässliche Angaben bemüht. Eine Haftung irgendeiner Art kann jedoch nicht übernommen werden. Die Verantwortung für seine Routenwahl und die Einschätzung alpiner Gefahren muss jeder Tourengeher und Skibergsteiger selbst übernehmen.*

Daniel Anker · Rudolf Weiss

# Skitouren fürs Wochenende
# Schweiz

## BAND 2

## GRAUBÜNDEN · OSTSCHWEIZ

# Steiger Verlag

Die Deutsche Bibliothek – CIP-Einheitsaufnahme

**Skitouren Schweiz.** – Innsbruck : Steiger.
Bd. 2. Graubünden, Ostschweiz / Daniel Anker; Rudolf Weiss. – 1991
ISBN 3-85423-083-4
NE: Anker, Daniel

Routenskizzen: Dieter Seibert
Farbfotos:
Daniel Anker – Titelbild sowie S. 33, 34, 51, 52, 69, 88, 105, 141.
Rudolf Weiss – S. 87, 123, 124.
Siegrun Weiss – S. 70, 106, 142, 159, 160.

**Das Titelbild**
zeigt die knapp 40° steile Gipfelflanke des Gletschers Ducan (Tour 41).
Auf dem griffigen Firnschnee setzt die Skibergsteigerin eben zum nächsten Schwung an. Im Hintergrund schimmern die Berge zwischen dem
Landwassertal und Arosa.

Layout, Fotosatz und Verfilmung: Steiger Verlag, Innsbruck
Druck und Bindearbeit: Tyrolia, Innsbruck

# Inhalt

5

## APRIL

## *Automobilfahren*

*Da Fälle vorgekommen sind, in denen – durch das Befahren der Strassen mit Automobilen – der Post- und der Fahrverkehr überhaupt gefährdet wurde und da solche Fälle sich wiederholen und zu eigentlichen Katastrophen führen könnten, beschliesst der Kleine Rat:*

*1. Das Fahren mit Automobilen auf sämtlichen Strassen des Kantons Graubünden ist verboten.*

*2. Dieser Beschluss wird zu sofortiger Nachachtung öffentlich bekanntgegeben.*

*Chur, den 17. August 1900.*

*Im Auftrag des hochl. Kleines Rates,*

DER KANZLEIDIREKTOR: G. FIENT

Dieser Erlass der Bündner Regierung, veröffentlicht im »Amtsblatt des Kantons Graubünden« vom 24. August 1900, blieb trotz heftigem Widerstand und neun Volksabstimmungen bis zum 21. Juni 1925 in Kraft. Erst dann hob eine Mehrheit der Stimmbürger in der 10. Abstimmung das Autoverbot auf, und der Kanton Graubünden erlaubte das Autofahren (vorerst nur auf den Hauptverkehrsstrassen) als letzter Kanton der Schweiz.

# Unterwegs mit Ski, Zug und Postauto

Winter für Winter gibt's mehr Skiläufer, die dorthin fahren, wo Felle, Laufbindung und eigene Muskelkraft für den Aufstieg benötigt werden. An die Ausgangspunkte – und an die frische Luft –, gelangen die meisten Tourenfahrer mit dem umweltschädigenden Privatauto. Dabei könnte man Skitouren auch mit Bahn und Bus angehen – wie früher, als es im Jahrbuch des Schweizerischen Ski-Verbandes (SSV) noch heissen konnte: »Eine Fahrt im Sportzug gehört zu einem Sonntag im Schnee wie das Wachs zum Skiläufer.«

Unsere Vorgänger sind mit den öffentlichen Verkehrsmitteln nicht schlecht (Ski) gefahren. Ganz gewiss nicht die Mitglieder des Akademischen Alpenclubs Zürich, die zusammen mit dem Akademischen Skiklub Karlsruhe (darunter der grosse deutsche Skipionier Wilhelm Paulcke) die Neujahrstage 1911/12 im Hochtal von Avers verbrachten und wahrscheinlich die Ski-Erstbesteigungen von Piz Platta, Piz Piot und Gletscherhorn machten. Teilnehmer C. Steiner gibt im 8. SSV-Jahrbuch Hinweise zur Anreise ins Avers: »Die Post fährt im Winter nur einmal im Tage von der Bahnstation Thusis der Albulabahn herauf. Doch befördert sie von Andeer an nicht mehr als eine Person, so dass man wohl stets in den Fall kommen wird, hier einen Privatschlitten zu mieten.«

Etwas beengte Verhältnisse also. In der Zwischenkriegszeit wuchs die Zahl der Postauto(plätze) sowie der Skifahrer. »In Thusis haben wir die Rhätische Bahn und mit ihr auch den Hauptstrom der Osterskifahrer verlassen«, beschreibt Eugen Wenzel eine Osterskifahrt auf den Pizzo Stella (1936 in der Zeitschrift »Die Alpen« des Schweizer Alpen-Clubs): »Bis Andeer bleiben wir noch in Gesellschaft von einem Dutzend Ski-Freudigen, die nach Splügen weiterfahren. Wir selbst müssen hier den bequemen, ledergepolsterten Sitz des Postautomobils mit der schmalen Bank der Averser Postkutsche vertauschen. Damit ist auch auf einmal alles viel heimeliger geworden.«

Die Heimeligkeit hörte in den fünfziger und sechziger Jahren auf. Nun begann man, mit dem Auto skizufahren. »Wenn die Abendkälte einbricht, beginnt der gewaltige Ansturm nach den Parkplätzen«, heisst es im Band »Obertoggenburg« der »Schweizerischen Alpenposten« von 1951: »Hunderte Privatwagen, Dutzende Cars setzen sich in Bewegung; der ganze Tross der Postautos nimmt das Hin und Zurück talabwärts wieder auf«. Nicht alle konnten sich damals einen PKW leisten, und so waren sie noch auf Postauto und Bahn angewiesen – zu ihrem Vorteil: »Dann streckt man im warmen Eisenbahnwagen alle Viere von sich und summt der süssblickenden Nachbarin ins Ohr: 'Vivere…'«.

Wohl stiefeln heute zusehends mehr Skibergsteiger mit Sack und Stöcken durch die Gänge von Intercity- und Regionalzügen, doch an den Startpunkten klassischer Skitouren, wie etwa beim Berghaus Malbun in der Alviergruppe, auf dem Julier- oder Flüelapass, in Hinterrhein am Fuss des Chilchalphorns, ist an einem sonnigen, verschneiten Februar- oder Märzsonntag nach 9 Uhr morgens die Parkplatznot grösser als beim Weihnachts-Abendeinkauf in der Zürcher Innenstadt.

Und wenn Start und Ziel einer Skitour meilenweit auseinanderliegen, reisen einige Tourenskifahrer mit zwei Autos zuerst ans Ziel, stellen dort eines ab, rasen zurück zum Ausgangspunkt, machen die Tour, holen dann vom Ziel mit dem einen Auto das andere am Start ab – und bleiben später auf der Rückreise im Stau stecken.

Anders gesagt: Um auf der Skitour die in der Stadt so spürbar vermisste, saubere Luft einzuatmen, verschmutzen die meisten Skitourenläufer sie noch zusätzlich.


## GUTE GRÜNDE FÜR SCHIENE UND SCHNEE

**Mehr Natur:** Der Tourenskilauf ist sicher eine der umweltschonenden Sportarten, wenigstens oberhalb der Waldgrenze. Darunter sieht es dann (für die Tännchen und Tiere) nicht immer so günstig aus, aber gegenüber dem Pisten- und Variantenskifahren weisen Skitouren eine gute Ökobilanz auf. Damit dies auch für An- und Rückreise gilt, könnte man doch Zug um Zug etwas für die verschmutzte Umwelt tun, auch wenn sie im Winter in den Bergen so weiss und gesund aussieht.

**Mehr Zeit:** Die An- und Rückreise mit öffentlichen Verkehrsmitteln dauert meistens länger als mit dem Privatauto. Und trotzdem hat man mehr Zeit: Im Zug kann man die Zeitung und endlich dieses oder jenes Buch lesen, sich entspannen, essen, schlafen, die Karte und den Führer nochmals studieren. Beim Umsteigen bzw. beim Warten auf die nächste Abfahrt kann man den Rucksack umpacken, vielleicht auch letzte Einkäufe tätigen, die Felle aufziehen, die Lawinenverschüttetensuchgeräte kontrollieren und sich mit Sonnencreme einschmieren, so dass man nach der Ankunft gleich gegen den ersten Gipfel losziehen kann.

Im Frühjahr ist man dann schon etwas spät dran, wenn man erst am Morgen anreist (nur wenige Züge fahren durch die Nacht). Deshalb empfiehlt sich in einigen Fällen die Anreise am Vorabend. Das kostet mehr Geld (Übernachtung), dafür hat man am Morgen mehr Zeit fürs Frühstück. Nicht immer, freilich: Um einen Gipfel im vorderen Teil eines Tales anzugehen, an dessen Basis sich aber keine Unterkunft befindet, logiert man einfach weiter hinten im Tal und gelangt mit dem Postauto-Morgenkurs (und denjenigen, die zur Arbeit oder in die Schule fahren) talauswärts.

Und noch etwas: Wie lange dauert es, nach einer mehrtägigen Skidurchquerung das am Startpunkt abgestellte Auto zu holen? Meistens sehr lange. Auch dann übrigens, wenn man eine Haute Route unterwegs abbrechen muss. Wer nicht noch den zuhinterst in einem Tal eingeschneiten Wagen suchen und ausbuddeln muss, wird um einige Stunden früher zuhause in der Badewanne sitzen und mit den neuen Skirouten-Landeskarten der Schweiz, wo auch die Autobuslinien mit Haltstellen eingezeichnet sind, die nächste Bahn-Bus-Skitour planen.

**Mehr Geld:** Für vier Leute sei die Fahrt mit einem Auto viel billiger als mit der Bahn, heisst es. Das mag stimmen, wenn man ausschliesslich den Preis für verbrauchtes Benzin rechnet. Aber das Auto bezahlt man ja schliesslich nicht nur an der Zapfsäule.

So teuer ist das Zugfahren in der teuren Schweiz übrigens gar nicht. Da gibt es bekanntlich das Halbpreisabonnement, das auf fast allen Bahn-, Bus- und Schiffslinien und auch bei manchen Seilbahnen die Fahrt zum halben Tarif ermöglicht. Dann sind mit diesem Halbpreisabo verbilligte Tageskarten zu kaufen, mit denen man fast in der ganzen Schweiz herumfahren kann. Und schliesslich lohnt es sich, Rundreisefahrkarten zu lösen, die günstiger sind als zwei einfache Fahrten.

Etwas muss man auf jeden Fall erstehen: das dreibändige Offizielle Kursbuch der Schweiz, worin man lückenlos die erforderlichen Angaben findet. Und wem der blaue Zug/Seilbahn-Band und der gelbe Autobus-Band mit je 450 Gramm zu schwer sind, nimmt nur die entsprechenden Seiten mit oder schreibt sich die Verbindungen heraus. Zudem gibt es 65 regional verschiedene Fahrplanauszüge aus dem Kursbuch (Bahn- und Postautodienst), gratis erhältlich an den Postschaltern der Region.

Dass Skitourenausgangspunkte in der Schweiz mit öffentlichen Verkehrsmitteln gut zu erreichen sind, liegt daran, dass das Land eines der grössten und dichtesten Bahn- und Buslinennetze aufweist: 3640 km Normalspur- und 1384 km Schmalspurbahn, dazu das Postauto als Feinverteiler mit einem Streckennetz von 8500 km. Mit Bahn und Bus zu Skitouren heisst: ohne viel Zeitverlust durch allzu häufiges Umsteigen und ohne allzu grosse Strecken zu Fuss unterwegs sein – vielleicht muss man am Ende einer grossen Abfahrt die Ski zur nächsten Station tragen, aber wer sich daran stört, sollte ohnehin besser auf der Piste bleiben.

**Mehr Abenteuer:** Skitouren mit öffentlichen Verkehrsmitteln bringen ungeahnte skifahrerische Vorteile. So muss man nicht mehr auf die Traumabfahrt durch den nordseitigen Pulverschnee verzichten, nur weil das Auto am Fusse der verharschten oder gar aperen Südseite steht. So kann man auf der einen Seite eines Berges eine Seilbahn benützen, um dann auf der andern Seite viele Höhenmeter hinunterzukurven. So kann man von einem Tal zum andern gleiten und entdeckt immer neue Berge und Orte.

Sicherlich braucht man mehr Erfahrung und sichere Verhältnisse, wenn Aufstieg und Abfahrt nicht über die gleiche Route erfolgen. Aber was gibt es Schöneres und Aufregenderes, als am Samstag nachmittag von einem sonnigen Gipfel über nicht mal von einer Aufstiegsspur berührte Hänge zu schwingen, hinunter ins Bergdorf, wo man herzlich willkommen geheissen wird? Und am nächsten Morgen geht es neuen weissen Gipfeln zu. Skitouren mit öffentlichen Verkehrsmitteln, das ist mehr Abenteuer, mehr Ambiente und mehr Unabhängigkeit (ausser vom Fahrplan…).

**Mehr Planung:** Solche Skitouren erfordern mehr Planung. Man kann nicht alles Wichtige und Überflüssige ins Auto werfen und zum erst- oder vielleicht auch zweitbesten Skiberg davonbrausen. Man wird nämlich nur das wirklich Nötige mitnehmen wollen, denn je leichter der Rucksack, desto mehr Spass. Allerdings kann überflüssiges Material oft auch deponiert werden, zum Beispiel wenn man vor oder nach der Tour gleichentags wieder an einem bestimmten Ort (Unterkunft, Bahnhof usw.) vorbeikommt. Nicht überflüssig ist jedoch eine Stirnlampe, damit man auch bei einbrechender Dunkelheit den Weg zum kalten Wartesaal oder warmen Berggasthaus findet.

Ohne Planung geht es nicht: Man muss die Routen genau auswählen, das Lawinenbulletin und den Wetterbericht abhören, die Bahn-Bus-Verbindungen heraussuchen, den Schlafplatz telefonisch reservieren. Welche Skitouren zu welcher Jahreszeit im Graubünden und in der Ostschweiz mit öffentlichen Verkehrsmitteln lohnend durchführbar sind, will dieser Führer aufzeigen.

Wir wünschen angenehme Fahrt im Schnee wie in der Bahn.

# Tourenwochen

Im folgenden sei kurz zusammengestellt, welche Wochenenden gut miteinander zu Skitourenwochen kombiniert werden können, und wann die beste Urlaubszeit dazu ist.

**OSTSCHWEIZER RUNDE:** Spitzmeilen–Pizol–Alvier–Churfirsten–Säntis. In Berührung mit den schönsten St. Galler Spitzen kommen, während sechs bis sieben Tagen im Januar und Februar. Touren 10–11, 19–20 und 21–22.

**DAVOS–AROSA–ST. ANTÖNIEN:** So heisst der Untertitel zum Blatt »Prättigau« der Landeskarte der Schweiz mit Skirouten. Und so machen wir es auch: je zwei Tage zwischen Davos und Arosa, zwischen dem Schanfigg und dem Prättigau, im Tal von St. Antönien. 6 Tage, beliebig verkürz- oder verlängerbar, ideal im Januar oder Februar. Touren 1–2, 12–13 und 14–15.

**RÄTIKON A LA CARTE:** Fünf Tage Anfang März. Als erste Gänge Chrüz, Eggberg und Riedchopf, als Hauptspeisen Sulzfluh und Grosser Drusenturm, und als Nachspeise einen Kaiserschmarrn in der Bahnhofgaststätte von Feldkirch... Touren 14–15 und 28–30.

**SILVRETTA:** Märzensonne, Piz Buin und Hüttenleben. Zuerst Heidelberger Hütte, dann Chamanna Tuoi. Ein paar Tage bis ein paar Wochen, die Silvretta gibt skiläuferisch viel her. Touren 25–27 und 45–46.

**VAL MÜSTAIR:** Alles, was für eine herrliche Skitourenwoche zwischen Dezember und März gebraucht wird, ist dort. Nur Sitzleder für die lange Anreise in die östlichste Ecke der Schweiz wird benötigt. Touren 7–9 und 16–18.

**ENGADINER STEILFLANKEN:** Zum Auftakt den Muttler ganz zuunterst im Unterengadin erfahren, in der Wochenmitte die zentrale Bernina-Gruppe kennenlernen, und zum Schluss noch den Piz da la Margna ganz zuoberst im Oberengadin sehr intensiv erleben. Mai ist empfehlenswert. Bedingungen sind sichere Ver hältnisse und sicheres Skifahren. Touren 54, 57, 64–66.

**ALBULA HAUTE ROUTE:** Das Grialetsch-Gebiet lässt sich gut in die Ducan-Kesch-Tour miteinbeziehen. Von der Keschhütte über Piz Grialetsch zur Grialetschhütte und am nächsten Tag Flüela Schwarzhorn. Oder an der Flüela (Taxi oder zu Fuß) starten und die Durchquerung der ganzen Albula-Alpen mit einer Abfahrt vom Gletscher Ducan nach Bergün, Bahnfahrt nach Preda, Aufstieg auf den Piz Jenatsch und

Abfahrt nach Tinizong an der Julierpass-Strasse beschliessen: eine feine Sache in einer sonnigen März- oder Aprilwoche. Touren 35–36, 42–43 und 62–63.

**AVERSER SOMMERSKIWOCHE:** Die Angaben zum ganz anderen Wochenende im Juni verraten, wie man zu ganz ungewöhnlichen Fahrten kommt. Touren 58–59 und 60–61.

**VOM BEVERIN ÜBER TAMBO ZUM PLATTA:** Das Wochenende auf dem Schamserberg lässt sich sehr gut mit denjenigen im Safiental und am Splügenpass verbinden; vom Bärenhorn nach Splügen gleiten, dessen südliche Berge aufsuchen und schliesslich im Avers mit dem Piz Platta den siebten und höchsten Gipfel dieser mittelbündischen Skireise erreichen. Unternehmen im März und April. Touren 31–32, 33–34, 37–38 und 40.

**SKIDURCHQUERUNG RHEINWALD – MEDEL:** 1. Tag Hinterrhein– Zapporthütte; 2. Tag Rheinwaldhorn–Capanna Adula–Lago di Luzzone (Uferweg erst passierbar, wenn schneefrei!)–Capanna Motterascio; 3. Tag Piz Valdraus–Rifugio Scaletta; 4. Tag Piz Medel–Fuorns. Minimum vier Tage mit folgenden zusätzlichen Gipfeln und Hütten: Rheinquellhorn, Güferhorn, Grauhorn, Pizzo di Cassimoi, Piz Terri, Piz Vial, Piz Uffiern, Piz Cristallina etc.; Läntahütte, Terrihütte, Medelserhütte. Mitte Mai bis Mitte Juni. Touren 47–49, 50–53.

# Tagesausflüge

Manchmal hat man leider nur einen Tag zur Verfügung, um auf den Brettern zu stehen. Man darf dann nur nicht zu hoch hinaus wollen, und eine Route, in welche die Morgensonne hineinbrennt, sollte man wenigstens im Frühling besser vermeiden.

Die Ostschweizer Touren sind alle locker auch als einzelne Tagestouren durchführbar. Gleiches gilt für die Ziele in Nordbünden (zum Beispiel die 3200-Meter-Abfahrt von der Weissfluh – der Einführungstext zum Wochenende mit dem Mattjisch Horn berichtet Näheres). Die Ilanzer Köstlichkeiten können als Tagesportionen genossen werden, ebenso einige der Averser, wenn nicht gerade ein Wärmeeinbruch für Gefahr sorgt. Im Frühling sind Tagesausflüge mit Ski und Rucksack verständlicherweise eingeschränkt, doch das Surettahorn bei Splügen zum Beispiel kann mit seiner nordwestseitigen Route gewiss noch nach Tagesanbruch angegangen werden.

Auf alle Fälle sollte man auch auf Tagestouren immer die Zahnbürste, Reservewäsche und ein paar Zusatzfränkli dabei haben. Denn zwischen Säntis und Piz Bernina glitzern so viele Skiberge, dass die Verlockung gross sein wird, in diesem Berghotel oder jener Chamanna vom Sonnenaufgang am nächsten Tag zu träumen.

# Zum Gebrauch des Führers

## AN- UND RÜCKREISE

An- und Rückreise zu den Touren erfolgen ausschliesslich mit öffentlichen Verkehrsmitteln, wobei von Zürich, Basel oder Bern ausgegangen wird. Von Basel und Bern dauert die Fahrt nach Zürich je rund eine Stunde, von dort nach Chur eineinhalb Stunden. Von Chur führt die schmalspurige Rhätische Bahn, die Lebensader Graubündens und grösste Privatbahn der Schweiz, zu allen wichtigen Orten im Kanton. Nach Ilanz, von wo die Postautolinien nach Vals und Vrin fahren, dauert die Fahrt 40 Minuten. Bis Thusis, dem Ausgangsort der Linien ins Schams, nach Splügen und ins Avers, braucht man nur so viel Zeit wie für einen eher kurzen Gipfelaufenthalt (30 Minuten). Das Postauto nach Cresta Avers benötigt dann schon etwas mehr Zeit; insgesamt ist man von Zürich in dieses Tal mit seinen hervorragenden Skitourenmöglichkeiten knapp 3 Stunden unterwegs.

Wer ins Engadin will, bedarf mehr Sitzleder. Zwei Stunden allein dauert die allerdings dank landschaftlicher und (eisenbahn-)technischer Sehenswürdigkeiten überaus kurzweilige Fahrt von Chur nach St. Moritz. Sitzt man etwa gar noch im prunkvollen Speisewagen des »Glacier-Express«, so erreicht man das grösste und berühmteste Bündner Tal fast zu schnell. Wer ganz lange fahren möchte, reise nach Samnaun: von der Hauptstadt Graubündens gelangt man in fünf Stunden in die Zollfreizone am äussersten Rand der Schweiz. Nur halb so viel Zeit muss aufwenden, wer von der grössten Schweizer Stadt die grösste Gebirgsstadt erreichen will: zweieinhalb Stunden von Zürich nach Davos, wobei man nicht vergessen darf, in Landquart und nicht erst in Chur den Schnellzug zu verlassen. Leider fährt im Winter von Davos kein Postauto über den Flüelapass nach Zernez, dem Ausgangspunkt für die mit Kurswagen bediente Ofenpass-Strecke ins Münstertal. Man muss also mit dem Zug den Umweg über Samedan machen. Doch in der Bahn kann besser der Wochenend-Skitourenführer gelesen werden; oder auch die Zeitung, in der vielleicht über den Stand der Bauarbeiten am Vereinatunnel von Klosters ins Unterengadin berichtet wird. Dieser Eisenbahntunnel, der die Fahrt von Landquart nach Scuol beispielsweise um zwei Stunden verkürzt, soll 1997 eröffnet werden, allerdings auch mit Autoverladung – sozusagen eine Auto-Bahn ins Unterengadin.

Wer sich hingegen um Zeitgewinne und direkte Verbindungen nicht gross kümmern möchte, sondern auf der Fahrt ins Graubünden möglichst schnell auf den Ski stehen will, der fahre gar nicht dorthin, sondern schaue sich in der Ostschweiz um. Es gibt da nämlich ein paar ganz ansehnliche Berge, die im Winterkleid noch viel mächtiger wirken. Im Juni ermöglichen dann nur noch die Firne am Alpenhauptkamm Fahrvergnügen. Und das gibt es doppelt für diejenigen, welche in die Bahn zusätzlich zu den Brettern auch gleich das Bike mitnehmen.

Auf Angaben von Abfahrtszeiten wurde verzichtet; hingegen wurde teils angegeben, wann der erste oder letzte Zug/Bus fährt. Auch die Fahrplanfelder des Offiziellen Kursbuches der Schweiz sind in eckigen Klammern angeführt, so dass sich die Verbindungen rasch herstellen lassen. Dabei bedeuten 3 Ziffern = Bahn, 3 + 2 Ziffern = Bus/Postauto, 4 Ziffern = Seilbahn. Bei Postautos und Seilbahnen stehen im Kursbuch auch Telefonnummern, wo man weitere Informationen bekommt.


## UNTERKUNFT

Wenn möglich, werden die Unterkunftsmöglichkeiten mit Telefonnummern einzeln angegeben. Gibt es mehr als vier Unterkünfte pro Ort, so vermittelt der lokale Verkehrsverein eine Bleibe für die Nacht. Der Verkehrsverein Graubünden, Alexanderstrasse 24, CH-7001 Chur, Tel. 0 81/ 22 13 60, weiss Bescheid über die 50 000 Betten in den knapp 1000 Hotels und über die 29 000 Plätze in Gruppenunterkünften.

Die Hütten des Schweizer Alpen-Clubs sind immer offen (oder wenigstens der Winterraum); wenn der Hüttenwart anwesend ist, kann man ihm einfache (!) Sachen zum Kochen abgeben oder das Menü bestellen; sonst kocht man selbst. Es empfiehlt sich, die Unterkünfte vorher telefonisch zu reservieren.


## MATERIAL

Unter normaler Skitourenausrüstung ist die übliche Ausrüstung für den Tourenskilauf in unvergletscherten Gebieten und ohne alpinistische Gipfelanstiege zu Fuss gemeint. Dazu gehören in jedem Fall neben

Lawinenverschüttetensuchgerät und Schneeschaufel Höhenmesser, Kompass, Harscheisen, Biwaksack und Stirnlampe, damit man auch bei einbrechender Dunkelheit den Weg ins warme Berggasthaus findet. Unter Material für eine Skihochtour ist zu verstehen: Anseilgürtel, je 4 Reepschnurstücke und Karabiner, Eisschraube, Pickel, Steigeisen, Seil. Und, ganz wichtig: die beiden Bände des Kursbuches. Bequemer ist der »Fix Fahrplan Graubünden«, der alle RhB-, die Hauptlinien der SBB sowie die Postautostrecken und Bergbahnen enthält. Schliesslich gibt es noch die gelben Fahrplanauszüge, die gratis an den regionalen Postschaltern oder oft auch im Postauto selbst greifbar sind; für Skitouren im östlichen Drittel der Schweiz kommen folgende Auszüge in Frage: Sarganserland–Walensee; Region Chur; Davos/Prättigau; Bündner Oberland–Surselva; Region Thusis; Oberengadin; Unterengadin-Münstertal.


KARTEN

Die Nummern beziehen sich auf die Landeskarte der Schweiz: 3 Ziffern = Massstab 1:50 000; 4 Ziffern = Massstab 1:25 000. S = mit eingezeichneten Skirouten (rot) und Postautolinien (gelb).


JAHRESZEIT

Die Gliederung der Skitouren fürs Wochenende nach Monaten berücksichtigt sinnvolle Ziele für die jeweilige Jahreszeit und dient damit der Sicherheit. Beim Tourenskilauf beginnt die Sicherheit mit der Auswahl eines der Jahreszeit (und natürlich den entsprechenden Verhältnissen) angepassten Zieles. Mit andern Worten: Die eine Tour ist im Februar am günstigsten (und auch lohnendsten), die andere erst im Mai – normalerweise. Denn mit den verrückten Wintern der letzten Jahre müssen die aktuellen Verhältnisse viel stärker berücksichtigt werden als früher – Frühlingsskitouren, falls sie nicht über zerschrundete Gletscher führen, locken nun plötzlich schon im Januar, während Voralpentouren in tieferen Lagen auf einmal nur noch im März nach Schneefall bis in die Niederungen für kurze Zeit gemacht werden können.

Weiters wird beim Stichwort »Jahreszeit« angegeben, in welchen anderen Monaten die vorgestellte Wochenend-Skitour ebenfalls häufig günstige Verhältnisse aufweist: So ist der Piz Bernina nicht nur im Juni, sondern auch schon im Mai ein hohes Ziel, während der Piz Piot von Juf aus mindestens sieben Monate im Jahr mit Ski befahren werden kann.

## AUSWEICHTOUR

Hier steht, welche Touren unternommen werden können, wenn die vorgestellten schlechte Verhältnisse aufweisen sollten oder wenn das Wetter nur kleine Ausflüge zulässt. Manchmal sind die Ausweichtouren nur aufgelistet, teils aber genau beschrieben. Manchmal ist an dieser Stelle auch eine Ergänzungstour oder eine Variante näher vorgestellt.

## BESONDERES

Da erfährt man weitere wichtige Details für ein erfolgreiches Wochenende: Wann die Anreise am Vortag angezeigt ist, wann mit Schiessübungen der Schweizer Armee zu rechnen ist, wenn jemand die Wochenendtour unter der Woche unternehmen möchte. Gibt es speziell zu berücksichtigende Wetterverhältnisse und andere Besonderheiten? Unter diesem Stichwort wird zudem auf lohnende Anschlussmöglichkeiten an andere Wochenenden hingewiesen.

## SCHWIERIGKEIT

Die vorliegende Schwierigkeitsbewertung basiert auf der Skala der Skitourenführer des Schweizer Alpen-Clubs, die sich ihrerseits auf die französische Blachère-Skala stützt. Die Skala wurde etwas erweitert. Hier die Übersicht:

**MS – Mittlere Skifahrer:** Geländeform: Flaches bis mässig steiles Gelände. Nur vereinzelte, kurze, gut ausfahrbare Steilstufen. Engpässe sind flach und können gut abgerutscht werden. Keine oder wenig Gräben und Buckel. Geringe Abrutschgefahr.

**GS – Gute Skifahrer:** Geländeform: Mässig bis steiles (ca. 35°) Gelände. Steile Passagen bieten noch recht viel Bewegungsfreiheit. Vereinzelte Engpässe, in denen kurz geschwungen werden muss. Vermehrt Gräben und Buckel. Abrutschgefahr.

**SGS – Sehr gute Skifahrer:** Geländeform: Steiles bis sehr steiles (40°, kurze Abschnitte auch steiler) Gelände, das in der Regel in der Fallinie befahren werden muss. Sehr viele Engpässe, oft kurz hintereinander. Schmale Rücken, die in der Fallinie zu befahren sind. Ungleichmässiges, rauhes Gelände. Ausrutschen kann schwerwiegende Folgen haben (Felsstufen, tiefe Gräben etc.).

**MAS** – *Mittlere Alpinskifahrer*
**GAS** – *Gute Alpinskifahrer*
**SGAS** – *Sehr gute Alpinskifahrer*

Zu den rein skitechnischen Schwierigkeiten kommen noch alpintechnische Schwierigkeiten: Gletscherspalten; Streckenabschnitte, in die Stufen im Aufstieg geschlagen werden müssen. Mit aufgebundenen Ski zurückzulegende Steilstufen, Rinnen (Couloirs), eventuell kurze Kletterstellen. Die Alpinskifahrer sind im Gebrauch von Seil, Pickel und Steigeisen geübt und in der Lage, spezifische Gefahren des Hochgebirges, die im Winter auch in den Voralpen anzutreffen sind, zu erkennen.

Die skitechnischen Schwierigkeiten beziehen sich auf die Strecke zwischen Ausgangspunkt und Skidepot, das so hoch wie möglich, im besten Falle also auf dem Gipfel, gemacht wird. Wird das Skidepot hingegen weiter unten gewählt, so wird die Tour skitechnisch entsprechend leichter. Im weiteren wird der Zusatz »A« für alpin nicht nur auf Hochtouren verwendet, sondern teilweise auch in den Voralpen, wo die Erreichung des höchsten Punktes zu Fuss manchmal alpinistische Fähigkeiten erfordert.

Wichtige Kriterien der Schwierigkeitsbewertung von Skitouren sind die Hangneigung und die Ausgesetztheit bzw. die Abrutschgefahr. Wann immer möglich, wurden bei den Touren die verschiedenen Hangneigungen ab etwa 30° angegeben. Ob ein Hang nämlich 30 oder 35° steil ist, ist ein spürbar grosser Unterschied. Wichtig ist auch, ob ein Hang unten flach ausläuft oder in Felswänden abbricht; dann ist die Ausgesetztheit gross, und ein Sturz kann beim Aufstieg wie bei der Abfahrt tödliche Folgen haben. Die Ausgesetztheit definiert sich also vor allem darin, ob ein Sturz erlaubt ist oder nicht, und das auf hartem Schnee, wie er ab Frühling am Morgen häufig anzutreffen ist. Die Lawinengefahr einer Route beeinflusst deren Schwierigkeitsbewertung nur indirekt. Die spezielle Lawinensituation einer Tour ist, wenn nötig, unter dem Stichwort »Schwierigkeit« angegeben; weitere Hinweise auf Gefahren wie Wächten, grosse Spalten etc. finden sich ebenfalls hier.

Ein Schrägstrich »/« bedeutet »oder, je nach Routenwahl«. Eine Klammer sind Grenzfälle, wo nur ein kurzes, aber wichtiges Zwischenstück grössere Schwierigkeiten bieten kann. Ein waagrechter Strich bedeutet, dass alles möglich ist: Abfahrten für mässige bis sehr gute Skifahrer. Aber nicht alle Skigipfel im Graubünden entsprechen so vollständig allen Ansprüchen.

## HÖHENUNTERSCHIED

Gemessen wird der Höhenunterschied zwischen Ausgangspunkt (bzw. tiefstem Punkt der Route) und Gipfel, wobei auf den nächsten Zehner auf- oder abgerundet wird. Kleinere Gegensteigungen werden nicht berücksichtigt; machen diese mehr als 100 Höhenmeter aus, so werden sie extra aufgelistet. Bei den Höhenangaben wurden die Dezimeter weggelassen, ausser bei Punkten.

## ROUTENBESCHREIBUNG

Die Richtungsangaben links/rechts erfolgen im Sinne des Aufstieges, bzw. der Abfahrt. Aber: auf der (orographisch) rechten Talseite, auf dem rechten Ufer des Gletschers.

Die Namensgebung erfolgt nach den neuesten Blättern der LK 1:25000 (Ausgaben etwa 1980).

## ABKÜRZUNGEN

| | | |
|---|---|---|
| N | = | Norden |
| O | = | Osten |
| S | = | Süden |
| W | = | Westen |
| P. | = | Punkt |
| LK | = | Landeskarte (1:25000) |
| Hm | = | Höhenmeter |
| SAC | = | Schweizer Alpen-Club |
| DAV | = | Deutscher Alpenverein |
| RhB | = | Rhätische Bahn |

## KARTENSKIZZEN

——— beschriebene Route

- - - beschriebene Variante(n)

. . . zu Fuss

# INTERPRETATIONSHILFE FÜR DAS SCHWEIZERISCHE LAWINENBULLETIN

## GEFAHRENSTUFEN VON 1–7

### 1 (Sehr) geringe allgemeine Gefahr, geringe örtliche Gefahr
Stabile Schneedecke, spontan sind nur kleine Lawinen zu erwarten. Bei grosser Belastung ist Lawinenauslösung an sehr wenigen, extremen Steilhängen möglich.

### 2 Mässige örtliche Gefahr
Obwohl die Schneedecke i. a. gut verfestigt ist, weist sie an vereinzelten Steilhängen vor allem der angegebenen Exposition und Höhenlage nur mässige Festigkeit auf. Die Schneedecke kann dort bei grösserer Belastung (z. B. Skifahrergruppen ohne Abstände) brechen. Grössere spontane Lawinen sind nicht zu erwarten.

### 3 Erhebliche örtliche Gefahr
Obwohl die Schneedecke i. a. gut verfestigt ist, weist sie an vielen Steilhängen vor allem der angegebenen Exposition und Höhenlage ungenügende Festigkeit auf. Die Schneedecke dürfte dort bei Belastung durch Skifahrer o. ä. brechen. An solchen Steilhängen sind vereinzelt spontane Lawinen zu erwarten.

### 4 Grosse örtliche Gefahr
Obwohl die Schneedecke i. a. mässig-gut verfestigt ist, weist sie an den meisten Steilhängen der angegebenen Exposition und Höhenlage geringe Festigkeit auf. Die Schneedecke ist dort so störanfällig, dass sowohl spontane Lawinen als auch »Skifahrer-Lawinen« zu erwarten sind.

### 5 Erhebliche allgemeine Gefahr
Die Schneedecke ist allgemein ungenügend verfestigt. Während die Schneedecke spontan nur vereinzelt abgleiten wird, können bei Belastung (z. B. künstliche Auslösung, Skifahrer) Lawinen an vielen Steilhängen ausgelöst werden.

### 6 Grosse allgemeine Gefahr
Die Schneedecke ist allgemein schwach verfestigt. Spontane Lawinenanbrüche sind an allen Steilhängen, auch ohne Zusatzbelastung, möglich.

### 7 Sehr grosse allgemeine Gefahr
Instabile Schneedecke, zahlreiche spontane und grosse Lawinenanbrüche sind zu erwarten. Sie können auch in mässig steilem Gelände und/oder in lockerem Wald erfolgen.

*(Von P. Föhn, Eidgen. Institut für Schnee- und Lawinenforschung)*

## ERLÄUTERUNGEN

| | |
|---|---|
| SPONTAN – | ohne menschliches Dazutun |
| STEILHÄNGE – | Hänge, die steiler als rund 30° abfallen |
| EXTREME STEILHÄNGE – | Steilhänge, die bezüglich Neigung, Geländeform, Kammnähe, Bodenrauhigkeit besonders ungünstige Eigenheiten aufweisen, so dass die Schneedecken-Stabilität dort fast immer gering ist. |

## AUSWIRKUNG FÜR TOURISTEN UND SKIFAHRER; EMPFEHLUNGEN

Touren und Skiabfahrten aller
Art möglich.

Auf Touren und Skiabfahrten wird vor
allem an Steilhängen der angegebenen
Exposition und Höhenlage vorsichtige
Routenwahl empfohlen.

Auf Touren und Skiabfahrten sollten
vor allem Steilhänge der angegebenen
Exposition und Höhenlage gemieden
werden. Wenig Erfahrene sollten auf
Touren verzichten.

Touren und Skiabfahrten sollten auf
gesichertes oder relativ sicheres
Gelände beschränkt werden. Wenig
Erfahrene sollten auf Touren verzichten.

Touren und Skiabfahrten sind auf mässig
steiles Gelände, bzw. gesichertes Gelände
zu beschränken.

Verzicht auf Touren und Skiabfahrten

Verzicht auf Touren und Skiabfahrten

## AUSWIRKUNG F. TRANSPORTANLAGEN VERKEHRSWEGE UND SIEDLUNGEN

Touristische Transportanlagen, Verkehrs-
wege und Siedlungen sind nicht durch spontane Lawinen gefährdet.

Während die natürlich entstehenden
Lawinen meist klein sind, könnten
künstlich ausgelöste Lawinen in Ausnahmefällen grösseres Ausmass annehmen.

Die entstehenden Lawinen könnten in
Ausnahmefällen exponierte Stellen von
Transportanlagen oder Verbindungswegen
gefährden.

Die entstehenden Lawinen sind meist schon
grossflächig, so dass vereinzelt exponierte
Transportanlagen oder Verbindungswege
gefährdet sind.

Die entstehenden Lawinen sind grossflächig,
so dass exponierte Transportanlagen oder
Verbindungswege mit Vorsichtsmassnahmen
(Abschluss, Sperrung) belegt werden sollten.

An bekannten Lawinenhängen muss mit
grossen Tallawinen gerechnet werden.
Exponierte Verbindungswege und Transportanlagen sollten gesperrt werden. Evakuierung
von exponierten Gebäuden ist ratsam.

Da auch ausserhalb üblicher Lawinenbahnen
mit dem Abgleiten der Schneemassen bis ins
Tal gerechnet werden muss, sind umfang-
reiche Sicherungsmassnahmen notwendig.

EXPOSITION –    Himmelsrichtung, der ein Hang zugewendet ist.
EXPONIERT –     in diesem Zusammenhang ist damit »besonders der Gefahr ausgesetzt« gemeint.

# WICHTIGE TELEFONNUMMERN

## Lawinenbulletin

Keine Skitour ohne vorheriges Abhören des Lawinenbulletins des Eidgenössischen Institutes für Schnee- und Lawinenforschung Weissfluhjoch-Davos, Tel. 187. Von Deutschland wählt man 0041/1187, von Österreich 05/1187. Das Bulletin wird teilweise auch von Tageszeitungen abgedruckt. Um das bei Bedarf täglich aktualisierte Lawinenbulletin richtig zu interpretieren, ist die aus dem Jahr 1985 stammende Interpretationshilfe auf den Seiten 24/25 abgedruckt.

## Schneeverhältnisse

Das Lawinenbulletin (Tel. 187) gibt auch einen sehr guten Überblick über Schneehöhen auf 2 000 m im schweizerischen Alpengebiet. Unter Tel. 120 hört man den Pistenbericht der Schweizerischen Skiorte, aus dem auch die Tourenskifahrer für sie wichtige Angaben heraushören können. Für Graubünden speziell sind auf dem täglich aktualisierten Skitelefon (081/189) weitere Hinweise zu erhalten. Weitere Informationen über die Schneeverhältnisse sind bei den Verkehrsbüros, Seilbahnen, Unterkünften und Hüttenwirten einzuholen. In der Wintersaison 90/91 veröffentlichten zudem ein paar Tageszeitungen in ihrer Freitagausgabe eine Schneehöhenkarte (auf der Basis von 1 500 oder 2 000 m).

## Wetterbericht

Tel. 162. Der Wetterbericht wird täglich fünfmal erneuert. Im weiteren gibt es täglich ab 17.30 Uhr den Spezialwetterbericht der Landeswetterzentrale Zürich, Tel. 01/25 27 644.

## Rettungsstationen

REGA – Schweizerische Rettungsflugwacht Tel. 01/38 31 111.

## Militär

Im Graubünden und in der Ostschweiz führt das Militär unter der Woche an einigen Orten Schiessübungen durch. Es empfiehlt sich deshalb eine vorherige Erkundung bei der entsprechenden regionalen Auskunftsstelle für militärisches Schiessen (RAMS), wenn unter »Besonderes« auf diese Gefahr hingewiesen wird: Chur 081/23 35 13; Sargans 085/29 1 22; St. Gallen 071/28 27 07.

# Skitouren im Dezember

Für den Beginn der Saison am Ende eines Jahres brauchen die Tourenskiläufer drei Dinge: Ideen, ein Telefon und alte Ski. Erstens Ideen, wo man mit wenig bis sehr wenig Schnee trotzdem skifahren kann. Die Winteranfänge der 80er Jahre zeichneten sich ja leider auffällig oft durch blauen Himmel und grüne Hänge aus – hoffentlich sind diejenigen der 90er Jahre besser.

Zweitens ein Telefon, um das Lawinenbulletin des Eidgenössischen Instituts für Schnee- und Lawinenforschung Weissfluhjoch-Davos (Nr. 187) abzuhören, das nicht nur die Gefahrenstufen, sondern auch die Schneehöhen in den verschiedenen Gebieten der Schweizer Alpen bekanntgibt. Wer noch mehr wissen will, greift zu einer grossen Schweizer Tageszeitung, in der jeweils in der Freitagausgabe eine Schneehöhenkarte, erstellt von der Schweizerischen Verkehrszentrale, veröffentlicht wird, welche die Verteilung des kostbaren Stoffs auf 1 500 oder 2 000 m über Meer optisch gut sichtbar macht. Und drittens ein paar alte Ski. Denn Kontakte Ski–Stein lassen sich nicht vermeiden, trotz minuziöser Tourenplanung, wozu auch gehört: Höhe (je höher, desto mehr Schnee), Lage (Nord- und Osthänge haben im Normalfall mehr Schnee als Süd- und Westhänge) sowie Untergrund (Gras ist besser als Geröll; Gletscher sind im Normalfall zu meiden, es sei denn, man findet spaltenarme Altfirnfelder). Freilich müssen ältere Ski gepflegt sein und über eine funktionierende Sicherheitsbindung verfügen: Erstens bögelt man mit gewachsten Ski auch bei wenig Schnee bedeutend genussvoller, und zweitens ist die Gefahr des Hängenbleibens an einem versteckten Stein nicht zu unterschätzen. Man wird also vorsichtig fahren.

Vorsicht auch aus einem andern Grund: sobald es geschneit hat, kann Lawinengefahr herrschen. Allgemein gilt: günstig für Skitourenfahrer ist, wenn viel Schnee bei wenig Wind auf gefrorenen Boden fällt. Wenig Schnee heisst also nicht wenig Lawinen- oder Schneebrettgefahr. Allerdings kann im Frühwinter das Gelände gut ausgenützt werden: Mulden sind noch als solche sichtbar und meistens zu meiden, während Rücken häufig eine sichere Route ermöglichen. Bei der Abfahrt muss man dann in solchem Gelände zwischen mehr Gefahr von Schneebrettern und mehr Geräusch an der Lauffläche entscheiden können.

Das erste Wochenende sollte etwas Besonderes darstellen. Dieses hier in den Bergen zwischen Davos und Arosa ist es, so gewiss wie die erste Schneeflocke im Winter. Davos, das Mekka des Skilaufs in Graubünden und in der Schweiz, die grösste Stadt der Alpen, in ein sonniges Hochtal gebettet, trotz allem Verkehrsgestank immer noch Luftkurort, wie auch Arosa auf der andern Seite der weissen Berge, eine Spur intimer als Davos, aber ebenso berühmt. Wer Graubünden im Schnee meint, denkt an St. Moritz, an Davos, an Arosa.

Wer an Skitouren in der Schweiz denkt, meint (hoffentlich) immer auch Davos. Denn hier, genauer auf dem Weissfluhjoch, befindet sich das Eidgenössische Institut für Schnee- und Lawinenforschung. Seine im Winterhalbjahr bei Bedarf täglich erneuerten Meldungen über die aktuelle Lawinengefahr und den Schneezustand, das sogenannte Lawinenbulletin, sollte vor jeder Tour eingeholt werden. Man muss bei der Fahrt mit der Parsennbahn von Davos auf das Weissfluhjoch die Nr.187 schon telefonisch abgehört und die entsprechenden Konsequenzen daraus gezogen haben, da im Institut selbst keine persönliche Beratung erhältlich ist, z. B. über die spezielle Lawinensituation im Parsenngebiet.

Bereits 1936 hatte sich dort oben eine Gruppe von Wissenschaftlern eingerichtet, um, so der heutige Institutsdirektor Claude Jaccard, »die natürliche Schneedecke und ihre Beeinflussung durch die Witterung sowie die mechanischen Eigenschaften und die Strukturumwandlung des Schnees zu untersuchen.« Das tönt kompliziert, und was da alles in der Schneedecke abläuft, von der erste Flocke bis zum letzten Tropfen, ist noch heute nicht restlos geklärt. Klar ist jedoch, dass Lawinengefahr immer Lebensgefahr heisst, und dieses Risiko hilft »Weissfluhjoch« entscheidend herabsetzen.

Von diesen winterlichen Gefahren hatten die Davoser Tobias und Johann Branger kaum Kenntnisse, als sie mit E. Burkhardt am 23. März 1893 die Mayenfelder Furka (heute Maienfelder Furgga) von Davos Frauenkirch nach Arosa überquerten, auf 2,30 m langen Holzski, versehen mit einer Lederriemen-»Bindung«. Seit dem Winter 1889/90 hatten Tobias und Johann Branger auf diesen aus Norwegen importierten Hölzern geübt und im folgenden Winter auch schon die ersten Skitouren, z. B. auf den Strelapass, unternommen. Die erste grosse Tour war dann die Maienfelder Furgga: nur sechseinhalb Stunden brauchte die Branger-Gruppe für die Überschreitung auf Ski (und Hosenboden), und am nächsten Tag kehrten die beiden Brüder gleich wieder über den Pass nach Davos zurück.

In diesen Märztagen vor rund 100 Jahren kam der Tourenskilauf im Graubünden schon richtig in Fahrt: Am 27. März machte C. Stäubli mit drei Begleitern auf Schneeschuhen die erste Skibesteigung des Aroser Rothorns (2 980 m), nachdem er schon in den Wintern zuvor als erster die Hänge des Weisshorns und des Hörnlis befahren hatte.

Die Überschreitung der Maienfelder Furgga ist also nicht die erste, wohl aber die erste grosse und vor allem bekannte Skitour in Graubünden. Denn Johann Branger veröffentlichte 1893 in der »Neuen Bündner Zeitung« einen ausführlichen Bericht darüber; mehr Beachtung fand die Schilderung des englischen Schriftstellers Conan Doyle im »Strand Magazine«, der am 23. März 1894 mit den Branger-Brüdern die Tour von Davos nach Arosa wiederholt hat. »Die Ski sind die bockbeinigsten Dinger der Welt!«, meint der Schöpfer des Sherlock Holmes zuerst, um dann weiter hinten fortzufahren: »Tatsache ist, dass es leichter ist, einen gewöhnlichen Gipfel zu ersteigen oder eine Reise über einen der höheren Pässe im Winter als im Sommer zu machen, wenn nur das Wetter beständig bleibt. Im Sommer muss man sowohl hinunter- als hinaufsteigen, und eins ist so mühsam wie das andre. Im Winter ist die Arbeit um die Hälfte geringer, weil der grösste Teil des Rückwegs ein blosses Gleiten ist«. – Recht hat er. Und nun nichts wie los! Von Davos nach Arosa und wieder zurück.

**Anreise:** Mit der RhB [910] von Landquart nach Davos Dorf. Zu Fuss zur Parsennbahn. Mit der Standseilbahn [1865] aufs Weissfluhjoch und mit der Luftseilbahn [1866] auf den Weissfluhgipfel; die Parsen-Bahnen sind von Anfang Dezember bis etwa Mitte April in Betrieb. Das Weissfluhjoch ist ebenfalls von Klosters Platz über Gotschnagrat und Parsennhütte erreichbar; Seilbahnen [1860 + 1867].

**Weiterreise:** Von Langwies im Schanfigg mit der RhB [930] nach Arosa.

**Rückreise:** Entweder von Arosa mit der RhB [930] nach Chur oder mit der RhB [910] von Davos Frauenkirch über Davos nach Landquart oder über Filisur-Thusis nach Chur. Zwischen Frauenkirch und Davos Platz besteht auch eine Postautoverbindung [900.86]

**Ausgangspunkt:** Weissfluh, Bergstation der Luftseilbahn (ca. 2 820 m). Der eigentliche Gipfel (2 843 m) der Weissfluh liegt weiter nordwestlich, in ein paar Minuten zu Fuss erreichbar (keine alpinistischen Schwierigkeiten, da gesicherter Steig).

**Unterkunft:** Berghotel Heimeli Sapün (1831 m), oberhalb von Langwies, 35 Plätze zum Übernachten, offen von Mitte Dezember bis Sonntag nach Ostern, Tel. 081/331161. Hotel Bahnhof in Langwies, Tel. 081/331176; Hotel Alte Post in Langwies, Tel. 081/331433. 4 Fünf-Stern-Hotels in CH-7050 Arosa, der Verkehrsverein weiss die Details, Tel. 081/311621. Berghaus Stafelap (1894 m) oberhalb Davos Frauenkirch, 12 Plätze zum Übernachten, ganzjährig geöffnet bis 18 Uhr, auf Voranmeldung auch abends, Tel. 081/436631. Nur zwei 5-Sterne-Hotels in CH-7270 Davos, der Verkehrsverein nennt auch billigere Unterkünfte, Tel. 081/435135.

**Material:** Normale Skitourenausrüstung.

**Karten:** 248 S Prättigau; 1196 Arosa, 1197 Davos.

**Jahreszeit:** Dezember bis März. Recht schneesicher ab den ersten Schneefällen; die Westabdachung, also die Schanfigger Seite der Kette Weissfluh–Furggahorn, gilt als niederschlagsreich; ein Davoser Sprichwort besagt, das schlechte Wetter und die schönen Mädchen kämen aus dem Schanfigg. Ganz so schneesicher ist die Abfahrt von der Maienfelder Furgga nach Frauenkirch nicht, insbesondere das letzte Stück unter der Stafelalp apert schnell aus; wie weit der Schnee auf den Davoser Sonnenhängen herabreicht, ist am ersten Tag des Wochenendes auszumachen.

**Ausweichtour:** Unterwegs vgl. Varianten bei den Routenbeschreibungen. Und sonst: Davos und Arosa bieten soviel, dass man sich fast einen für Skitouren ungünstigen Tag wünscht: Pistenskifahren und Pferdeschlittenfahrt, Kultur und Kulinarisches.

**Besonderes:** In der Landschaft Davos kann man gut zwei Wochen Skitourenurlaub machen, ohne je den gleichen Hang befahren zu müssen. Und sollte einem der Pulverschnee doch langsam verleiden, setzt man sich auf irgendeine der Sonnenterrassen und liest den »Zauberberg« von Thomas Mann. Oder man fragt im Verkehrsbüro nach geführten Skitouren (Radiant Orbit zum Beispiel): die einheimischen Skilehrer und Bergführer kennen zwischen Davos und Arosa sicher noch eine unverspurte Steilrinne.

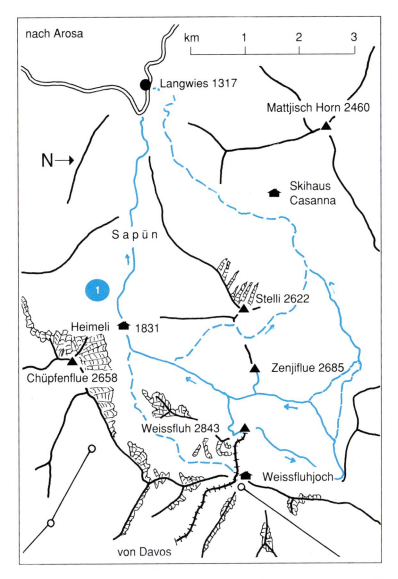

nach Arosa

km 1 2 3

Langwies 1317

Mattjisch Horn 2460

N→

Skihaus Casanna

S a p ü n

①

Stelli 2622

Heimeli 1831

Zenjiflue 2685

Chüpfenflue 2658

Weissfluh 2843

Weissfluhjoch

von Davos

# Weissfluh (2843 m) – Zenjiflue (2685 m)

*Von Davos über das Weissfluhjoh nach Heimeli/Sapün und Langwies*

Der Weissfluhgipfel – ein rundum schöner Einstieg in Wochenend-Skitouren im östlichen Drittel der Schweiz. Zu Füssen die glitzernden Hänge des Mattjisch-Horn-Gebietes, drüben das Tal von St. Antönien, dahinter die Rätikon-Wände. Rechts davon die unendlichen Skimöglichkeiten der Silvretta, dann die grossen Touren südlich von Davos (Grialetsch–Kesch–Ducan), darüber am Horizont die herausfordernden Bernina Alpen. Noch weiter rechts die Piz Jenatsch, Platta und Tambo. Schliesslich die Furche des Vorderrheintales, von Staffeln weisser Berge gesäumt. Und zuletzt über dem Rheintal die Ostschweizer Spitzen – Alvier, die Churfirsten ganz deutlich, der Säntis.

Wie auf dem Säntis beginnt die Weissfluh-Skitour mit einer Abfahrt. Aber es ist halt schon lange her, dass Johann Branger hier oben als erster die Ski in den Schnee stecken konnte, im Februar 1896. Solche Geräte kannten die Walser nicht, als sie 1707 das heute als »Berghotel Heimeli« bekannte Haus im Sapün erbauten, einem Seitental, das von der Weissfluh ins Schanfigg hinabzieht. Der Name passt so goldrichtig zu diesem Skihaus, wie der Apfelstrudel von Fritzi Merki gut schmeckt (Stammgast Prinz Charles von England wird's bestätigen). Verständlich, dass man hier ebenfalls das Abendessen und das Frühstück kosten möchte, weshalb die nächste Skitour wieder mit einer Abfahrt beginnen wird – auf dem Schlittelweg hinunter nach Langwies zur Arosa-Bahn.

**Schwierigkeit:** GS. Die Rinne bei der Einfahrt in der grossen SW-Hang der Weissfluh ist auf 100 Hm 34°, der Beginn noch eine Spur steiler. Der O-Grat der Zenjiflue ist teilweise recht schmal. Mitunter Lawinengefahr am Weissfluhgipfel.

*Abb. rechts: Nach der 1100-m-Abfahrt vom Piz da Vrin (2563 m, Tour 4) stossen die Tourenfahrer im Restaurant della Posta von Vrin mit einem Calanda auf die Skitouren im Land Graubünden an. Später wird sie das Postauto durchs Lugnez hinaus nach Ilanz, der ersten Stadt am Rhein, bringen. Obwohl Vrin schon recht nahe dem Tessin liegt, ist »della Posta« nicht etwa Italienisch, sondern Rätoromanisch – die vierte, nur im Graubünden gesprochene Sprache der Schweiz.*

**Höhenunterschied:** Abfahrt Weissfluh–Heimeli 990 m; dazu 510 m nach Langwies. Abstecher Zenjiflue je 230 m.

**Zeit:** Weissfluh – Heimeli: 1–1½ Std. Abstecher Zenjiflue 1 Std. Heimeli –Langwies je nach Vereisung des Strässchens 15 bis 60 Minuten.

**Lage:** Hauptsächlich SW; am Zenjiflue-Gipfel SO.

**Besonderes:** Die Strecke Weissfluh–Langwies ist Teil der der 7–8 tägigen Graubünden-Skiroute Parsenn–Gotthard.

**Abfahrt Weissfluh–Heimeli/Sapün:** Der Start erfolgt zwischen Seilbahn-Bergstation (ca. 2 820 m) und Bergrestaurant. Schrägfahrt in südlicher Richtung in eine Mulde. Darin hinab, durch einen Engpass in einen nächsten, muldenförmigen Hang. Scharf nach rechts bis fast zu den Felsen queren. Nun durch die nördlichste der Steilrinnen hinunter in den breiten SW-Hang der Weissfluh und am besten in der Fallinie hinab auf eine Verflachung (ca. 2 460 m; nordöstlich P. 2 414 m). Anfellpunkt für den Wiederaufstieg auf die Zenjiflue. Sonst Weiterabfahrt in sanftem, gewelltem Skigelände in grob südlicher Richtung nach Inner Haupt. Westlich dieser Siedlung vorbei, durch eine Mulde auf den Alpweg hinab und zum Berghotel Heimeli (1 831 m). Man kann auch mehr in südwestliche Richtung abfahren, einen Bachlauf auf etwa 2 160 m queren und über Usser Haupt direkt zum Heimeli gelangen.

Abstecher Zenjiflue: Von der Verflachung am Fuss der Weissfluh-Südwestflanke (etwa 2 460 m) nordwärts Richtung Schwerzi. Noch vor dem Übergang links zum geknickten O-Grat der Zenjiflue (auch Zenjafluh genannt). Auf ihm zum Gipfel (2 685 m). Man kann im Weissfluh-Südwesthang schon deutlich nach rechts queren und erspart sich so einige Aufstiegsmeter. Abfahrt (bei guten Verhältnissen direkt über die SO-Flanke) wie Aufstieg.

**Abfahrt Heimeli–Langwies:** Auf dem Schlittelweg durch Sapün-Dörfli, in zwei engen Kurven und über den gedeckten Sapüner Stäg auf die Schanfigger Talstrasse (1 373 m). Geradeaus ins Dorf Langwies und hinab zum Bahnhof (1 317 m).

*Abb. links: Wer am Furggahorn (2 727 m, Tour 2) ganz oben starten will, sollte über eine bessere Skitechnik und -ausrüstung als Conan Doyle verfügen. Der englische Kriminalschriftsteller überquerte am 23. März 1894 die am Fusse des Furggahorns liegende Maienfelder Furgga von Davos nach Arosa mit Ski, zusammen mit Tobias und Johann Branger, welche schon ein Jahr zuvor diese Tour als eine der ersten in Graubünden unternommen hatten.*

**Varianten:**

*1 ) Zenjiflue über Kreuzweg:* Vom Weissfluhgipfel auf der klassischen Parsenn-Abfahrt (schwarze Piste) bis Kreuzweg, kurz der markierten Route zu den Fideriser Heubergen folgen und vor dem Casannapass links in eine Senke (ca. 2 200 m) hinab. Anfellen. Südwestwärts hinauf in einen Sattel südlich des Schafturmes und über die Nordhänge, die Schwachstellen ausnützend, auf die Schwerzi (2 568 m). Weiter auf die Zenjiflue oder direkt hinab ins Sapün. Empfiehlt sich als Ausweichroute, wenn die SW-Flanke der Weissfluh nicht befahren werden sollte. Etwa 1$^1$/$_2$ Std. vom Gipfel auf den Pass; Schwierigkeit MS. Vom Kreuzweg kann man auch über Barga und Strassberg zum Skihaus Casanna im Fondei gelangen und findet so Anschluss an die Mattjisch Horn-Touren (12–13). Schliesslich kann man von der Zenjiflue bei sicheren Verhältnissen direkt über die knapp 700 m hohe N-Flanke oder sonst mit einem Schwenk über Schwerzi nach Barga hinunterkurven.

*2 ) Stelli (2 622 m):* Nachbargipfel der Zenjiflue, wie diese ebenfalls ein paar ganz starke Abfahrten aufweisend. Beste Route: Vom Heimeli (1 831 m) über recht steile Hänge zur Siedlung Usser Haupt. Östlich unter dem Felsturm Chobel hindurch, steil hinauf zu Stall und über Kuppen und durch Mulden nordwestwärts in ein Tälchen. Darin auf einem Rücken aufsteigen und linkshaltend, zuletzt über SO-Grat, auf den Gipfel. Schwierigkeit MS. Höhenunterschied: 790 m, Zeit 2$^1$/$_2$ Std. Abfahrt wie Aufstieg: Oder über O-Grat in den Sattel Stelli-Zenjiflue und tolle N-Abfahrt nach Strassberg (Anschluss Touren 12–13).

*3 ) Haupter Tälli:* Der schnellste Weg von Davos ins Heimeli. Vom Weissflujoch (2 685 m) auf der Strelapass-Piste bis zur Talstation eines Skiliftes. Links davon über einen steilen Rücken ins Haupter Tälli einfahren und darin, ab 2 000 m auf der rechten Talseite, zum Heimeli (1 831 m).

**2** # Furggahorn (2 727 m) – Schwarzhorn (ca. 2 765 m)
*Von Arosa über die Maienfelder Furgga nach Stafelalp und Davos Frauenkirch*

Ein Drei-Seen-Spaziergang als Auftakt der Tour, vom Obersee beim Bahnhof Arosa über Untersee zum Stausee. Wenn die Strasse genügend

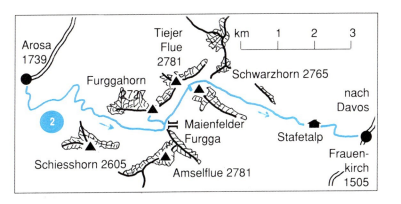

schneebedeckt ist, können wir gar gleiten, was laut Conan Doyle weniger mühsam als hinuntersteigen ist. Er stieg allerdings mit seinen beiden Begleitern um 10.30 Uhr dort hinauf – zu früh für das Aroser Zuschauerpublikum, das die Rutscherei der Skipioniere im steilen Furggatobel erst nach Mittag mit den Ferngläsern begucken wollte.

Dieses Tobel lassen wir beim Aufstieg auf die Maienfelder Furgga rechts liegen. Solches machen wir mit dem Furggahorn nicht, das zusammen mit der Tiejer Flue das Panorama von Arosa im Osten beherrscht. Für die Abfahrt vom Furggahorn sollten wir allerdings über bessere Skiausrüstung und -technik als Sir Doyle verfügen. Am Schwarzhorn, das sich hinter der Tiejer Flue versteckt und dessen höchsten Punkt die Landeskarte nicht mal kotiert hat, wären Grossvaters Bretter auch geeignet.

Die Abfahrt auf die Stafelalp könnte so jedoch nicht recht genossen werden, was schade wäre. Ob der Schnee bis zu dieser Alpsiedlung reicht, lässt sich vom Gipfel des Schwarzhorns ausmachen. Vielleicht hapert's mit der Weiterfahrt – Grund genug, noch länger auf der Terrasse des dortigen Berghauses zu verweilen. Der deutsche Maler Ernst Ludwig Kirchner verbrachte auf Stafelalp seinen ersten Davoser Sommer (1917). Einen schöneren Platz, um sich von der städtischen Hektik zu erholen, hätte er kaum finden können.

**Schwierigkeit:** MS für Schwarzhorn. SGS für Furggahorn; der steile S-Grat ist auf den obersten 120 Hm 34°. Lawinengefahr oberhalb des Furggabödelis, am Furggahorn sowie in der NO-Mulde des Tiejer Fürggli.

**Höhenunterschied:** Aufstieg zum Schwarzhorn 1160 m, Abfahrt nach Frauenkirch 1260 m. Abstieg Bahnhof Arosa–Stausee 130 m. Aufstieg und Abfahrt Furggahorn je 310 m.

**Zeit:** Für den Aufstieg 4 Std; Abfahrt 1$^1$/2–2 Std.; Abstecher Furggahorn 1$^1$/2–2 Std.

**Lage:** Aufstieg NW, SW; Abfahrt NO, SO. Furggahorn: S.

**Aufstieg Schwarzhorn:** Vom Bahnhof Arosa (1739 m) süd(ost)wärts auf der Strasse zum Untersee, über die Bahngeleise und – zuletzt talauswärts – zum Stausee (1606 m). Auf einem breiten Weg seinem Südufer entlang und im Wald talauswärts ansteigen zur Lichtung Furggaalp. Weiter dem Wanderweg entlang durch den Furggawald, bis zur grossen Lichtung Furggabödeli. Ostwärts hoch, rechtshaltend durch ein Wäldchen und noch weiter rechts auf eine Art Moränenrücken. Ihm entlang gegen die Maienfelder Furgga (2440 m) hinauf, wo sich eine immer offene Unterstandshütte befindet. Unterhalb der Furka (etwa 2420 m) links abbiegen und nordwestwärts ins Tiejer Fürggli (2663 m) hinauf. Über den NW-Grat auf den höchsten Punkt des Schwarzhorns (etwa 2765 m; ohne Kote auf der LK; der S-Gipfel ist mit 2759 m kotiert). Das Schwarzhorn wird auch Chummerhorn genannt.

**Abfahrt Schwarzhorn:** Zurück ins Tiejer Fürggli. Durch die schattseitige Mulde hinab, rechtshaltend auf einen Rücken zu einem Übergang (2531 m). In südöstlicher Richtung über einen weiteren Rücken (linkerhand von Bodmen begrenzt); er leitet in flacheres Skigelände hinunter. In der Grundrichtung O talauswärts, je nach Schneelage mehr die Mulden oder Rücken benützend. Unterhalb 2100 m links einen Bachlauf queren und über die Ausläufer des Stafler Berges zur Brücke (1953 m) über den Sutzibach. Auf dem Wanderweg zur Stafelalp (1894 m; nur Stafel auf der LK). Auf dem Strässchen durch den Wald und über die Wiesenhänge hinunter zur Station Davos Frauenkirch (1505 m).

**Abstecher Furggahorn:** Vom gekrümmten Tal westlich der Maienfelder Furgga (ca. 2420 m) rechts oder links um die Kuppe von P. 2475 m herum. Durch den steiler werdenden SO-Hang hinauf, bis man nach links auf die Süd-Grat-Schulter (etwa 2560 m) queren kann. Über diesen Grat, die Ski zuoberst eventuell tragen, zum Gipfel des Furggahorns (2727 m).

**Variante:** Ist die Schattseite des Tiejer Fürggli nicht passierbar, so kann über Inner-, Chummer-, Usserberg und P. 2177 m die Stutzibachbrücke und Stafelalp erreicht werden, was vom Abfahrtsvergnügen her jedoch leichten Kummer bereitet.

Ein Skitourenwochenende in der Stadt, warum nicht? Zumal wenn es die erste Stadt am Rhein ist. Ilanz heisst das Städtchen (2 200 Einwohner), oder auf rätoromanisch Glion. Denn es liegt in der Surselva, im Bündner Oberland, und hier spricht die Mehrheit der Bevölkerung rätoromanisch, genauer: Sursilvan, einen der fünf Dialekte des Rätoromanischen, dieser vierten Landessprache der Schweiz, die nur im Graubünden (22% der Bündner, 1% der Schweizer Bevölkerung) gesprochen wird. Staunen Sie also nicht, wenn Sie am Bahnhof-Kiosk von Ilanz, wo Sie vielleicht noch etwas Zwischenverpflegung einkaufen, auf romanisch angesprochen werden. Vor 8 Uhr sollten die Einkäufe getätigt sein, denn dann fahren die Postautos vom Bahnhofsplatz ab, in alle Himmelsrichtungen und Täler. Zweimal fahren Sie bis zur Endstation. Nach der Skitour nimmt Sie der Chauffeur wieder mit, hinunter in die erste Stadt am Rhein. Machen Sie noch einen Bummel (oder auch dann, wenn das Wetter keine Skitour und kein Pistenskifahren in Obersaxen zulässt) durch die Altstadt mit den wappengeschmückten Häusern und den mittelalterlichen Stadttoren. Damals war Ilanz, das 1289 das Stadtrecht erhielt, die Hauptstadt des Grauen Bundes, und deshalb tagten hier – abwechselnd mit Davos und Chur – alle drei rätischen Bünde. Seit 1903 fährt übrigens die Rhätische Bahn, die Viafier retica, von Chur durch die Vorderrheinschlucht nach Ilanz. In diesem Sinne: Bi viadi!

**An- und Rückreise:** Von Chur mit der RhB [920] nach Ilanz.

**Ausgangspunkt:** Für den Piz Titschal Postauto [920.35] Ilanz-Meierhof-Friggen Hüs/Obersaxen (1 315 m). Für den Piz da Vrin Postauto [920.40] Ilanz–Lumbrein–Vrin (1 448 m).

**Unterkunft:** Verkehrsverein 7130 Ilanz, Tel. 0 81/92 52070. Sehr schön ist das Hotel Casutt, ehemals Bahnhof, das der bekannte Bündner Architekt Olgiati umgebaut hat. Wer in Vrin übernachten will: vgl. Greina-Wochenende, Touren 47–49.

**Material:** Normale Skitourenausrüstung.

**Karten:** 256 S Disentis, 257 S Safiental; 1213 Trun, 1233 Greina, 1234 Vals sowie 1214 Ilanz für Ausweichtour Scharls.

**Jahreszeit:** Dezember bis März. Die beiden Touren brauchen wenig Schnee, da die Routen grösstenteils über Grashänge führen. Zur relativen Schnee- kommt (ausser für den Piz da Vrin) eine ziemliche Lawinensicherheit dazu.

**Ausweichtour:** Scharls (2 466 m) über den O-Rücken von Lumbrein. Der flache, unscheinbare Gipfel, höchster Punkt des Grener Berges (unter diesem Namen ist die Tour ebenfalls bekannt) wird seltsamerweise auch »Lappi« genannt. Wie auch immer: Mit dem Postauto nach Vrin bis Lumbrein (1 405m), taleinwärts zur Haarnadelkurve (P. 1 391m), nordwärts entlang einem Alpweg auf den Ostrücken ansteigen und auf ihm über die Alp da Lumbrein und die Anhöhe Um Su (2 363 m) gemütlich auf den Scharls (2 466 m) bummeln.

**Schwierigkeit:** MS

**Höhenunterschied:** 1080 m.

**Zeit:** 3 Std. Auch bei viel (Neu-)Schnee durchführbar, wenn man sich schön an den Rücken hält. Nur wird man dann beim Hinunterfahren mit den Stöcken nachhelfen müssen, wenigstens im oberen Teil. Wer später Lust auf rassigere Abfahrten hat, besucht noch das Skigebiet Obersaxen (Einstiegsmöglichkeit von Villa in der Lumnezia).

**Besonderes:** Während der Woche kann das Militär im Raume des Piz Titschal üben, auch im Winter.

**③** # Piz Titschal (2 550 m)
*Von Friggen Hüs/Obersaxen über die NO-Seite*

Obersaxen besteht aus 28 kleinen Siedlungen auf einer schattseitigen Terrasse über dem Vorderrheintal. Meierhof heisst der Hauptort dieses walserischen Siedlungsgebietes, das als deutschsprachige Enklave mitten im rätoromanischen Sprachraum liegt. Der östliche Teil des Gebietes mit der Mundaun-Kette ist als Skigebiet erschlossen worden. Übriggeblieben sind die Skigipfel in der Val Gronda, deren nördlichster und am leichtesten erreichbarer der Piz Titschal ist. Wie seine Aussicht, insbesondere auf die gegenüberliegende Tödigruppe, darf auch die nordseitige Abfahrt gerühmt werden, die mit einer Ausnahme viel Raum für eigene Spuren zulässt. Wer auf diese klassische Obersaxer Skitour anstossen will, kann dies nicht im Ausgangspunkt Friggen Hüs tun, sondern im kleinen, gemütlichen Restaurant im Nachbardorf St. Martin.

**Schwierigkeit:** MS. Bei richtiger Spurenanlage lawinensicher.

**Höhenunterschied:** Aufstieg und Abfahrt je 1240 m.

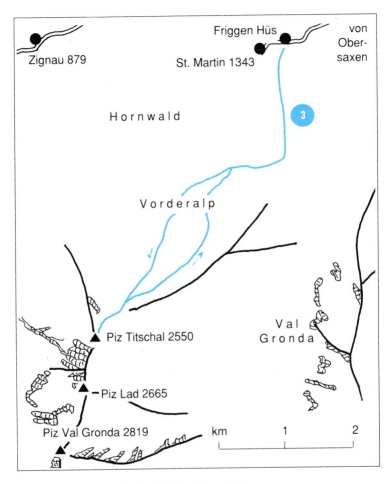

Zignau 879

Friggen Hüs

St. Martin 1343

von Ober-saxen

Hornwald

3

Vorderalp

Piz Titschal 2550

Val Gronda

Piz Lad 2665

Piz Val Gronda 2819

km          1          2

**Zeit:** Aufstieg 3½–4 Std.; Abfahrt 1½–2 Std.

**Lage:** NO, N.

**Aufstieg:** Von Friggen Hüs (1315 m), auch Friggahüs geschrieben, genau südwärts über Weiden, unterbrochen von einem Wäldchen, zur

Siedlung Wasmen hoch. Weiter südwärts schräg den Hang ansteigen, bis man in westlicher Richtung durch eine Waldschneise aufsteigen kann. Weiter zur Vorderalp-Hütte (2010 m). Über einen flachen Rücken, dabei langsam wieder nach Süden abdrehend, in die Talmulde Rossboden am Fusse der stark gegliederten Nordflanke des Piz Titschal. Durch eine Folge von Mulden hoch auf eine Verflachung bei P. 2370 m und rechtshaltend unterhalb des NO-Grates direkt zum Gipfel (2550 m) ansteigen. Unter Umständen ist es sicherer, bei P. 2370 m den NO-Grat zu gewinnen und da entlang dem Piz Titschal zuzustreben.

**Abfahrt:** wie Aufstieg. Oder sehr lohnend: Von der Verflachung bei P. 2370 m ostwärts zum schönen Hang von Schroten fahren und über diesen bis etwa 2000 m, um dann linkshaltend auf den Rücken hinüberzuqueren, der zur Waldschneise führt. Im weiteren kann man auch auf der Südseite des NO-Grates abfahren, um erst auf der Höhe von 2300 m in den Schroten-Hang zu wechseln.

**Zusatzgipfel:** Der Piz Titschal kann gut mit einer Besteigung des Piz Lad (leicht) oder des Piz Val Gronda (schwieriger – und nur bei sicheren Verhältnissen) verbunden werden. Vom Piz Titschal südostwärts hinab auf eine Verflachung (ca. 2460 m), in gewelltem Gelände südwärts an den Ostgrat des Piz Lad und über ihn zum Gipfel (2665 m). Bei der Abfahrt sind einige Querungen zurück in die Titschal-Routen nicht zu vermeiden, weshalb es skiläuferisch besser ist, zuerst den Piz Lad und anschliessend noch den Piz Titschal zu besteigen.

# 4 Piz da Vrin (2563 m)

*Von Vrin über die SO-Flanke*

Die Lumnezia ist das grösste Seitental des Vorderrheintales. Das Lugnez, wie das Tal auf deutsch heisst, zieht sich vom wilden Gebirgskessel mit Piz Terri und Piz Scharbode über rund 25 km nordwärts nach Ilanz. Bei Uors mündet der Valser Rhein aus dem gleichnamigen Tal in den Glogn oder Glenner, den Talfluss der Lumnezia. Westlich von ihm liegen auf sonnigen Terrassen eine Reihe von Bergdörfern mit bemerkenswerten Kirchen. Das Beinhaus der Barockkirche von Vrin, dem obersten Dorf des Lugnez, dient allerdings nicht zur richtigen Einstimmung auf die Skitour zum Piz da Vrin! Vrin verlor in den letzten 40 Jahren durch Abwan-

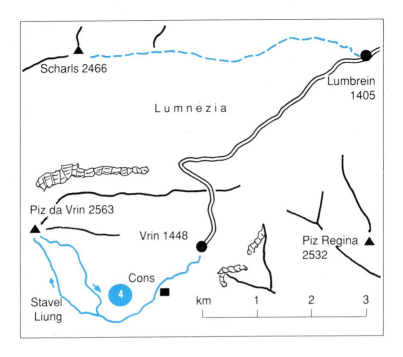

derung fast die Hälfte seiner Einwohner. Das Leben dort oben ist rauh, und man trifft noch Bauern, die durch tiefen Schnee den blökenden Schafen im Stall hoch oben am Hang das Futter bringen. Der Hang kulminiert im Piz da Vrin, von dem man eine packende Rundsicht hat, vor allem auf die gegenüberliegende Piz Aul-Gruppe. Und dann startet man zu einer schnörkellosen 1100-m-Abfahrt, die endlose Schlängelspuren ermöglicht. Viel zu rasch ist man wieder in Vrin, und hoffentlich fährt nicht gleich das Postauto nach Ilanz zurück, so dass man im »Restaurant della Posta« noch ein Calanda bestellen kann. Graubünden ist schliesslich das Calanda-Land. Viva Grischun!

**Schwierigkeit:** GS. Einzelne, kurze Hänge bis 30°. Der kurze, etwas ausgesetzte Gipfelhang ist noch eine Spur steiler (er wird deshalb häufig zu Fuss zurückgelegt). Bei geschickter Spuranlage nur mässig lawinengefährdet (einige kritische Stellen).

43

**Höhenunterschied:** Aufstieg und Abfahrt je 1120 m.

**Zeit:** Aufstieg 3$^1/_2$ Std.; Abfahrt 1–1$^1/_2$ Std.

**Lage:** SO

**Aufstieg:** Von Vrin (1448 m) taleinwärts auf der Strasse nach Cons (1477 m). Ausgangs des Dorfes anfellen und oberhalb der Strasse Schräganstieg taleinwärts bis Foppa oberhalb des Weilers Sogn Giusep. Hier biegt man ab und steigt durch eine Mulde (oder über ihre Ränder) hoch auf eine Hangterasse (P.1888,2 m). Nun werden die Ställe rarer. Nordwestwärts hinauf auf den Geländerücken von Stavel Liung, nordwärts über eine Steilstufe zu den Hütten von Puozzas (2221 m) und über den SO-Grat, zuoberst eine Kuppe überschreitend, bis zum Gipfel des Piz da Vrin (2563 m).

**Abfahrt:** wie Aufstieg. Oder, bei sicheren Verhältnissen: Ostwärts direkt durch das Tal der Alp Coulm Sura hinab. Auf etwa 2200 m an seine rechte Begrenzungskante queren und in südlicher Richtung (also immer leicht rechtshaltend) über die Alphütten von P. 2083 m zurück zur Hangterrasse, wo man wieder auf die Aufstiegsroute trifft. Natürlich gibt es noch viele andere Abfahrtsmöglichkeiten, vor allem im Frühling bei Firn.

## WOCHENENDE IN ZUOZ

### ALBULA UND LIVIGNO-ALPEN

Der reizvolle Ort Zuoz bezeichnet sich in der Werbung als »besterhaltenes Dorf des Oberengadins« – kein markiger Werbespruch, sondern lautere Wahrheit! Zuoz bietet aber nicht nur Kunst- und Kulturdenkmäler, sondern auch eine Fülle von Skitouren – höchst unterschiedliche: auf der Schatt- und auf der Sonnseite. Bei einigem Glück kann man an einem Wochenende erst im Pulver und dann im Firn abfahren, das allerdings in der Regel erst ab Februar. Im Dezember wird man beiderseits auf Pulver stossen, was ja auch nicht zu verachten ist. Zuoz wird mit der gemütlichen Rhätischen Bahn erreicht. Der Bahnhof liegt für unsere erste Tour geradezu ideal, für die zweite muss man mit einem Zustieg von einer Viertelstunde rechnen. Wer länger Zeit hat, kann dieses Wochenende mit dem verlängerten Wochenende im Münstertal (Touren 16–18) zu einer Tourenwoche verbinden.

**An- und Rückreise:** Von Chur mit der RhB nach Samedan [940] und weiter nach Zuoz [960].

**Ausgangspunkt:** Bahnhof Zuoz (1692 m).

**Unterkunft:** Zahlreiche Unterkünfte in unterschiedlichen Preislagen. Auskünfte erteilt das Verkehrsbüro 7524 Zuoz, Tel. 082/71510.

**Material:** Normale Skitourenausrüstung.

**Karten:** 258 S Bergün und 259 S Ofenpass; 1237 Albulapass und 1238 Piz Quattervals.

**Jahreszeit:** Aufgrund der verhältnismässig hohen Ausgangslage und des »skifreundlichen« Untergrundes (Wiesen, Almgelände) bereits im Dezember möglich. Reizvoll im Februar und im März: Firn auf den Südhängen! Die schattseitigen Anstiege können auch noch im April bis zum Talboden abgefahren werden.

**Ausweichtouren:** Schattseitig Piz Murtiröl (2660 m).


# Piz Arpiglia (2765 m)
*NW-Rücken*

Hübscher Skigipfel, der wegen der windgeschützten Lage im unteren Teil fast immer, im oberen Teil etwas seltener guten Pulverschnee aufweist. Eine gemütliche Skitour, gut geeignet zum Eingehen am Beginn der Wintersaison.

**Schwierigkeiten:** MS; auf der Anstiegsroute bei vernünftiger Spurwahl kaum lawinengefährdet.

**Höhenunterschied:** Aufstieg und Abfahrt je 1100 m.

**Zeit:** Aufstieg 3 1/2 Std.; Abfahrt 1 Std.

**Lage:** NW

**Aufstieg:** Vom Bahnhof Zuoz (1692 m) auf der Fahrstrasse zum Inn, über eine Brücke und unter der neuen Umfahrungsstrasse zum Ortsteil Resgia (1669 m); Loipen-Stützpunkt. Mit geringem Höhengewinn auf einem Weg Richtung SO und über eine kleine Brücke. Links von der Ova d'Arpiglia über breite Schneisen zur Waldgrenze. Neuerlich links haltend über weite Hänge (nur mehr einzelne Bäume), dann ziemlich flach bis zum Ansatz eines deutlich ausgeprägten Rückens, über den

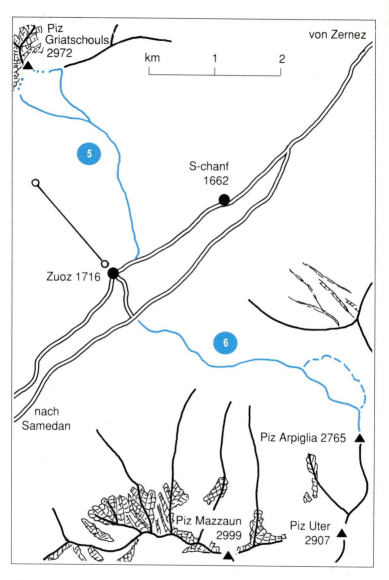

Piz
Griatschouls
2972

von Zernez

km 1 2

5

S-chanf
1662

Zuoz 1716

6

nach
Samedan

Piz Arpiglia 2765

Piz Mazzaun
2999

Piz Uter
2907

46

man zunächst einen Vorgipfel (Steinmann) und – nach rechts querend – den nur wenige Meter höheren Hauptgipfel (2765 m) erreicht.

**Abfahrt:** Wie Aufstieg. Im oberen Teil sind zahlreiche Varianten möglich (zumeist steiler, nur bei stabilen Schneeverhältnissen), im unteren Teil muss die Anstiegsschneise benützt werden, um die jungen Bäume nicht zu gefährden.

**Zusatzgipfel Piz Uter:** Die Tour auf den Piz Arpiglia kann gut zum Piz Uter (2907 m) verlängert werden. Vom Piz Arpiglia Abfahrt über den S-Grat in die Fuorcla Giavagl (2706 m) und Aufstieg über den NO-Grat auf den Piz Uter. Abfahrt zurück über den Grat (oder schöner direkt westlich davon über den steilen N-Hang, 34° auf 180 Hm), dann linkshaltend durch den oberen Talkessel des Val Peja und über einen deutlichen Rücken zwischem diesem Tal und der Val Granda hinab. Auf der rechten Talseite der Val Arpiglia, bei der gleichnamigen Alp vorbei, zuletzt auf einem Alpsträsschen zurück zur Aufstiegsroute auf den Piz Arpiglia.


# Piz Griatschouls (2972 m)   ⑥
*SO-Flanke*

Eine grossartige Skitour, die über weite freie Hänge führt. Wegen der sonnseitigen Lage frühe Auffirnung, im Dezember jedoch zumeist noch Pulverschnee – die Sonne ist gerade um diese Jahreszeit ein erwünschter Begleiter.

**Schwierigkeit:** GAS. Mitunter lawinengefährdet, insbesondere in den oberen Teilen des Anstiegs. Ab Skidepot leichte Blockkletterei.

**Höhenunterschied:** Aufstieg und Abfahrt je 1280 m (vom Bahnhof gerechnet).

**Zeit:** Aufstieg 4 Std.; Abfahrt 1 Std.

**Lage:** SO, S.

**Aufstieg:** Richtung Ost durch den reizvollen Ort. Am Ortsausgang kann man bereits die Ski anschnallen. Richtung N kurz durch die Ebene, dann aber in derselben Grundrichtung über die herrliche Flanke. In einer Höhe von 2100 m hält man sich rechts, erreicht einen Rücken, über den man bis zu P. 2563 m aufsteigt. Bis hierher wurde man dreimal in Versuchung geführt, bei einem malerischen und aussichtsreichen (unbewarteten) Hüttchen eine Rastpause einzulegen, der man hoffentlich widerstehen konnte! Bei P. 2563 m hat man zwei Möglichkeiten:

**a)** Man verfolgt den Rücken weiter. Er verschmälert sich bei 2 800 m zu einem Grat, den man meist zu Fuss begehen muss. Bei sicheren Verhältnissen kann man links davon in einer steilen Mulde zu P. 2 955 m, einem Vorgipfel, aufsteigen. Skidepot. In leichter Kletterei zum Hauptgipfel (2 972 m) des Piz Griatschouls. Skitechnisch schwieriger, doch wird ein höherer »Skigipfel« erreicht.

**b)** Man quert nach rechts in eine weite Mulde und steigt über einen recht steilen Südhang zu P. 2 801 m auf. Über den Gratrücken Richtung W bis zum felsigen Gipfelaufbau. Skidepot auf etwa 2 820 m. In leichter Kletterei, zuerst durch eine Rinne, dann über einen kurzen Grat, zum Gipfel. Skitechnisch leichter, doch längerer Anstieg ab Skidepot.

**Abfahrt:** Wie Aufstieg. Die freien Hänge gestatten viele Varianten, so dass alle Tourenfreunde zu einem unverspurten Abfahrtsvergnügen kommen.

## VERLÄNGERTES WOCHENENDE AUF DEM OFENPASS

### ORTLER-ALPEN UND SESVENNAGRUPPE

Ordentlich weit ist die Anreise zum Ofenpass für die meisten Skitourengeher schon – aber sie lohnt, wenn Schneeverhältnisse und Wetter mitspielen. Wer sich eine volle Woche einteilen kann, kombiniert am besten dieses Wochenende mit dem Wochenende in Zuoz (Touren 5–6) oder dem Wochenende im Münstertal (Touren 16–18). Der Ofenpass liegt in der östlichsten Ecke der Schweiz und verbindet Zernez im Unterengadin mit Müstair im Münstertal, unmittelbar an der Grenze zu Südtirol/Italien. Zugleich trennt der Ofenpass zwei Gebirgsgruppen, die berühmten Ortleralpen von der weniger bekannten, aber reizvollen Sesvennagruppe. »Ofenpass« verbindet sich mit der Vorstellung »Nationalpark«, dessen Grenze bis auf 2 km an die Passhöhe heranreicht. Im Nationalpark ist das Verlassen der markierten Wege, die zudem im allgemeinen nicht auf Gipfel führen, verboten. Unsere Tourenvorschläge berücksichtigen diese Einschränkungen.

**An- und Rückreise:** Von Chur mit der RhB nach Samedan [940] und weiter nach Zernez [960]. Das Postauto [960.20] führt uns zur Haltestelle Buffalora und auf die Ofenpass-Passhöhe, Haltestelle Süsom Givé.

**Ausgangspunkt:** Die Ofenpass-W-Seite, Haltestelle Munt Buffalora (1 968 m).

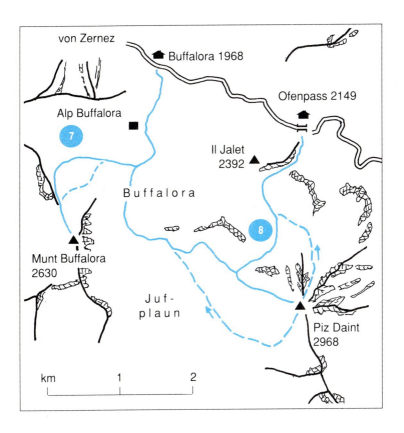

**Unterkunft:** Gasthaus Stradin (1960 m), nahe der Haltestelle Buffalora (Tel. 082/81632), oder Hotel Süsom Givé (2149 m) auf der Passhöhe (Tel. 082/85182).

**Material:** Normale Skitourenausrüstung.

**Karten:** 259 S Ofenpass; 1219 S-charl und 1239 Santa Maria.

**Jahreszeit:** Aufgrund der grossen Höhe der Ausgangspunkte sind die Anstiege bereits im Dezember, aber auch noch im April, schattseitig sogar im Mai, möglich.

**Ausweichtour:** Serraglio-Nordgipfel (2633 m) in der Nähe des Munt

Buffalora. Bei ganz argem Schlechtwetter kleines Liftgebiet Minschuns (mit Postauto erreichbar).

# 7 Munt Buffalora (2 630 m)
*Über die NO-Flanke*

Mini-Skitour für den Ankunftstag, kann trotz der kurzen Tage im Frühwinter noch am frühen Nachmittag begonnen werden.

**Schwierigkeit:** MS. Bei vernünftiger Wahl der Anstiegs- und Abfahrtsspur kaum lawinengefährdet.

**Höhenunterschied:** Aufstieg und Abfahrt je 660 m.

**Zeit:** Aufstieg 2 Std.; Abfahrt $1/2$–1 Std., Flachstücke berücksichtigen!

**Lage:** N

**Aufstieg:** Von der Haltestelle Buffalora (1 968 m) bzw. dem Gasthof Stradin wandert man mit geringem Höhengewinn Richtung S zur Alp Buffalora (2 038 m) und erreicht nach einer etwas steileren Stufe einige Almhütten (P. 2 194 m). Nun nach rechts abbiegen und in einem weiten Linksbogen zum breiten N-Rücken des Munt Buffalora. Über diesen Rücken erreicht man unschwierig den höchsten Punkt (2 630 m).

**Abfahrt:** Wie Aufstieg. In dem freien und hindernislosen Gelände sind zahlreiche Varianten möglich. Je nach dem skiläuferischen Können und den Schneeverhältnissen lässt sich die Abfahrt sanfter, aber auch steiler gestalten.

# 8 Piz Daint (2 968 m)
*Über den NW-Rücken mit Abfahrt durch die SW- oder N-Flanke*

Der »Nicht-ganz-Dreitausender« Piz Daint macht diesen Mangel durch eine Fernsicht wett, die ihm zu Recht den Ruf eines der schönsten Aus-

*Abb. rechts: Im NO-Hang des Wissmilen (2 483 m, Tour 10). Durch den Schatten des Spitzmeilen hindurch geht's zur Spitzmeilen-Hütte, die hart am Rande des weissen Hochplateaus liegt. Auf der anderen Talseite bauen sich die felsigen Südabstürze der Alviergruppe auf, deren Gipfel von N her mit Ski erreicht werden können (Touren 21–22).*

sichtsberge der Ostalpen eingebracht hat. Wem das Wetter wohlgesinnt ist, kann von den Bernina und Ortler Alpen, der Sesvennagruppe und den ôtztalern eine derartige Fülle von Gipfeln sehen, dass es geraten erscheint, ausser den angegebenen Spezialkarten auch Übersichtskarten in einem grösseren Massstab mitzunehmen – um die vielen Gipfel einordnen und bestimmen zu können. Darüber sollte man nicht vergessen, auch an die Abfahrten zu denken, die für den Stemmbögler ebenso wie für die Steilhangartistin etwas zu bieten haben.

**Schwierigkeit:** Je nach gewählter Abfahrt von MS bis SGS. Sinngemäss ist die Lawinengefährdung gering bis hoch.

**Höhenunterschied:** Aufstieg von und Abfahrt nach Buffalora 1 000 m, von der Passhöhe 820 m.

**Zeit:** Haltestelle Buffalora – Piz Daint 3 Std.; Passhöhe – Piz Daint 2$^{1}/_{2}$ Std. Zeit für die Abfahrt nach skitechnischem Können, Schneeverhältnissen und gewählter Route. Bei Abfahrt zur Haltestelle Buffalora die Flachstücke berücksichtigen!

**Lage:** NW, N; von der Passhöhe N.

**Aufstieg:** Zwei Möglichkeiten, eine etwas längere und leichtere Route von Buffalora; eine kürzere, im untersten Teil häufig, im mittleren Teil mitunter lawinengefährdete Route von der Passhöhe.

**a)** Von der Haltestelle Buffalora bzw. dem Gasthof Stradin wandert man mit geringem Höhengewinn Richtung S zur Alp Buffalora (2 038 m) und erreicht nach einer etwas steileren Stufe einige Almhütten (P. 2 194 m) und südwärts flach die Almfläche Jufplaun. Weiter Richtung S, bis man nach links abbiegen und zu einem Nordwestrücken aufsteigen kann. Über diesen erreicht man, nur im letzten Teil etwas steil, den Gipfel des Piz Daint (2 968 m).

**b)** Von der Passhöhe, bei der Haltestelle Süsom Givé (2 149 m) steigt man zu einer Sende-Anlage auf. Hier beginnt eine sehr heikle Querung in ein Tälchen, das zu einer Hochfläche führt, die man Richtung S quert und zu einer zweiten Hochfläche (»Murtaröl«) aufsteigt. Von hier quert man ansteigend zu P. 2 641 m auf dem erwähnten Nordwestrücken (beliebter Rastplatz) und erreicht von hier wie bei a) den Gipfel.

*Abb. links: Die Januarsonne beleuchtet die Einfahrt in die schattige N-Flanke des Mattjisch-Horns (2 460 m, Touren 12–13). Im Mittelteil das Skigebiet der Fideriser Heuberge, darüber zeigt sich etwas undeutlich die weisse Kuppe des Glattwang (2 376 m, Tour 13).*

**Abfahrt:** Die leichteste Abfahrt führt wie a) zur Haltestelle Buffalora. Eine steile Variante (bis 34°) im ersten Teil: unmittelbar vom Gipfel über die Südwestflanke, dann nach rechts zum Anstiegsweg queren. Schwieriger ist die Abfahrt wie bei b). Ausgezeichnete Skiläufer können bei besonders sicheren Verhältnissen (im Frühwinter eher ungewöhnlich) durch die 500 m hohe, steile (33° auf 300 Hm) NNW-Rinne nach Murtaröl und weiter wie bei b) abfahren.

## ⑨ Piz Vallatscha (3021 m)
*Über den Munt de la Bescha und die S-Flanke*

Der Piz Vallatscha, dieser herrliche Aussichtsberg, weist als besonderes »Zuckerl« für die Skiläufer eine riesige Südmulde auf. Die Aufstiegshilfen von Minschuns verkürzen den Anstieg. Von dieser Seite her wird unser Gipfel deshalb verhältnismässig häufig bestiegen. Auf dem hier

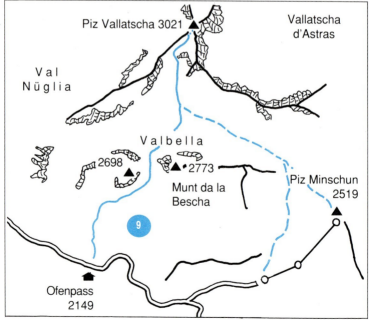

beschriebenen Weg wird man einsam aufsteigen und in der Abfahrt den ersten Gipfelaspiranten begegnen, die den kürzeren Anstieg von Minschuns gewählt haben. Der späte Betriebsbeginn der Liftanlagen bringt auf unserer (an sich längeren) Route zumindest für die Frühaufsteher den Vorteil, früher auf dem Gipfel zu stehen. Man kann zudem beim Hin- oder Rückweg den Westgipfel des Munt de la Bescha (2 698 m) »mitnehmen«.

**Schwierigkeit:** GS. Lawinengefährdung vor allem im ersten Teil des Anstiegs (bei der Querung unterhalb des Gipfelaufbaus des Munt da la Bescha), in der Südmulde nach stärkeren Schneefällen.

**Höhenunterschied:** Aufstieg 440 + 690 + 50 (Gegenanstieg) = 1180 m; Abfahrt 50 + 690 + 440 = 1180 m.

**Zeit:** Passhöhe – Sattel östl. Munt da la Bescha 1 Std.; Anfellplatz Valbella – Piz Vallatscha 2 Std., insgesamt 3 Std. Abfahrt 2–2¹/₂ Std.

**Lage:** Aufstieg und Abfahrt S, kurzer Gegenanstieg (auf dem Rückweg) N.

**Aufstieg:** Von der Passhöhe (2 149 m) zuerst flach durch schütteren Wald, dann in ansehnlicher Steilheit zu einer Hochfläche östlich von P. 2 479 m. (Gipfelsammler können von hier in einem Bogen über den Westhang zum Munt da la Bescha, 2 698 m, aufsteigen.) In einem Bogen um den Gipfelaufbau herum in eine Einsattelung (2 588 m). Von hier kurze schattseitige Abfahrt in die weite Valbella (westlich P. 2 535 m). In einer weiten, sich zunehmend aufsteilenden Mulde Richtung Nord aufsteigen. In einer Höhe von 2 850 m wird es kurzfristig gemütlicher, dann aber geht es steil möglichst hoch hinauf zu den Felsen des Südgrates. Skidepot. Ohne Schwierigkeiten, zumeist in guten Stapfen, zum Gipfel des Piz Vallatscha (3 021 m).

**Abfahrt:** Wie Aufstieg. Es ist auch möglich, den Munt da la Bescha auf dem Rückweg »mitzunehmen«. Aus der Einsattelung (2 588 m) steil, aber unschwierig über den Ostrücken. Abfahrt dann am besten nach W und in einem Bogen nach links zurück zur Anstiegsspur. Bei sehr sicheren Verhältnissen kann man (sehr steil und felsdurchsetzt!) unmittelbar zur Passhöhe abfahren.

# Skitouren im Januar

Im Januar gilt fast das gleiche wie im Dezember. Wenigstens für die Winter der späten 80er Jahre, als der Schnee häufig und vor allem in tieferen Lagen ausblieb sowie regional noch sehr verschieden lag. All das bedeutet, wenn man im ersten Monat des Jahres Skitouren machen will: wieder den Schneebericht des Schweizerischen Lawinenbulletins abhören, Karten und Führer studieren, zusätzliche telefonische Erkundigungen bei Verkehrsbüros, Berggasthäusern und Bergbahnen einholen. Lange Planung für kurze Skitourentage, doch es lohnt sich: So konnte man im weiterum grünen Januar 1990 weisse, unverspurte Hänge mit 1 000 Hm Pulverschnee finden, und solche Herrlichkeit weit unterhalb 3 000 m.

Auch für den Jahresanfang gilt das gleiche wie fürs Jahresende: Ski weg von Gletschern. Die Gefahr ist nämlich noch fast grösser, da nun die Spalten mit lockerem Pulverschnee häufig ganz zugeweht sind. Und so schön diese Art von Schnee ist: auf grossen Spalten ist sie es ganz und gar nicht.

## WOCHENENDE IM SPITZMEILENGEBIET

### GLARNER ALPEN

Schade wäre es, würde man man durch das Walensee-Gebiet nur durchfahren, durch diesen alten Verkehrskorridor von Basel und Zürich ins Graubünden und in den Bodenseeraum. »*Flums ist mit Zürich rasch und billig durch Sportschnellzüge verbunden, Fahrzeit nur 1½ Std., Sportbillet Fr. 6,15*«, schrieb schon der »Zürcher Skiführer« von 1933, der unter anderem Wochenendfahrten in die Gebiete Spitzmeilen und Pizol beschrieb. Und der Führer »Abseits der Heerstrasse«, der 1938 die in den beiden Wintern zuvor in der »Neuen Zürcher Zeitung« vorgestellten »lohnenden Wochenendtouren mittlerer fahrtechnischer Ansprüche« in Buchform zusammenfasste, unterstrich in einer Vorbemerkung zur Walachamm-Hüenerchopf-Tour: »Es ist dies eine der wenigen alpinen Gegenden, die von Zürich aus Samstag und Sonntag leicht erreichbar und doch vom Strom der Skifahrer noch nicht überflutet worden ist«. Die Reise kostet noch immer nicht viel (die Fahrt mit den Seilbahnen allerdings schon). Und obwohl die Gipfel im Spitzmeilengebiet, wie beispielsweise der Wissmilen, wegen ihrer leichten Erreichbarkeit vom Flumserberge-Skizirkus des öfteren bestiegen werden, sind gerade die Nordhänge hinab zur Spitzmeilen Hütte wenig befahren und sehr einladend wenig.

Sie ist die erste Skihütte des Schweizer Alpen-Clubs. Der traditionsreiche, 1863 gegründete Bergsteigerverein freute sich nicht sonderlich über den seit den 90er Jahren des 19. Jh.s immer schneller in Fahrt kommenden Skisport. Die Mitglieder der Glarner Sektion Tödi hingegen waren begeisterte Skifahrer, war doch in ihrem Kanton der Skilauf in der Schweiz mitentdeckt worden. Was ihnen noch fehlte, war eine eigene Skihütte. Das geeignete Gelände fanden sie im Spitzmeilengebiet, das schon im Kanton St. Gallen liegt (der nördliche Teil der Glarner Alpen wird zusammen mit der Pizol- und Ringelspitz-Gruppe als St. Galler Oberland bezeichnet). Deshalb wurde die SAC-Sektion Piz Sol mit viel Mühe überzeugt, am Nordfuss des auffälligen Spitzmeilen (2501m) eine Hütte zu errichten. Am 26. Dezember 1903 konnte der Norweger Olaf Kjelsberg, Hüttenchef des damaligen SAC-Zentralkomitees Winterthur, die erste SAC-Hütte einweihen. Sie wurde speziell für Skifahrer gebaut. Schade wäre es, wenn man ein solch bemerkenswertes Gebiet nicht aufsuchen würde, zumal es am Weg liegt.

**Anreise:** Von Zürich mit dem Schnellzug nach Ziegelbrücke und umsteigen in den Regionalzug nach Unterterzen [900]; der Schnellzug Zürich ab 7.10 Uhr hält auch in Unterterzen! Mit der Seilbahn [1790] von Unterterzen (gleich gegenüber dem Bahnhof) auf die Tannenbodenalp und mit der Gondelbahn [1792] auf den Maschgenkamm. Von der Bergstation (2019 m) westwärts über Piste hinab nach Grüeb (1845 m) und mit dem Sessellift auf den Gipfel des Leist (2222 m). Im Winter 90/91 galt das Halbpreisabo auf der Strecke Tannenbodenalp–Leist noch nicht.

**Rückreise:** Mit dem Postauto von Weisstannen [900.50] nach Sargans und mit dem Schnellzug [900] zurück.

**Ausgangspunkt:** Leist (2222 m), Bergstation des Sesselliftes und höchster Punkt im Skigebiet der Flumserberge.

**Unterkunft:** Spitzmeilen Hütte SAC (2087 m), 55 Plätze, immer offen, an Wochenenden nach Bedarf bewartet, Tel. 085/32232.

**Material:** Wer noch auf den Spitzmeilen klettern will, braucht vielleicht Steigeisen; weitere Eiswerkzeuge für die bekannten Eisfälle im Weisstannental.

**Karten:** 237 S Walenstadt; 1154 Spitzmeilen, 1155 Sargans.

**Ausweichtour:** Keine. Falls der recht steile NO-Hang des Hüendri (auch Fulegg genannt) vor der Lauifurggla nicht gequert werden darf, muss der Hüendri südlich über eine Lücke (2 318 m) umgangen werden; allerdings ist der O-Hang dieser Lücke auch nicht lawinensicher. Ist die Direktabfahrt vom Walachamm ins Weisstannental nicht möglich, so kann die Überschreitung Madfurggl–Hüenerchopf (oder eine Schulter in dessen Ostgrat) mit anschliessender Abfahrt nach Vermol (1100 m) gewählt werden; das Postauto von dort nach Mels fährt im Winter nicht, doch an schönen Wintersonntagen wird es nicht an Mitfahrgelegenheiten fehlen, da der Hüenerchopf neben dem Pizol die bekannteste Skitour im St. Galler Oberland ist.

**Besonderes:** Wissmilen und Walachamm lassen sich sehr gut auch als Tagestour durchführen; letzterer mit Start auf dem Leist oder auch in Weisstannen.

*Ergänzungstour Pizol (2 844 m).* Die Überquerung Leist–Wissmilen–Spitzmeilen-Hütte–Walachamm–Weisstannen kann auch an einem Tag bewältigt werden. Was dann am nächsten Tag? Warum nicht auf den Pizol (2 844 m), den man vom Walachamm aus als höchsten Punkt der gezackten Horizontlinie der Grauen Hörner betrachtet hat? Die Pizol-Aussicht ihrerseits reicht vom Ortler über den einzigen Viertausender der Ostalpen bis zum höchsten Berg der Schweiz und zum Matterhorn. Was heute ein Nachmittagsspaziergang für ein paar Schweisstropfen und einige Fränkli ist, war früher ein anderhalbtägiges Unterfangen für eine unendlich lange Nordabfahrt. 2 300 m Höhenunterschied sind wirklich verlockend; davon bewältigt man heute rund ein Viertel im Tourenbereich, den Rest auf einer präparierten Piste. Siehe Route S. 61.

*Anreise:* Von Sargans mit dem Postauto [900.55] zur Talstation der Pizolbahn [1800] in Wangs. Mit Gondelbahn und zwei Skiliften über Furt und Gaffia in die Höhe.

*Ausgangspunkt:* Skilift-Bergstation (ca. 2 220 m) westlich der Pizolhütte (2 227 m).

**Unterkunft:** Unten in Sargans oder Wangs, oben im Berghotel Furt (Tel. 0 85/22 1 66) oder am schönsten in der Pizolhütte ( mit 70 Plätzen, Tel. 0 85/21 4 56).

**Material:** Steigeisen können nützlich sein, vor allem beim Gipfelanstieg auf der Sommerroute.

**Karten:** 237 S Walenstadt, 247 S Sardona; 1155 Sargans, 1175 Vättis.

**Jahreszeit:** Dezember bis März (allerdings kann nicht immer bis in den Talboden hinunter gefahren werden).

**Schwierigkeit:** MAS. Der kurze Gipfelanstieg zu Fuss kann heikel sein.

**Höhenunterschied:** Aufstieg 620 m; Abfahrt im besten Falle 2310 m, bis Mittelstation 1800 m. Dazu je rund 50 m Wiederaufstieg zwischen Wildsee und Wildseeluggen.

**Zeit:** Aufstieg 2 Std.; Abfahrt 2−3 Stunden.

**Lage:** N.

**Aufstieg:** Von der Pizolhütte bzw. von der Skilift-Bergstation (2220 m) westwärts dem Kamm entlang in einen Sattel, wobei man die Kuppe von P. 2302,1 m nordwärts umgeht. Höhehaltend südwestwärts durch eine Mulde auf einen Rücken und links ins Tälchen hinein, das zur Wildseeluggen (2493 m) führt. Anstatt ohne Höhenverlust die steile W-Seite der Wildseehörner zu queren, ist es sicherer, zum Wildsee (2438 m) abzurutschen. Südwärts eine Folge von Mulden, dann den breiten Hang des Pizolgletschers hinauf in die Pizollücke (ca. 2790 m, ohne Kote und Namen auf der LK) östlich des felsigen Gipfelaufbaues. Nun entweder entlang dem markierten, ausgesetzten und manchmal vereisten Sommerweg in der Süd-, dann W-Flanke (teils Drahtseilsicherungen) zum Gipfel. Oder besser in der mittleren Schneerinne der O-Flanke hinauf, die etwas rechtshaltend in die Scharte südlich des höchsten Punktes des Pizol führt. Dieser wird durch den Gipfelbuchbehälter markiert.

**Abstieg und Abfahrt:** wie Aufstieg. Von dem Sattel westlich von P. 2302,1 m ist es nicht mehr nötig, zur Pizolhütte zurückzukehren. Man kann direkt über schöne Nordhänge, im unteren Teil Felsstufen links ausweichen, die Piste im Rinderläger-Kessel erreichen. Weiter je nach Schnee bis Furt (1522 m), Gondelbahn-Mittelstation (ca. 1040 m) oder Wangs (531 m).

# Wissmilen (2483 m)

(10)

*Von Unterterzen/Tannenbodenalp über Leist zur Spitzmeilen Hütte*

Der Spitzmeilen ist mit seinem symmetrischen, von einer rechteckigen Felsspitze gekrönten Kegel ein unverwechselbarer Berg. Weil man den höchsten Punkt nur zu Fuss durch eine manchmal unangenehme Steil-

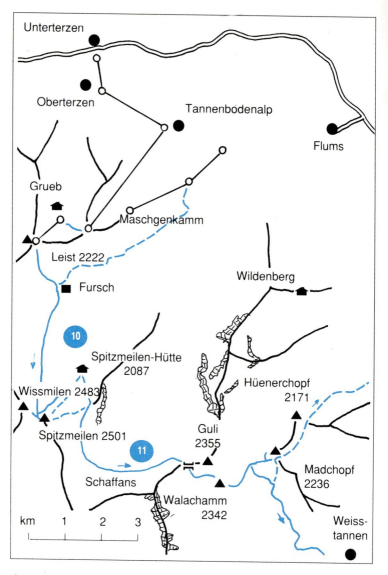

Unterterzen

Oberterzen

Tannenbödenalp

Flums

Grueb

Maschgenkamm

Leist 2222

Fursch

Wildenberg

10

Spitzmeilen-Hütte
2087

Hüenerchopf
2171

Wissmilen 2483

Spitzmeilen 2501

Guli
2355

11

Madchopf
2236

Schaffans

Walachamm
2342

Weiss-
tannen

km   1   2   3

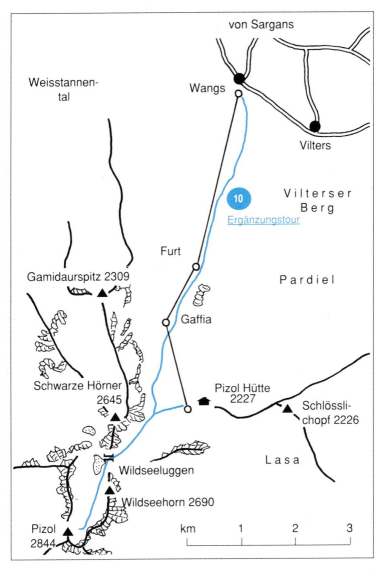

von Sargans

Weisstannen-tal

Wangs

Vilters

Vilterser Berg

10
Ergänzungstour

Furt

Gamidaurspitz 2309

Pardiel

Gaffia

Schwarze Hörner 2645

Pizol Hütte 2227

Schlössli-chopf 2226

Lasa

Wildseeluggen

Wildseehorn 2690

Pizol 2844

km    1    2    3

rinne erreichen kann, erhält er von Tourenskiläufern nur wenig Besuch. Ganz im Gegensatz zum Nachbarn, dem Wissmilen, der im Winter seinem Namen – früher hiess er Weissmeilen – alle Ehre macht. Er gleicht von Norden einem Schneedreieck, in das man bei sicheren Verhältnissen fast überall Spuren hineinzeichnen kann. Doch vorher hat man noch die Aussicht bewundert: gegenüber die Zähne der Churfisten, im Osten die Vorarlberger Spitzen, gegen Südwesten die Bollwerke von Tödi und Glärnisch, und über dem Mittelland der Wolkenpilz des Atomkraftwerkes von Gösgen.

**Schwierigkeit:** MS. Schneebrettgefahr im NO-Hang des Wissmilen; er ist auf 100 m durchschnittlich 32° steil.

**Höhenunterschied:** Aufstieg 690 m; Abfahrt 170 + 430 + 400 (= 1000 m).

**Zeit:** Aufstieg 2 Std.; Abfahrten 1$^1$/$_2$ Std.

**Lage:** N

**Abfahrt Leist-Fursch:** Von der Sessellift-Bergstation Leist (2 222 m) auf einer teilweise als Variantenabfahrt gekennzeichneten Piste links (östlich) der auffälligen Breitmantel-Spitze hinab auf die Verflachung von Burstbühl, wo man die Skiroute verlässt. Südwärts hinab, zwei Gräben überquerend, zu den Alpgebäuden von Fursch (1792 m). Man kann auch westlich vom Breitmantel vorbei- und dann schräg rechtshaltend abfahren, um die Talmulde westlich der Alp Fursch bei einem Felsblock (P. 1 883 m) zu erreichen.

**Aufstieg Wissmilen:** Von Fursch südwärts ansteigen über Obetweid, Bäll und Schafläger in den Sattel südlich von P. 2 329 m. Bei sicheren Verhältnissen kann der breite NO-Hang in die Lücke zwischen Wissmilen und Spitzmeilen aufsteigend gequert werden. Besser ist es, am Fusse des Hanges gegen den Spitzmeilen zu queren und auf der östlichen Begrenzung der Mulde aufzusteigen, die in die erwähnte Lücke führt. Über den SO-Grat auf den flachen Gipfel des Wissmilen (2 483 m).

**Abfahrt zur Spitzmeilen-Hütte:** Nordostwärts so gerade wie möglich zur Hütte (2 087 m).

**Variante:** Will man ins Tal zurückkehren, so fährt man nach Fursch, steigt auf einer Alpstrasse zu P. 1 840 m und folgt ihr weiter über Panüöl und Prod ins Skigebiet der Flumserberge. Auch von der Spitzmeilen-Hütte ist die einzige empfehlenswerte Abfahrt über Fursch, diejenige ins Schilstal bis Wisen schön, doch lawinengefährlich und nachher eher eintönig (Strasse).

*Zusatzgipfel Spitzmeilen:* Wer genügend Zeit und alpine Erfahrung hat, besteigt noch den Spitzmeilen (2 501 m). Vom Wissmilen in der

Süd-Flanke, von der Spitzmeilen-Hütte über den Schönegg-Rücken, Skidepot am Ost-Fuss des felsigen Gipfelkopfes und durch eine steile Schneerinne hinauf; Abfahrt am schönsten direkt über den Nord-Hang. GAS.

# Walachamm (2342 m)

11

*Von der Spitzmeilen-Hütte mit Abfahrt nach Weisstannen*

Auf der Karte 1:50 000 hat der Walachamm nicht mal einen Namen. Das sollte aber kein Grund sein, auf ihn zu verzichten. Eher schon bei Nebel und viel Neuschnee: die gut sechs Kilometer lange Höhenwanderung von der Spitzmeilen Hütte zum Walenkamm, wie der langgezogene, nach Osten und Südwesten steil abfallende Gipfelgrat früher hiess, verlangt gute Sicht und »schnellen« Schnee. Sonst wird dieses ständige Auf und Ab über die abgeschiedenen Karsthochflächen zur gefährlichen Plackerei. So beschaulich der ungewöhnliche Anstieg zum Walachamm ist, so rassig ist die Abfahrt ins Weisstannental. Aufatmen kann man erst vor der Jägerhütte auf Säss. Ende Januar 1991 sassen wir dort mehr als eine Stunde auf einer Holzbank, sprachen über das Wetter und die Tiere mit einem Bauern, der zum Holzschleppen hier vorbeikam, und schauten der Sonne zu, bis sie um halb fünf Uhr hinter einem der wilden Gipfel im Weisstannental verschwand. Knapp 500 Höhenmeter trennten uns noch vom schattigen Dorf, aber wir waren sicher, dass wir heil unten ankommen würden.

**Schwierigkeit:** GS. Die O-Abfahrt vom Walachamm ist auf 350 m ziemlich, aber nicht anhaltend steil; kurze Stellen bis 38°. Dort auch Schneebrettgefahr sowie im Hang südlich vom Schönegsattel (P. 2 203 m) und vor allem im schattigen Hang vor der Lauifurggl. Schwierige Orientierung über die Karstplateaus bei schlechter Sicht.

**Höhenunterschied:** Aufstieg 260 m, in Wirklichkeit einiges mehr mit dem ständigen Auf und Ab; Abfahrt 1 340 m.

**Zeit:** Aufstieg 2$^1$/$_2$ Std.; Abfahrt 1$^1$/$_2$ Std.

**Lage:** Aufstieg N; Abfahrt NO, O und S.

**Aufstieg:** Von der Spitzmeilen-Hütte (2087 m) in südsüdöstlicher Richtung in einen Sattel bei P. 2 203 m am Beginn des Schönegg-Rückens. Hier setzt man die lange Querung in die Lauifurggla an; manchmal weisen Sommerwegmarkierungen die Richtung (auf der Skiroutenkarte sind zwei Routen eingezeichnet, die weiter nach Süden, über die Schön-büelfurggel, ausholen). Zuerst flach über das Obere Band, nördlich von P. 2 208 m über eine kurze Steilstufe aufs Untere Band. Weiter südwärts an den Rand von Uf den Chären, wo man links abschwenkt. Über Schils, Tüfboden und Schafläger bis oberhalb des Schaffanshüttli. Weiter über den östlichen Teil von Schaffans nach Büelen und Querung der steilen NO-Flanke des Hüendri in die Lauifurggla (2 192 m). Durch die S-Flanke des Guli auf den Verbindungsgrat Guli–Walachamm, der nordwestlich von P. 2 291 m erreicht wird. Über den NW-Grat auf den höchsten Punkt des Walachamm (2 342 m).

**Abfahrt:** Über den SO-Grat in einen Sattel und nordostwärts nach Hin-ter Mad. Rechtshaltend über eine Folge von kleinen Rücken beim Rot-chopf vorbei in einen Einschnitt südlich von P. 2 207 m. Nun südostwärts über einen Rücken hinab. Wo er abbricht (etwa 2 000 m), linkshaltend kurz sehr steil auf einen andern Rücken hinüberhalten. Über diesen (Tritt auf der LK) in mehreren Stufen hinab, bis er in Felsstufen über-geht. Zuvor rechtshaltend über einen tiefeingeschnittenen Graben und über einen letzten schönen Hang südostwärts hinunter. Den Galanser Bach überschreiten nach Böden auf der andern Talseite. Dann südwärts nach unten, bis man auf einen Waldweg stösst, der zu den Hütten von Säss (1 477 m) führt. Westlich der Kuppe Ringgastein über recht steile S-Hänge hinunter zur Siedlung Rütenen, dann deutlich linkshaltend, teil-weise im oder am Wald, zu den Hof-Häusern und über Gädmen hinun-ter zur Seez-Brücke (999 m). Auf der Strasse in den »Alpenhof« oder die »Gemse« von Weisstannen.

**Variante:** Kann die Abfahrt vom Rotchopf nach Böden nicht gemacht werden, so hält man von Hinter Mad nach Vorder Mad (kleinere Gegen-steigung) und quert die Madchopf-Südseite in die Madfurggl (2 149 m). Nun den steilen Südhang (30° auf 160 Hm) hinab zur Alphütte von Ober-Galans.

**Zusatzgipfel:** Madchopf (2 236 m); der namenlose Gipfel westlich von ihm ist aber höher! Aufstieg und Abfahrt über W-Grat. Der Guli (2 355 m) ist leicht über W- oder S-Grat erreichbar; Abfahrt über S-Grat oder schö-ner im südlichen Teil der O-Flanke.

# WOCHENENDE ZWISCHEN SCHANFIGG UND PRÄTTIGAU

## PLESSUR ALPEN

*»Lieber Gusti!*

*Anlässlich unserer letzten Bergfahrt habe ich es übernommen, Dir einen Vorschlag für gemeinsame Skiferientage in Graubünden zusammenzustellen.*

*Wie wär's, wenn wir kommenden Winter das Hochwang-Gebiet wählen würden? Die Hochwangkette erstreckt sich zwischen dem Prättigau einerseits und dem Plessurtal, dem Schanfigg anderseits, von der Davoser Weissfluhgruppe aus westwärts bis Chur. Der Skiklub Rhätia Chur hat in dieses schöne Skigebiet eine nagelneue, pickefeine Skihütte gestellt, das »Skihaus am Hochwang«. (...) Für Dich ist es wichtig, dass das Hochwanggebiet rasch erreichbar ist, ja selbst wenn sich Deine Bündnerreise auf einen Samstag Nachmittag und Sonntag reduzieren müsste, liesse sich hier noch eine genussreiche Tour durchführen.*

*(...) Nachmittags werden in der schönen, auch aussichtsreichen Umgebung des Skiheims Schwünge dressiert! (...) Gegen Abend geraten wir vielleicht dann auch noch auf den nahen Gipfel des Kunkels (2 418 m) hinauf, um von dort herunter in einer rassigen Schussfahrt den Tag zu beschliessen. (...)*

*Der nächste Vormittag dürfte uns wohl auf dem Wege zum Matlishorn (2 464 m) sehen. Hier oben überrascht uns vor allem der Blick ins Fondeital und hinüber zur nahen Davoser Weissfluh.*

*(...) Am folgenden Morgen käme dann wohl die berühmte »Jenazer-Abfahrt« an die Reihe. (...) Diese Tour kann gut mit dem Besuch des Matlishorngipfels verbunden werden. (...) Und dann geht's los! Immer auf offenen Waldwiesen über Alp Larein, kreuz und quer hinab ins Prätigau. Nur ganz zuletzt einmal etwa 100 Meter auf Waldweg und dann wieder über offene Wiesen zum Dorf und zur Station Jenaz. (...)*

*Inzwischen verbleibe ich, mit einem Rucksack voll der herzlichsten Grüsse –*                    *Dein Carl Eggerling.«*

Stimmt – mit einer Ausnahme – alles, was hier auszugsweise aus dem Jubiläumsjahrbuch des Schweizerischen Ski-Verbandes von 1929 wiedergegeben ist: Das Skihaus Hochwang hat sich zur Wochenend-Festhütte für Pistenskifahrer gewandelt. Aber es gibt im Fondei einen Ersatz, der die Sehnsüchte der Tourenfahrer nach Pulverschnee, Ruhe, und Sonnenterrasse erfüllt: das Skihaus Casanna.

**Anreise:** Mit dem Postauto [900.72] vom Bahnhof Chur nach St. Peter und mit dem Privatbus ins Skigebiet Hochwang (den Postautochauffeur fragen, wo man am besten in den Privatbus umsteigen kann); im Winter 90/91 fuhr dieser in St. Peter (Post) so ab: täglich 8.45 und 13.00 Uhr, werktags 10.05 Uhr, sonntags 9.35 und 10.35 Uhr; Infos unter Tel. 0 81/33 11 22. Man kann auch – nur stimmen dann die Verbindungen nicht immer – mit der RhB [930] Richtung Langwies und Arosa bis zur Station St. Peter fahren und zu Fuss ca. 15 Min. ins Dorf hinaufgehen.

**Rückreise:** Von Jenaz mit der RhB [910] nach Landquart.

**Ausgangspunkt:** Bergstation des oberen Triemel-Skiliftes (P. 2 284 m) im Schanfigger Skigebiet Hochwang.

**Unterkunft:** Ski- und Berghaus Casanna (1 944 m), mit 52 Plätzen, ganzjährig geöffnet, Tel. 0 81/33 11 82 oder 33 12 21. Skihaus Pirigen (1733 m), 20 Plätze, ganzjährig geöffnet, Tel. 0 81/33 11 64. Skihaus Hochwang (1 958 m), 50 Plätze, während Betrieb der Skilifte Hochwang tagsüber meistens offen, aber nicht immer Übernachtungsmöglichkeit, Tel. 0 81/33 11 08. Weitere Unterkunfts- und Verpflegungsmöglichkeit in den zwei Skihäusern der Fideriser Heuberge: Skihaus Arflina (2 000 m), Tel. 0 81/54 13 04 oder 54 20 79; Ski- und Berghaus Heuberge (1 939 m), Tel. 0 81/54 13 05 oder 54 36 95.

**Material:** Normale Skitourenausrüstung.

**Karten:** 248 S Prättigau; 1176 Schiers, 1196 Arosa.

**Jahreszeit:** Dezember bis Februar; dann einfach, wenn der Schnee bis in tiefere Lagen fällt (der Bahnhof Jenaz liegt auf 723 m).

**Besonderes:** In diesem sehr vielfältigen Winterskitourengebiet seien ein paar Möglichkeiten angegeben, wie das Skihaus Casanna, insbesondere auch von Davos her erreicht werden könnte:

**1)** Direkt vom Bahnhof Langwies: Vom westlichen Teil des Bahnhofs Langwies (1 317 m) durch das von der Hauptstrasse quer durchgeschnittene Schluocht-Tal auf eine Erschliessungsstrasse. Weiter ost-, später nordostwärts in das Tal von Fondei (z. T. Lawinengalerien). Nach den ersten Häusern (Stutz) direkt hinauf zum Skihaus Casanna (1 944 m). 630 m Aufstieg, 2 Std.; empfiehlt sich auch als Abfahrsroute. Und dann noch schnell aufs Mattjisch Horn hinauf, für den Sonnenuntergang.

**2)** Vom Bahnhof Langwies über Skihaus Pirigen und Mattjisch Horn: auf obiger Route bis auf die Erschliessungsstrasse. Nun aber nach links auf ein Eck und direkt über Wiesen und durch Wald zum Skihaus Pirigen (1 773 m). Über sanfte Hänge genau Richtung Mattjisch Horn ansteigen, auf etwa 2 200 m zum S-Grat hinausschwenken und auf ihm zum Gipfel.

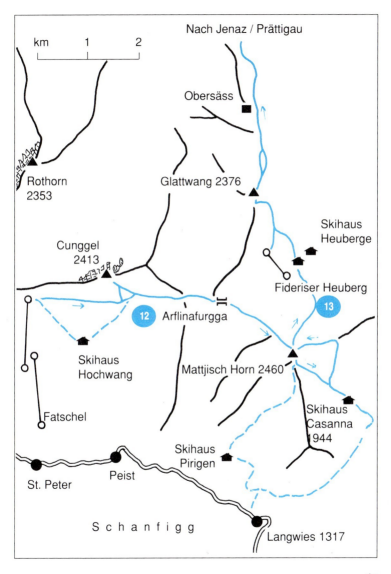

Abfahrt zurück zum Skihaus Pirigen oder zum Skihaus Casanna, oder gleich weiter zum Glattwang. 460 m Aufstieg und eine gute Stunde zum Skihaus Pirigen, von dort 690 m und rund 2 Std. aufs Mattjisch Horn.

**3)** Von der Weissfluh (2 843 m): Von der Weissfluh (vgl. Tour Nr. 1) zum Kreuzweg, westwärts nach Barga, im Fondei bis zur Siedlung Strassberg (1919 m) und auf einem Strässchen flach ansteigen zum Skihaus Casanna. Müheloser geht's fast nicht. Verlockender ist nur noch folgende Route: Weissfluh – Abfahrt SW-Flanke bis etwa 2 500 m, Aufstieg Zenjiflue (2 685 m) – phantastische N-Abfahrt nach Barga – Mittagessen im Skihaus Casanna, und zur Verdauung über Mattjisch Horn und Glattwang nach Jenaz. Insgesamt 1100 m Aufstieg und und fast dreimal soviel Abfahrt. Und alles Bruchharsch …

**12** # Cunggel (2 413 m) – Mattjisch Horn (2 460 m)
*Vom Skigebiet Hochwang ins Skihaus Casanna*

Das Mattjisch Horn, ein rundum schöner, weisser Skiberg, hat alles, was es für winterliche Skitouren braucht: sonnige Aufstiege und (pulver-)schneesichere Abfahrten, weitreichende Aussicht, insbesondere gegen Westen bis zu den Berner Alpen, und nahegelegene Skihäuser. Wenn hartnäckig der Nebel auf die Städte drückt und sich ein tiefblauer Himmel über die reinweissen Alpen wölbt, dann ist der richtige Moment fürs Mattjisch Horn da (so wurde der Berg früher auf der Karte benannt). Und weil es da so schön ist, wird das Mattjisch Horn gleich zweimal überquert, einmal am Nachmittag, das andere Mal am Vormittag, und jedesmal auf einer neuen Route. Schöne Aussichten, nicht wahr?

**Schwierigkeit:** MS. Einzig die Abfahrt über die O-Flanke des Mattjisch Horns ist im oberen Teil auf etwa 100 Hm ziemlich steil.

**Höhenunterschied:** Aufstieg 210 + 260 m (= 470 m); Abfahrt 210 + 520 m (= 730 m).

*Abb. rechts: Der Aufstieg über den NO-Rücken des Alvier (2 343 m, Tour 21) ist steil und ausgesetzt, so dass die Ski am besten vom Barbieler Grat an, der von rechts erreicht wird, getragen werden. In der Tiefe liegt das Rheintal mit den liechtensteinischen Orten Vaduz und Schaan. Darüber erheben sich die Drei Schwestern (2 052 m) und der Garsellakopf (2 105 m).*

**Zeit:** Skilift Bergstation Hochwang–Cunggel knapp 1 Std.; Cunggel–Mattjisch Horn gut 1¹/2 Std; Mattjisch Horn–Skihaus Casanna ¹/2 Std. Insgesamt 3 Std.

**Lage:** mehrheitlich S und SO.

**Aufstieg Cunggel:** Von der Bergstation der Triemel-Skilifte (P. 2 284 m) ostwärts Schrägfahrt bis P. 2 199,2 m. Anfellen. Flach weiter zu P. 2 207 m, linkshaltend zu einem Stall und Aufstieg über den unten ziemlich steilen und oben schmalen SO-Rücken auf den Cunggel (2 413 m). Der Cunggel kann natürlich auch ausgelassen werden.

**Cunggel – Mattjisch Horn:** Abfahrt wie Aufstieg, oder schöner, aber nur bei sicheren Verhältnissen, über die NO-Flanke, dann Schrägfahrt ostwärts bis etwa 2 200 m. Anfellen. Ostwärts über den Faninpass auf die Arflinafurgga (2 247 m). Nun dem Grat entlang, einzelne Erhebungen bei sicheren Verhältnissen rechts umgehend, zum Sattel (2 277 m) am Be-ginn des NW-Grates des Mattjisch Horns. Über diesen zum Gipfelplateau und -buch (2 460 m).

**Abfahrt Skihaus Casanna:** Vom Mattjisch Horn über den S-Grat bis zum Flachstück und rechts einer Mulde über die O-Flanke. Weiter unten südostwärts, ein paar Gräben überquerend, zum Skihaus Casanna (1 944 m). Bei unsicheren Verhältnissen über die Aufstiegsroute vom nächsten Tag (O-Grat) abfahren.

**Variante Skihaus Hochwang:** Von der Skilift-Bergstation auf der be-zeichneten Piste zum Skihaus Hochwang (1 958 m). Wiederaufstieg in nordöstlicher Richtung zur Aufstiegsroute auf den Cunggel.

# Mattjisch Horn (2 460 m) – Glattwang (2 376 m)    **13**
*Vom Skihaus Casanna über Heuberg nach Jenaz*

Die Parsenn-Abfahrt vom Gipfel der Weissfluh (2 843 m) nach Küblis (810 m) ist eine der bekanntesten in Graubünden, wenn nicht die berühmteste überhaupt. 1903 von Oscar Schuster und Johann Engi ent-deckt, hat sie seither nichts von ihrer Faszination verloren, nur vielleicht

*Abb. links: In den steilen S-Hängen oberhalb der Val da Fain auf dem Weg zum »Berg der Steinböcke«, zum Piz Albris (3 165 m, Tour 24). Der Hintergrund kann sich sehen lassen: Piz Cambrena, Piz Palü, Bella-vista... Die große Gondelbahn auf die Diavolezza ist gut erkennbar.*

einige Befahrungen, weil die unteren Hänge in den letzten Wintern nicht eben weiss waren. Der Name Parsenn, eigentlich ein Übergang auf der Weissfluh-Nordseite, gilt heute für die ganze Skiregion zwischen Davos und Klosters. Doch wenn man von der Parsenn-Abfahrt spricht, dann meint man die 14 km lange Piste mit 2 030 Höhenmetern nach Küblis hinunter. Aber es gibt weiter westlich eine Abfahrt, die keine Piste ist (markiert ist sie freilich schon), die weniger Höhenmeter aufweist (1650 m), skiläuferisch aber um einige Schwünge mehr überzeugt: die Abfahrt vom Glattwang nach Jenaz.

**Schwierigkeit:** MS (GS). Die N-Flanke des Mattjisch Horns ist oben knapp 30° steil, aber schön breit. Nur skibreit ist dafür der oberste Teil des Glattwang-Nordgrates. Schneebrettgefahr in der Mattjisch Horn N-Flanke sowie in der Gipfelmulde am Glattwang.

**Höhenunterschied:** Aufstieg 520 + 380 m (= 900 m); Abfahrt 460 + 1650 m (= 2 110 m).

**Zeit:** Skihaus Casanna – Mattjisch Horn knapp 2 Std.; Mattjisch Horn – Glattwang 1¹/2 Std.; Glattwang – Jenaz je nach Zustand der Tourenpiste.

**Lage:** Aufstiege O, Abfahrten N.

**Aufstieg Mattjisch Horn:** Vom Skihaus Casanna (1 944 m) auf dem Weg vom Vortag zurück bis etwa 2 100 m. In nördlicher Richtung über die Blackter Alp in einen Sattel (2 290 m) und über den O-Grat auf das Mattjisch Horn (2 460 m).

**Abfahrt Mattjisch Horn:** Über N-Flanke am schönsten, aber nur bei sicheren Verhältnissen; allerdings ist diese Route oft befahren (fast eine Piste). Abfahrt eher im linken Teil der N-Flanke bis auf ein Flachstück. Ostwärts um P. 2 185 m herum und linkshaltend zum Skihaus Arflina (2 000 m) in den (Fideriser) Heubergen. Bei zweifelhaften Verhältnissen besser über NW-Grat bis etwa 2 300 m und nordwärts einbiegen.

**Aufstieg Glattwang:** Vom Skihaus Arflina nordwestwärts in die Mulde Caua (P. 2 153 m). Nordwärts ansteigen über verschiedene Rücken bis in die schattige Mulde südlich des Glattwang. Deutlich rechtshaltend über den Sonnenhang auf den S-Grat und in wenigen Schritten auf den höchsten Punkt des Gipfelfirst (2 376 m).

**Abfahrt Glattwang:** Über den schmalen Nordgrat bis zum Sattel oberhalb des Glattwangseeli. Die folgende Kuppe (P. 2 303 m) westlich (steiler, aber windzugekehrte Seite) oder östlich umfahren (bei unsicheren Verhältnissen überqueren). Nördlich dieser Kuppe stehen die ersten orangefarbenen Stangen, die bis Jenaz hinunter die Abfahrt markieren. Bei der untersten Markierung direkt hinab über zwei steile Böschungen zu den Hotels »Krone« und »Post« und dahinter links zum Bahnhof (723 m). Man kann von den Fideriser Heubergen auch unter dem Glattwang durchgehen, indem man nur auf eine Schulter zwischen Glattwangseeli und Alp Nova steigt.

## WOCHENENDE IN ST. ANTÖNIEN
### RÄTIKON

*»Den 3. Januar, eine Weile in der Nacht, kam die Mattenlawine und ging über Valtin Härtlis Haus und Stall auf dem Meierhof, wahrscheinlich auf dem äusseren Meierhof ob dem Weg, jedoch ohne diese Gemächer zu beschädigen, hingegen bei den untern Häusern, vielleicht auf dem äussern Meierhof unter dem Weg, zerstörte sie einen Stall und tötete in demselben 2 Kühe, 3 Galti, 2 Kälber und 2 Schafe. Desgleichen schlug sie einen Stall auf dem Börtli auf die Matte herunter.«*

So berichtet der Chronist Peter Ruosch über den ersten schweren Lawinenwinter im Tal von St. Antönien. Das war im Jahre 1668 gewesen, und in den folgenden drei Jahrhunderten sind immer wieder Lawinen von den steilen Grasbergen in diesem Seitentale des Prättigaus heruntergedonnert, haben Bannwälder entwurzelt, Ställe mitgerissen, Häuser zertrümmert, Menschen erschlagen. Und obwohl die Lawinenunglücke zusehends verheerender wurden – 1935 bespiesweise waren 7 Menschen und 20 Gebäude zu beklagen, im Januar 1951, dem katastrophalen Lawinenwinter in den Alpen, 1 Mann, 50 Tiere, 42 gänzlich zerstörte Gebäude – gaben die Bewohner von St. Antönien nicht auf, bauten ihre Häuser immer wieder. Ab 1797 schützten  sie diese hangseitig mit keilförmigen Erd- und Steinwällen, sogenannten »Ebihöch«. Doch erst als ab 1953 am Chüenihorn, dem gefährlichsten St. Antönier Lawinenberg, Verbauungen erstellt wurden und Aufforstungen erfolgten, mussten die Leute bei starken Schneefällen nicht mehr um ihr Leben bangen. 11 Millionen Franken kosteten diese grössten Lawinenschutzbauten in der Schweiz.

Schuld daran, dass der weisse Tod die Geschichte dieses Tales am Rande der Schweiz wie ein roter Faden durchläuft, sind deren Bewohner selbst. Allen voran die Walser, die ab dem 13. Jh. die Bergwaldwildnis rodeten, um diese nutzbar zu machen. Platzbedarf, Häuserbau und schliesslich noch Bergbau im Tal von Gafia rissen immer grössere

Lücken in die Wälder, die ihre Schutzfunktion zusehends verloren. Kilometerlange Stahl- und Betonskelette ersetzen heute die Bäume, und vielleicht sehen in Zukunft viele Berge in den Alpen so wie das Chüenihorn aus, wenn das von uns mitverursachte Waldsterben im Gebirge nicht gestoppt werden kann.

Wer sich für die erschütternde »Geschichte der St.-Antönier-Lawinen« interessiert, sollte ein 1988 erschienenes Buch mit diesem Titel im Dorfladen von St. Antönien Platz kaufen. Den besten Blick auf das Chüenihorn hat man übrigens vom Eggberg, den wir am zweiten Tag besteigen. Doch seine Aussicht stimmt nicht nur nachdenklich, sondern sie ist auch packend mit dem Tiefblick auf die charakteristische Streusiedlung von St. Antönien.

Bekannter als Panoramagipfel ist freilich das Chrüz, dessen Überschreitung von West nach Nord einen eleganten Zugang nach St. Antönien erlaubt. Ein »ganz aussergewöhnlich grossartiger Aussichtspunkt« sei das Chrüz, heisst es im »Skiführer für die Silvretta-Gruppe und den Rätikon«, der 1932 herauskam: »Die ganze Rätikongruppe ist in riesigem Bogen von NW bis O aufgestellt. Nach W grosse Fernschau auf die Glarner Alpen usw. Schöne Tiefblicke ins ganze Prätigau«.

Was jetzt noch fehlt, ist der Schnee, und davon gibt es häufig im Tal von St. Antönien mehr als genug. Er scheint dort, wenigstens in den Nordhängen, auch dann zu liegen, wenn die Hänge in den Alpen unterhalb 2 000 m mehrheitlich grün sind, wie es z. B. im Januar 1990 der Fall war.

**Anreise:** Linie Zürich–Chur [880] bis Landquart, RhB [910] bis Schiers und mit dem Postauto Schiers–Fajauna–Stels [910.35] bis zum Berggasthaus Mottis (Weiterfahrt bis zuoberst nur auf Verlangen).

**Rückreise:** Von St. Antönien mit dem Postauto [910.55] über Pany nach Küblis und mit der RhB [910] nach Landquart oder Davos.

**Ausgangpunkt:** Berggasthaus Mottis (1 484 m) auf dem Stelserberg östlich ob Schiers; genauer die Strassenkurve (P. 1 467 m) östlich vom Berggasthaus.

**Unterkunft:** Kur- und Verkehrsverein, CH-7246 St. Antönien, Tel. 081/ 54 17 19. Ein paar Gehminuten gegenüber von St. Antönien Platz gibt es eine Jugendherberge, Tel. 081/54 22 38. Das Berggasthaus Mottis in Stels ist immer offen, Tel. 081/53 13 19.

**Material:** Normale Skitourenausrüstung.

**Karten:** 248 S Prättigau; 1176 Schiers, 1177 Serneus.

**Jahreszeit:** Dezember bis Februar; Eggberg aus dem Tal von Gafia bis März.

**Ausweichtour:** Skilift in St. Antönien Platz.

**Besonderes:** Das Wochenende in St. Antönien kann gut mit dem verlängerten Wochenende im Rätikon (Touren 28–30) verbunden werden.

# Chrüz (2 195 m)

14

*Vom Stelserberg ob Schiers nach St. Antönien*

Das Chrüz ist der westliche Vorposten beim Eingang ins Tal von St. Antönien; sein Gegenüber ist das Jägglisch Horn. Beide Gipfel sind auf drei verschiedenen Skirouten erreichbar und weisen je zuoberst einen Nordhang auf, worin häufig ein Schneebrett eingelagert ist. Beim Chrüz jedoch lässt sich diese Stelle leicht umfahren. Zudem sind die drei Ausgangspunkte Stelserberg, St. Antönien und Pany höher gelegen. Zum Aufstieg wählen wir die sonnigste und aussichtsreichste, zur Abfahrt die schattigste und schneereichste Route.

**Schwierigkeit:** MS bei Abfahrt über O-Grat, GS bei Abfahrt über N-Hang. Dieser ist oft schneebrettgefährlich. Wenn man sich strikt an die Grate hält (was beim Aufstieg über den NW-Grat einige Spitzkehren erfordert), ist das Chrüz lawinensicher.

**Höhenunterschied:** Aufstieg 730 m; Abfahrt 780 m.

**Zeit:** Aufstieg 3 Std.; Abfahrt 1 Std.

**Lage:** Aufstieg W, NW; Abfahrt N, unten O.

**Aufstieg:** Von der Haarnadelkurve P. 1 467 m beim Gasthaus Mottis auf dem Stelserberg ostwärts auf dem Strässchen, dabei die Kurven evtl. abkürzend, bis auf die Moorebene Zum See (P. 1774 m) am Beginn des NW-Grates des Chrüz. Auf diesem Grat aufsteigen, wobei man sich an den Kammverlauf hält. Zuletzt vom Sattel (P. 2082 m) über den recht schmalen und steilen Schlussgrat auf den Gipfel des Chrüz (2 195 m).

**Abfahrt:** Über den O-Grat in einen Sattel, dann kurzer Wiederaufstieg auf das Chlei Chrüz (2 103 m). Entlang seinem N-Rücken auf die Alp Valpun. Bei ganz sicheren Verhältnissen ist es natürlich schöner, vom Gipfel des Chrüz direkt über die auf der LK als Augstberg bezeichnete N-Flanke (33° auf 100 Hm) abzufahren. Vom grossen Alpgebäude von Valpun nordostwärts an den Waldrand hinunter, den man bei P. 1720 m erreicht. Nun auf dem Wanderweg nordostwärts mit einigen kleineren

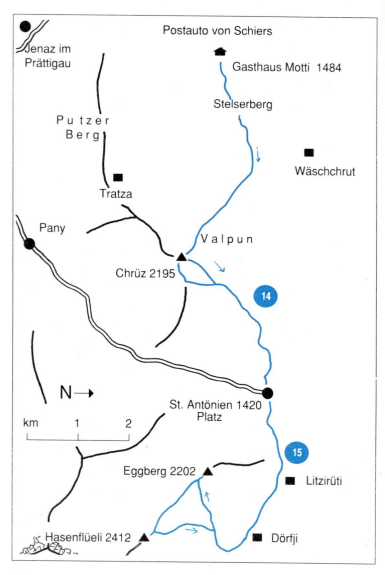

Jenaz im Prättigau

Postauto von Schiers

Gasthaus Motti 1484

Stelserberg

P u t z e r
B e r g

Wäschchrut

Tratza

Pany

V a l p u n

Chrüz 2195

14

N→

km 1 2

St. Antönien 1420
Platz

15

Eggberg 2202

Litzirüti

Hasenflüeli 2412

Dörfji

Gegensteigungen durch den Wald. Man gelangt so zum Skilift von St. Antönien. Auf der Piste, zuletzt aber linkshaltend direkt nach St. Antönien Platz (1420 m) hinab.

**Varianten:** Bei sehr viel Schnee bis in die Niederungen, auch auf den rasch ausapernden Südhängen des Prättigaus, kann man sich überlegen, ob vom Chrüz nicht auf der SO-Route über die Alpsiedlung Boden und das Dorf Pany (1249 m) nach Dalfazza (801m) westlich von Küblis abgefahren werden soll.

# Eggberg (2 202 m) – Hasenflüeli (2 412 m)   **15**

*Aus dem Tal von Gafia*

Wie man's auch immer macht: Die Tour hat vieles, was Skitouren bieten. Einen landschaftlich reizvollen Aufstieg mit einer Alphütte auf zwei Drittel der Strecke, wo man in der Morgensonne nicht widerstehen wird können, eine Rast einzulegen. Einen aussichtsreichen Gipfel, der einen guten Überblick über das ganze Gebiet erlaubt, in dem man sich bewegt. Eine Höhenwanderung auf einem schmalen Grat, wo präzises Fellen nötig ist. Eine kurze alpinistische Einlage auf einen Felszahn, der bis zuletzt unzugänglich aussieht. Und schliesslich eine schattseitige, Pulverschnee versprechende und über offene Hänge führende Abfahrt, die gut – wenn überhaupt! – noch am Nachmittag befahren werden kann.

**Schwierigkeit:** MS bei Beschränkung auf Eggberg, GAS bei Überquerung des Grates zum Hasenflüeli und Besteigung desselben. Der Grat zwischen den beiden Gipfeln ist teilweise recht schmal und verlangt, besonders wenn er noch verwächtet ist, sichere Aufstiegstechnik. Der Fussaufstieg auf das Hasenflüeli ist etwas ausgesetzt. Schneebrettgefahr an einigen Stellen in der breiten NO-Flanke der beiden Gipfel.

**Höhenunterschied:** Aufstieg 780 m Eggberg + rund 250 m Hasenflüeli (= 1030 m); Abfahrt vom Hasenflüeli-Skidepot nach St. Antönien Platz etwa 950 m.

**Zeit:** St. Antönien – Eggberg 2 1/2 Std.; Eggberg – Hasenflüeli 1 Std.; Abfahrt 1 Std.

**Lage:** NO

**Aufstieg Eggberg:** Von St. Antönien Platz (1420 m) auf der Strasse taleinwärts nach Litzirüti am Eingang zum Tal von Gafia. Südostwärts über Weiden zur Siedlung Engi und kurz darauf den Gafier Bach überschreiten (Brücke P. 1622 m). Auf dem rechten Bachufer bis ins Dörfji, wieder über eine Brücke und taleinwärts zum auffälligen Schlangenstein (1739 m). Hier beginnt der Aufstieg über die NO-Seite zum Eggberg. In ziemlich direkter Linie hoch zur Alphütte von Säss (1941 m) und südwestwärts in den Sattel südlich des Eggberges. Nach rechts auf den Gipfel (2202 m).

**Überquerung Eggberg–Hasenflüeli:** Vom Eggberg folgt man dem teils schmalen Grat, wobei die Höcker dazwischen je nach Schneeverhältnissen überschritten oder in der SW-Flanke gequert werden. Zuletzt kommt man zum Felszahn des Hasenflüeli. Unterhalb der Felswände quert man nach rechts, zuerst in einer Mulde, dann in einem steilen Hang, bis zur Fallinie einer Rinne, die den Aufstieg auf den SO-Grat des Hasenflüeli erlaubt. Skidepot am Fuss der Rinne (ca. 2370 m) oder auch weiter unten. Durch die Rinne (fast ein Kamin) in eine Scharte hinauf und kurz über den ausgesetzten Grat zum höchsten Punkt (2412 m).

**Abfahrt:** Vom Skidepot auf der Aufstiegsroute zurück in einen flachen Sattel nordwestlich des Hasenflüeli. Nun über herrliche Hänge, westlich von Ammaflue und Haupt, immer leicht linkshaltend hinab, wobei man sich mit Vorteil an die Rücken hält.

**Varianten:**

**1)** Wer Gratwanderungen nicht liebt, fährt vom Eggberg zur Sässhütte ab und steigt anschliessend zum Hasenflüeli hoch.

**2)** Bei sehr viel Schnee bis in die Niederungen, auch auf den rasch ausapernden Südhängen des Prättigaus, kann vom Eggberg oder vom Hasenflüeli über die SW-Seite in die grosse Mulde der Aschariner Alp abgefahren werden. Von dort nordwärts (aber nur bei ganz sicherem Schnee) aufs Jägglisch Horn (2290 m), wobei man zuoberst der Nordmulde besser auf dem mühsamen NW-Grat ausweicht. Abfahrt auf dem SW-Rücken über Tälfsch (1010 m) nach Küblis – eine Route, die leider nur selten möglich und lohnend ist (genügend und guter Schnee).

Weiter noch als zum Ofenpass ist es vom schweizerischen Mittelland in das Münstertal, die Val Müstair, wie es im Rätoromanischen heisst. Wer zeitökonomisch denkt und es sich einrichten kann, wird deshalb das verlängerte Wochenende »Ofenpass« (Touren 7–9) mit dem verlängerten Wochenende »Münstertal« zu einer ertragreichen Tourenwoche verbinden. Selbst das Wochenende in Zuoz (Touren 5–6) liesse sich noch anhängen. Ganz unbekannt ist das Münstertal bei den Skitourengehern nicht (mehr). Nach den bei den Ausgangspunkten geparkten Autos zu schliessen, ist es von Zürchern und Münchnern entdeckt worden. An Wochenenden kommen auch Südtiroler gern hierher. Die Verbindung Zernez–Müstair wird ausreichend oft (und im Hochwinter auch ausreichend früh) befahren; selbst zum hohen Ausgangspunkt Lü fährt die Schweizer Post und erspart uns 6 km Fussmarsch von Fuldera.

Bei ganz argem Schlechtwetter ist ein Besuch der grossartigen Klosteranlage von Müstair empfehlenswert. Aus der Gründungszeit sind noch karolingische Wandmalereien (um 800) erhalten. Klostergebäude und Klosterkirche stammen in ihrer heutigen Gestalt aus dem Mittelalter. Sehenswert sind auch das Klostermuseum, die Heiligkreuzkapelle (südlich an der Strasse) und die Chasa Chalvaina. In Valchava (zwischen Fuldera und Santa Maria) lohnt ein Besuch des Talmuseums, das in der Chasa Jaura untergebracht ist.

**An- und Rückreise:** Von Chur mit der RhB nach Samedan [940], weiter nach Zernez [960] und mit dem Postauto [960.20] nach Tschierv, Fuldera oder Santa Maria im Münstertal.

**Ausgangspunkt:** Tschierv-Plaz (1660 m).

**Unterkunft:** Verkehrsbüro Val Müstair, 7531 Santa Maria, Telefon 082/85566; Kurverein Santa Maria im Münstertal, Tel. 082/85727. Jugendherberge in Santa Maria, Tel. 082/85360. In Tschierv Hotel Sternen, Telefon 082/85551. Im Bergdörfli Lü gibt es noch weniger Auswahl: Unterkunft im Hirschen, Telefon 082/85181.

**Material:** Normale Skitourenausrüstung.

**Karten:** 259 S Ofenpass, 259 bis Glorenza (nicht unbedingt nötig, da auf 259 S rückseitig teilweise vorhanden); 1219 S-charl, 1239 Santa Maria, 1239 bis Müstair.

**Jahreszeit:** Die beschriebenen Anstiege sind von Dezember bis März (Piz Terza) bzw. bis April (Piz Dora, Piz Minschuns) möglich.

**Ausweichtour:** Muntet (westlich vom Piz Terza), Piz Turettas (östlich vom Piz Dora), Piz Chalderas (westlich vom Piz Minschuns).

## 16 Piz Dora (2 951m)

*Von Tschierv über NO-Seite mit Abfahrt nach Fuldera*

Vermutlich der beliebteste Skigipfel des Tales – und das nicht ohne Grund: vom Gipfel bis zur Waldgrenze herrliches, hindernisloses, abwechslungsreiches Skigelände!

**Schwierigkeit:** GS. Bei vernünftiger Wahl der Aufstiegs- und Abfahrtsspur selten lawinengefährdet.

**Höhenunterschied:** Aufstieg 1290 m; Abfahrt 1310 m.

**Zeit:** Aufstieg 4 Std.; Abfahrt $1^{1}/_{2}$ Std.

**Lage:** Aufstieg N, O; Abfahrt O, NO.

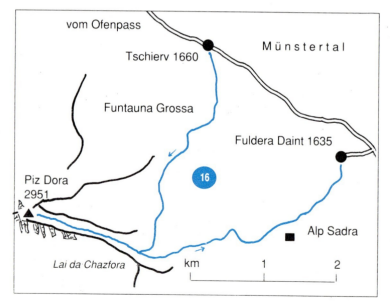

**Besonderes:** Von Fuldera fährt der Postautokurs nach Lü [960.25]; letzte Fahrt (zur Zeit der Drucklegung) im Winter um 16.43 Uhr.

**Aufstieg:** Von Tschierv-Plaz (1660 m) über die Brücke. Kurz danach anfellen (Wegtafel, zumeist Spuren) und Richtung Süd durch Wald zu einer grossen Lichtung mit einer »grossen Quelle« (Funtauna Grossa, 1866 m) aufsteigen. In derselben Grundrichtung durch lichten Wald und zunehmend häufig über Schneisen und Lichtungen zu einem malerischen Hüttchen (Era da la Bescha, 2200 m). Nunmehr oberhalb der Waldgrenze Richtung S durch Gelände unterschiedlicher Steilheit zu einem Becken, in das ein kleiner See eingelagert ist (Lai da Chazfora). Hier gabelt sich der Weg: nach links könnte man zum Piz Chazfora (2783 m) und zum Piz Turettas (2963 m) aufsteigen; geradeaus erreicht man einen Sattel und in hübscher sonnseitiger Abfahrt die Val Mora mit zahlreichen grossartigen Gipfeln für das Frühjahr; wir halten uns rechts und steigen Richtung W durch ein ausgeprägtes Tälchen bis zum Gipfel des Piz Dora (2951 m) auf.

**Abfahrt:** Durch das Tälchen, eine schöne Ostmulde, zurück zum Lai da Chazfora. Richtung NO bis zu einer auffallenden Ebene oberhalb der Waldgrenze. Hier scharf nach rechts abbiegen und kurz Richtung SO abfahren (fast eben), bis man ein Bachtälchen erreicht, das man über die Alp Sadra bis zu einem Forstweg auf der linken, dann aber auf der rechten Talseite bis nach Fuldera Daint (1635m) verfolgt. Auf der Strasse talauswärts in wenigen Minuten zur Postautohaltestelle. Die Abfahrt ist natürlich auch auf dem Anstiegsweg möglich.

# Piz Terza (2909 m)

*Von Lü mit Abfahrt über S-Flanke nach Valchava*

Ein Doppelgipfel (Nordgipfel 2909 m, Südgipfel 2907 m), der bei den Südtirolern »Urtiolaspitz« heisst. »Piz Terza« ist die rätoromanische Bezeichnung (»Drittel«, Hinweis auf die Aufteilung der Almen). Bei günstigen Verhältnissen ergeben sich bedeutend mehr Abfahrts- als Aufstiegs-Hm – der hohe Ausgangspunkt Lü (1920 m) macht es möglich.

**Schwierigkeit:** GS. Die steile Südflanke ist nach stärkeren Schneefällen lawinengefährdet, insbesondere natürlich bei zusätzlicher Windverfrachtung. Als Ausweichziel empfiehlt sich der niedrigere und etwas weniger gefährdete Muntet (2763 m).

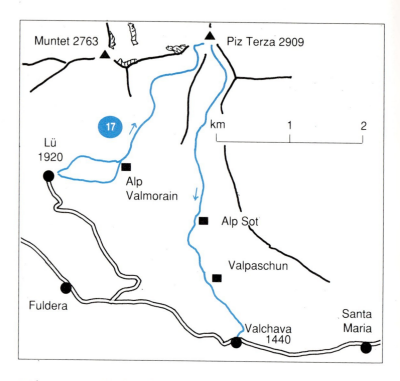

**Höhenunterschied:** Aufstieg 990 m; Abfahrt 1470 m.

**Zeit:** Aufstieg 3 Std.; Abfahrt 2 Std.

**Lage:** Aufstieg S, SW; Abfahrt S.

**Besonderes:** Es ist zweckmässig, in Santa Maria zu nächtigen, um den Anstieg vom nächsten Tag – den weitaus längsten dieses verlängerten Wochenendes – frühzeitig beginnen zu können.

**Aufstieg:** Von Lü (1920 m) auf einem Forstweg durch den Wald bis zu einer grossen Lichtung (Urschai, 2007 m). Durch diese Lichtung steigt man auf, erst durch ein Tälchen, dann auf dem Rücken der (im Anstiegssinne) linken Talbegrenzung. Man erreicht die Alp Valmorain (2195m). Weiter in Richtung N durch ziemlich steiles Gelände in eine weite Ebene. Nach einer kurzen Verschnaufpause wieder steil Richtung N, dann nach NO einbiegend, zum Nordgipfel des Piz Terza (2909 m).

**Abfahrt:** Durch eine Mulde und mit leichtem Gegenanstieg zum Süd-gipfel. Über einen Rücken zu P. 2727,2 m und etwas rechts haltend wei-ter bis in eine Höhe von etwa 2500 m. Durch eine ausgeprägte, steile und enge Mulde, kurz über sanftes, bald aber wieder über steiles Gelände zur Alp Sot (2053 m). Auf einem Rücken oder links davon in einer Mulde Richtung Süd zu einer Reihe von Almhütten (1771 m). Hat der Winter mit dem Schnee gegeizt, benützt man von hier ab besser den Fahrweg. Sonst über schöne Wiesen links von einem Taleinschnitt, zuletzt rechts haltend, um die Brücke nicht zu versäumen, nach Val-chava (1440 m). Von Valchava zu Fuss nach Santa Maria im Münstertal etwa eine 1/2 Std. Letzter Postkurs [960.20] im Winter um 18.30 Uhr.

# Piz Minschuns (2934 m)

**18**

*Santa Maria–Val Costainas, Abfahrt über Piz Chalderas* (2794 m)

Wenn die Strasse zum Umbrailpass bereits bis zur Abzweigung in die Val Costainas, dem eigentlichen Ausgangspunkt für unsere Skitour, geräumt und befahrbar ist, verirren sich gelegentlich ein paar Touren-geher, zumeist Südtiroler, in diese Gegend. Im allgemeinen herrscht hier aber nach der Wintersperre der Passstrasse die grosse Bergeinsam-keit. Wir haben die grossartigen Nordwesthänge vom Piz Chalderas jedenfalls stets ebenso unverspurt und einsam vorgefunden wie die nicht minder schöne Südwestflanke vom Piz Minschuns in die Val Costainas. Durch die Einsamkeit der Touren ergeben sich aber auch höhere Anforderungen – vor allem an die Orientierungsfähigkeit, bei entsprechender Schneelage (Spurarbeit!) auch an die Kondition. Gross-artige Aussicht, insbesondere eindrucksvoller Nahblick auf den Ortler.

**Schwierigkeit:** GS. Bei vernünftiger Spurwahl geringe Lawinengefähr-dung, am ehesten in der Steilstufe beim Verlassen der Val Costainas in Richtung Piz Minschuns.

**Höhenunterschied:** Aufstieg und Abfahrt je 1560 m.

**Zeit:** Aufstieg 5 Std.; Abfahrt 2–3 Std., Flachstück im Bereich der Pass-strasse beachten.

**Lage:** Aufstieg NW, SW. Abfahrt WNW, NW.

**Aufstieg:** Von Santa Maria (1375 m) auf der Strasse zum Umbrailpass (Wintersperre) in vielen Kehren, die man zum grössten Teil abkürzen kann, zu einem Restaurant (1787 m, Sommerbewirtschaftung). Man befindet sich nun oberhalb einer Bachschlucht und wandert auf der

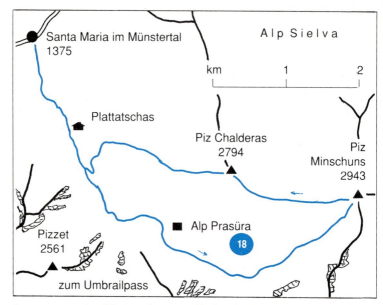

Strasse etwa eine ½ Stunde gemächlich talein bis zur Abzweigung der Val Costainas (P. 1 883 m). Über eine ordentliche Steilstufe rechts von der Bachschlucht erreicht man den nur wenig ansteigenden Talboden. Man verlässt ihn, bevor sich das Tal deutlich Richtung S dreht, überwindet – Richtung NO ansteigend – eine Steilstufe, nach einem kurzen ebenen Zwischenspiel eine zweite und erreicht über die SW-Flanke, angenehmer aber über den W-Rücken den Gipfel des Piz Minschuns (2 934 m).

**Abfahrt:** Die Abfahrt auf dem Anstiegsweg ist bis zur Passstrasse sehr schön. Landschaftlich und skiläuferisch besonders reizvoll ist jedoch die nachstehend empfohlene Variante. Vom Gipfel (mit ständigem Blick in das Münstertal bis zum Piz Daint) über die Gratverbindung zum Piz Chalderas (2 794 m). Weiter über eine prachtvolle Nordwestflanke. Sie verengt sich im linken Hangteil zu einem Rücken (P. 2 420,3 m), über den wir bis zum Wald abfahren. Der Wald ist ziemlich dicht. Man überwindet ihn auf einem Weg, der zu einer Alm auf einer grossen Lichtung (Marangun da la Prasüra) und weiter zur Passstrasse führt. Nach dem kurzen flachen Strassenteil fährt man bei günstigen Schneeverhältnissen, die Kehren abkürzend, noch recht nett bis nach Santa Maria im Münstertal hinunter.

# Skitouren im Februar

Skitouren im Februar sind ein Spiegelbild des Wetters: Von bitterer Kälte bis zu erster süsser Frühlingswärme ist alles möglich. Ein schwieriger Monat, wie die zahlreichen Lawinenunglücke und -katastrophen beweisen. Es kann sehr viel schneien im kürzesten Monat des Jahres, was Freude und Furcht zugleich bereitet. Skitouristen wie vom Wintertourismus abhängige Menschen, Organisationen und Staaten freuen sich, dass endlich – oder noch mehr – Schnee fällt. Andererseits kann dann auch zuviel davon herunterkommen, so dass die Lawinengefahr bedenklich steigt.

Ist die Schneedecke gut aufgebaut, so darf man sich im Februar schon in steile Hänge hineinwagen. Vorsicht ist jedoch immer in Kammnähe angeraten, wo Winde Schneebretter einwehen, die nur darauf warten, mit einem Knall loszubrechen: »Kammnahe Triebschneeansammlungen« meldet dann jeweils das Weissfluhjoch, und diese Gefahr kann, besonders bei kalter Witterung, wochenlang anhalten. Gefahr droht auch, wenn sich beim Schneedeckenaufbau ab Frühwinter ungünstige Zwischenschichten eingelagert haben.

Wenn das Lawinenbulletin erhebliche Schneebrettgefahr in den Hängen der Exposition Nordwest über Nord bis Südost meldet, dann gibt's nur etwas: Touren aussuchen, die über Südwesthänge führen. Sind diese genügend steil, kann man dort schon im Februar Firnschnee geniessen. Allerdings ist die Firndecke noch dünn, so dass die richtigen Minuten für eine rauschende Abfahrt erwischt werden müssen. Ist das sonnseitige Gelände jedoch zu wenig steil, macht die Februarsonne den Pulverschnee kaputt, aber der Firn ist noch nicht tragfähig. Bruchharsch nennt man diesen unangenehmen Schnee dazwischen. Er kann die schönste Abfahrt in ein bitteres Erlebnis verwandeln. Was tun? Ganz einfach: vor einer sonnigen Alphütte die Tour abbrechen und sünnelen, wobei die Sonnencreme dem Rucksack zu entnehmen ist. Im Februar ist nämlich alles möglich, Sonnenbrand wie Kälteschäden.

## WOCHENENDE IM TOGGENBURG

### CHURFIRSTEN UND ALPSTEIN

»Mein Vaterland ist zwar kein Schlauraffenland, kein glückliches Arabien, und kein reitzendes Pays de Vaud.« Der dies schrieb, kannte und liebte sein Heimatland. Er wurde hier geboren, verdiente hier mehr schlecht als recht das Brot für sich und die Familie mit Heimarbeit in der aufkommenden Textilindustrie, und verfasste zwischendurch ein Werk, das zur Weltliteratur gezählt wird: »Lebensgeschichte und Natürliche Ebentheuer des Armen Mannes im Tockenburg.« Sein Name: Ulrich Bräker (1735–1798). Ein anderer Mann aus dem Toggenburg ist viel berühmter. Er wurde, zusammen mit dem Genfer Calvin, zum Mitbegründer des weltweiten Protestantismus reformierten Gepräges. Sein Name: Huldrych Zwingli (1484–1531). Ein dritter Mann aus diesem Tal hatte gar keinen Namen. Er konnte nicht einmal sprechen. Hirten der Alp Selun hatten den Jüngling mit dürftiger Kleidung und Haar am ganzen Körper eingefangen, weil er ihren Kühen regelmässig die Euter leerte. In der Nacht hatte er jeweils im schon von Neandertalern benützten Wildenmannlisloch gehaust. In den Armenhäusern, wohin man den Milchdieb steckte, schlief er lieber auf dem Heu statt am Boden. Die Herkunft des toggenburgischen Kaspars Hauser blieb im Dunkeln. Einen Namen erhielt er trotzdem: Johannes Seluner. 1898 starb er in Nesslau.

Dieses Dorf ist der Angelpunkt unserer Skireise durchs Toggenburg. Es ist, so lesen wir bei Bräker, »ein anmuthiges, 12 Stunden langes Thal, mit vielen Nebenthälchen und fruchtbaren Bergen umschlossen.« Diese Berge wollen wir kennenlernen, angenehm erfahrbar mit Postauto, Seilbahnen und Ski in etwas mehr als 12 Stunden. Und sollte sich das Wetter als furchtbar erweisen, so können wir vielleicht in der steinzeitlichen Höhle Schutz finden, ganz sicher das Geburtshaus von Zwingli in Wildhaus besuchen, oder auf dem Säntis, dem höchsten Gipfel des Toggenburgs, ins Gästebett kriechen, um die bekanntesten Abenteuer des Tals lesend mitzuerleben.

**Anreise:** Mit dem Schnellzug [850] von Zürich nach Wil, mit dem Lokalzug [853] über Wattwil nach Nesslau-Neu St. Johann und mit dem Postauto [853.70] nach Alt St. Johann. Dieser Ort ist mit der gleichen Postautolinie auch von Buchs im Rheintal [Bahnlinie 880] erreichbar.

**Weiterreise:** Von Horb bei Alt St. Johann zurück nach Nesslau-Neu St. Johann und mit einem andern Postauto [853.75] auf die Schwägalp; letzter Kurs um 18 Uhr. Von hier mit Seilbahn [1730] auf den Säntis; letzte Fahrt um 17 Uhr.

*Abb. rechts: Abfahrt über den fast spaltenlosen Gletscher vom Piz Tasna (3 179 m, Tour 25). Der mächtige Gipfel im Hintergrund ist der Ortler, links davon der Cevedale.*

**Rückreise:** Sie erfolgt von Unterwasser aus mit den gleichen Linien wie bei der Anreise. Fährt man vom Säntis hingegen ins Appenzellerland ab: von Brülisau mit dem Postauto [854.30] nach Weissbad und mit der Wasserauen-Bahn [854] über Appenzell und Herisau nach Gossau.

**Ausgangspunkt:** Alp Sellamatt (1390 m) oberhalb von Alt St. Johann. Von der Postauto-Haltestelle taleinwärts zur Talstation des Sesselliftes [1765] und mit ihm zum Berggasthaus Sellamatt.

**Unterkunft:** Am eindrucksvollsten natürlich auf dem Säntis selbst, im Gasthaus Säntisgipfel, immer offen, Betten und Lager, Tel. 071/27 99 55. Weitere Möglichkeiten: Gasthaus Schwägalp bei der Talstation der Säntis-Luftseilbahn, Tel. 071/58 16 03. In 9650 Nesslau–Neu St. Johann, Verkehrsbüro Tel. 074/41722. Schliesslich noch im Berggasthaus Sellamatt, Betten und Lager, Tel. 074/51330.

**Material:** Der Schnee in der N-Flanke des Brisi kann so hart sein, dass ein Aufstieg mit Steigeisen am bequemsten ist. Und: Weiche Tourenski mit runden Kanten sind eher für die schönen Loipen auf der Sellamatt geeignet.

**Karten:** 237 S Walenstadt (darauf ist auch ein Ausschnitt von 227 S Appenzell mit den Skirouten im Alpstein abgebildet); 1134 Walensee, 1115 Säntis; 2514 Säntis–Churfirsten (Zusammensetzung in 1:25000; auch als Wanderkarte mit eingezeichneten Skirouten erhältlich).

**Jahreszeit:** Februar bis Mitte März. In den unteren Teilen beider Abfahrten (insbesondere zwischen Alpli und Unterwasser) müssen die Ski eventuell getragen werden. Aber was macht das schon aus bei diesen Abfahrten?

**Ausweichtour:** *1 ) Selun (2 204 m):* Vom Brisizimmer westwärts über Torloch zur Chalttal-Hütte (1692 m); kurz steil (Achtung auf Schneebrett) auf den Nordrücken des Selun und über ihn zum Gipfel. Abfahrt über den N-Rücken (an seinem Ausläufer das Wildenmannlisloch), dann leicht linkshaltend durch die östliche Mulde von Vorder Selun an den Waldsaum (P. 1577 m) hinab. Entlang dem Waldweg über Stöcken steil hinab auf die Hofstatt-Lichtung. Diese an der unteren rechten Ecke

*Abb. links: Die letzten Schritte zum Piz Beverin (2927 m, Tour 31), einem der bekanntesten Aussichtsberge Graubündens. Hier fällt vor allem die grosse weisse NO-Mulde des Bruschghorns (3056 m, Tour 32) ins Auge, durch welche die wilde Abfahrt ins Safiental ihren Anfang nimmt. Im Hintergrund, etwas links der Mitte, zeigen sich Rheinwaldhorn (3402 m, Tour 52) und Güferhorn (3383 m, Tour 50).*

verlassen und über Säss nach Starkenbach (891 m); Postautohaltestelle. Aufstiegszeit ab Sellamat: 3 Std.; Schwierigkeit: GS. Natürlich kann auch von Starkenbach aufgestiegen werden.

*2) Sattel (2034 m) zwischen Brisi und Frümsel:* Vom Fuss der Brisi N-Flanke rechtshaltend ins Frümseltal und darin aufsteigen.

**Zeit:** 2 Std. von Sellamat.

**Schwierigkeit:** MS.

**Abfahrt:** wie Brisi-Route.

**Besonderes:** Die Toggenburg-Touren lassen sich gut ans Wochenende im Alvier (Touren 21–22) anhängen: von Grabs mit dem Postauto [853.70] nach Alt St. Johann. Automatischer Auskunftdienst über Wetter, Temperatur, Fahrplan und Öffnung sowie Zustand der Säntisabfahrten unter Tel. 071/58 21 21.

## 19 Brisi (2279 m)

*N-Flanke; von Sellamatt nach Horb bei Alt St. Johann*

Die Churfirsten, die südliche Begrenzung des Toggenburgs, gehören zu den auffälligsten Bergen der Schweiz. Eine von Ost nach West verlaufende Kette mit sieben schön hintereinander gestaffelten, durch Trockenkare sauber voneinander getrennten Gipfeln, die nach Süden mit 300 bis 500 m hohen Kalkwänden gegen den Walensee abbrechen, gegen das Toggenburg jedoch mit grasigen, von Felsbändern gesäumten Steilrücken abfallen. Auf den Chäserrugg, der zusammen mit dem höchsten Churfisten-Spitz, dem Hinterrugg (2306 m), einen Doppelgipfel bildet, gibt es eine Luftseilbahn, die von Unterwasser mit der Iltios-Bahn erreicht wird. Auch der schon etwas abseits stehende Gamser Rugg ist von Wildhaus aus mit Liftanlagen erschlossen. Schliesslich führen vom dritten Toggenburger Wintersportort, von Alt St. Johann, mechanische Aufstiegshilfen gegen die Zackenlinie der Churfisten hinauf. Weiter geht es nur zu Fuss – oder mit Ski. Verlockend ist vor allem der mächtig auf dem Kamm zwischen Walensee und Toggenburg sitzende Brisi mit seinem fast 500 m hohen Rücken. Eigentlich ist er eher eine Flanke, und da sie um ein paar Grad nach Westen gedreht ist, lässt sich dort noch gut am früheren Nachmittag hinunterkurven. Allerdings weist das Brisi-Dach auch etliche Grade Neigung auf, so dass sich auf den stolzesten Churfirsten-Gipfel nur sichere Skifahrer bei ebensolchen Verhältnissen wagen sollten.

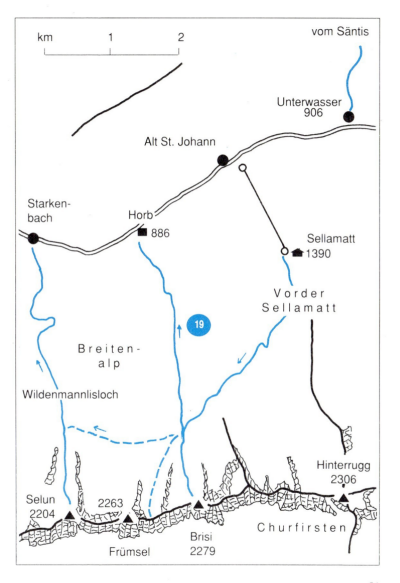

**Schwierigkeit:** SGS. Die knapp 500 m hohe Brisi-N-Flanke ist durchschnittlich 32° steil; einzelne Stellen sind jedoch steiler, insbesondere der Einstieg auf das Brisi-Dach. Ziemlich ausgesetzt, da die N-Flanke ausser an einer Stelle ringsum von Felswänden eingefasst ist. Der Schnee ist häufig verblasen und oft auch hart.

**Höhenunterschied:** Aufstieg 890 m; Abfahrt 1 390 m.

**Zeit:** Aufstieg 3 Std.; Abfahrt 1 1/2 Std.

**Lage:** N

**Aufstieg:** Von der Sessellift-Bergstation Sellamatt (1390 m) südwärts flach auf der Piste auf das Hochplateau Zinggen (1429 m), eventuell auch mit einem langsamen Schlepplift. Von hier in südwestlicher Richtung an den Fuss der Brisi N-Flanke, zuerst entlang der Loipe, die man in der ersten grossen Mulde, wo sie sich nach rechts krümmt, verlässt, um in hügeligem, bewaldetem Gelände an der Langlitten-Hütte vorbei schräg anzusteigen. Man kann auch immer der Loipe folgen und durch die Mulde Brisizimmer direkt zum Einstieg in die N-Flanke aufsteigen. Dieser erfolgt etwas westlich des tiefsten Punktes (P. 1792 m), über einen kurzen, sehr steilen Hang (und oberhalb der markierten Sommerroute). Nun mehr oder weniger in der Fallinie des Gipfels aufwärts auf den Brisi (2 279 m).

**Abfahrt:** Zuerst wie Aufstieg; im westlichen Teil der Nordflanke hat es eine Mulde, worin meistens Schnee zu finden ist; allerdings muss bei der Abfahrt aufgepasst werden, damit man die Mulde noch oberhalb der Abbrüche nach rechts verlässt. Nach der Steilabfahrt nordwärts durchs Brisizimmer auf die Sellamatt-Hochfläche. Westlich an den Thurtalerstofel-Hütten vorbei zur Engi-Hütte (1469 m). Ungefähr auf dem Sommerweg durch den Wald auf die Lichtung Vordere Rossweid. Durch diese gradlinig hinab zum Bauerngut Hummersboden und leicht linkshaltend weiter direkt nach Horb (886 m); Postautohaltestelle.

**Variante:** Von Hummersboden Schrägfahrt nach Alt St. Johann (890 m).

## 20 Säntis (2 503 m) – Rotsteinpass (2 120 m)

*Abfahrt über Meglisalp und Thurwis nach Unterwasser*

Vieles spricht für den Säntis – und dauernd wird von ihm gesprochen. Im schweizerischen Wetterbericht auf Telefon Nr. 162 erfahren wir dreimal täglich sein Wetter – und recht häufig ist es anders als auf der übri-

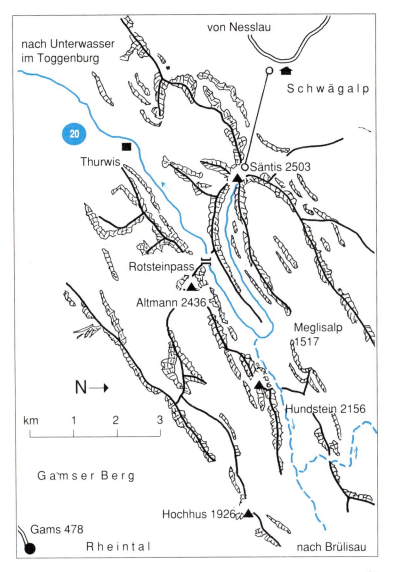

von Nesslau

nach Unterwasser
im Toggenburg

**20**

Thurwis

Schwägalp

Säntis 2503

Rotsteinpass

Altmann 2436

Meglisalp
1517

N→

km    1    2    3

Hundstein 2156

Gamser Berg

Hochhus 1926

Gams 478

Rheintal

nach Brülisau

gen Alpennordseite. Denn der Säntis, Kulminationspunkt des vom Appenzellerland, Rheintal und Toggenburg begrenzten Alpstein-Gebirges, ist der nördlichste Vorposten der Schweizer Alpen, und die anbrandenden feuchten Winde aus Nordwesten bringen Regen und Schnee in rauhen Mengen. Seit 1887 besteht auf dem Säntis eine Wetterbeobachtungsstation; wie einsam und gefährlich die Arbeit früher als Wetterwart war, zeigt der 1990 entstandene Film »Der Berg« des Schweizer Regisseurs Markus Imhoof, der auf einer wahren Begebenheit, der Ermordung des Wetterwart-Ehepaares Haas im Jahre 1922, beruht. Noch ein paar Jahreszahlen: 1935 nahm die Seilbahn von der Schwägalp auf den Säntis den Betrieb auf, und in den 70er Jahren wurde der Gipfel durch eine millionen- und betonschwere Fernmeldeanlage total überbaut. In ihren Gängen kann man leicht den Überblick verlieren. Nicht jedoch beim alten pyramidenförmigen Wettergebäude, dem höchsten Punkt des Säntis (abgesehen vom 84 m hohen Sendeturm). Bei guter Sicht reicht der Blick von Deutschlands höchster Spitze über die österreichische Weisskugel und den italienischen Monte Disgrazia bis zur Schweizer Jungfrau. Wenn man am Abend dort oben steht, dann kommt fast so ein Gefühl von Weite und Einsamkeit auf wie vor mehr als 100 Jahren, als in der Gipfelnähe die erste Schutzhütte stand (1846 erbaut). Am nächsten Morgen beginnt dort oben die Skitour durch »das schönste Faltengebirge der Welt«, wie der Geologe und Säntispanorama-Zeichner Albert Heim den Alpstein nannte. Die Abfahrt ins Toggenburg besteht aus zweimal 1000 Hm, zuerst durch ein nach Osten gerichtetes und nach einem kurzen Aufstieg auf den Rotsteinpass durch ein nach Westen geneigtes Tal.

**Schwierigkeit:** GS. Der sogenannte Gasthaushang zwischen dem Gasthaus »Alter Säntis« und dem Grossen Schnee ist 37° steil (oft gefrorene Sulzschneepiste). Je nach gewählter Route weitere steilere Hänge bis Meglisalp. Abfahrt vom Rotsteinpass rassig, aber nicht zu steil. Schneebrettgefahr im Aufstieg zum Rotsteinpass, wie auch bei der Abfahrt vom Pass auf der linken Talseite; auf der rechten dafür Gefahr von Nassschneerutschen vom Lisengrat her. Früh starten.

**Höhenunterschied:** Abfahrt 990 + 1030 m (= 2020 m), dazu noch 180 m Abfahrt bzw. Abstieg von Alpli nach Unterwasser; Aufstieg 600 m.

**Zeit:** Säntisgipfel–Meglisalp 1½ Std.; Meglisalp–Rotsteinpass 1½ Std., Rotsteinpass–Thurwis 1 Std.; Thurwis–Unterwasser 1–1½ Std. Gesamt 5–5½ Std.

**Lage:** O, W, S.

**Besonderes:** Von der Meglisalp gibt es keine direkte Abfahrt ins Tal!

**Abfahrt vom Säntis zur Meglisalp:** Vom höchsten Punkt des Säntis über Treppen absteigen zum Gasthaus »Alter Säntis« (am Wochenende im Winter und Frühling manchmal geöffnet). Rechts davon in den steilen Gasthaushang ein- und über ihn auf den Grossen Schnee hinabfahren. Dieser kann auch erreicht werden, wenn man, ausgehend von einem Zwischenstock im mehrstöckigen Säntis-Gebäude, den Sattel zwischen Säntis und Chalbersäntis gewinnt und dann hinabkurvt (eine Spur leichter). Richtung SO in coupiertem Gelände in die Rosegg-Mulde und durch das tiefeingeschnittene Tal auf die Meglisalp (1517 m).

**Aufstieg zum Rotsteinpass:** Vom Nordrand dieser Hochebene linksausholend zum Spitzigstein hinauf. Auf einem Geländerücken südwestwärts ins Tal hineinziehen, das zuletzt durch eine recht steile Mulde in den Rotsteinpass (2 120 m) hinaufführt. Das Gasthaus ist im Winter, mit überraschenden Ausnahmen an ganz schönen Sonntagen, jedoch geschlossen.

**Abfahrt nach Unterwasser:** Vom Pass gibt es je nach Schnee- und Lawinenverhältnissen zwei Möglichkeiten: **a)** Von der Einsattelung linkshaltend das Tal gegen den Schafboden hinab, wobei man auf etwa 1 950 m einem Felsband deutlich nach links ausweichen muss. **b)** Vom Gasthaus westwärts auf dem Grat noch gegen P. 2 150,1 m ansteigen und unterhalb davon in eine Rinne queren; durch diese (31° auf 120 Hm) hinab gegen P. 1945 m, wieder etwas nach rechts queren und hinunter nach Schafboden. Weiter talauswärts zur untersten von drei Alphütten-Gruppen (Langenbüel). Hier entweder nach links in eine Rinne hinüberhalten oder auf einem Rücken abfahren, den man bei Geristein auf dem Wanderweg durch Wald verlässt. Entlang einem Bachlauf nach Thurwis (1 207 m). In südlicher Richtung zu einer Talmulde und durch diese nach Älpli (1086 m), wo der Langlauf oder Fussmarsch Richtung Toggenburg beginnt. Dem Strässchen entlang nach Chüeboden, wo sich das Gasthaus »Aelpli« befindet. Bei der folgenden Strassenkreuzung geradeaus, und kurz darauf auf dem Wanderweg (oder über weisse Hänge) nach Unterwasser (906 m).

**Variante Appenzell:** Ist die Toggenburger Seite des Säntis zu grün (vom Brisi gut auszumachen), so fährt man ins Appenzell ab. Von der Meglisalp über Spitzigstein–Bötzel–Widderalpsattel (1856 m, ohne Name in der LK), Abfahrt über Widderalp, Sämtiser Alp, Sämtisersee, durch das Brüeltobel nach Brülisau (922 m). Bei sicheren Verhältnissen kann vom hinteren Teil der Sämtiser Alp (P. 1 343,1 m) steil zur Bogartenlücke (1730 m, ohne Namen auf der LK) aufgestiegen werden, von dort Abfahrt teils ebenso steil über Seealpsee nach Wasserauen (868 m).

# WOCHENENDE IN DER ALVIERGRUPPE

## APPENZELLER ALPEN

Wer von Norden ins Graubünden fährt, kommt an den Alvier-Bergen vorbei. Bei der Fahrt vom Bodensee her durchs Rheintal werden rechts oben mächtige Gipfel sichtbar, an denen weisse Flächen unwiderstehlich locken. Wenn der Zug von Sargans weiter nach Chur rollt, dann schneidet im Rückblick ein 2000-m-Hang den Talausschnitt quer von unten rechts nach links oben, auf den Gipfel der Gauschla: ein Versprechen auch dieser Anblick!

Nördlich der Gauschla erhebt sich der etwas höhere Alvier (2343 m), der der ganzen Gebirgsgruppe den Namen gegeben hat. In deutschen Alpenlexika wird diese Gruppe zu den Appenzeller Alpen gezählt, zu denen auch die bekannteren Alpstein (mit dem Säntis) und Churfirsten gehören. Letzere bilden die Fortsetzung der Alvier-Gruppe gegen Westen. Woher der Name Alvier kommt, ist nicht ganz geklärt. Eine Ableitung vom lateinischen albus (= weiss) scheint am meisten zu überzeugen, vor allem die Skifahrer, weist der Berg doch zwei ganz heisse Abfahrten auf. Unter einheimischen Skibergsteigern kursiert allerdings auch die Version, Alvier komme von »all vier«-Bergkneipen, die zwischen Gipfel und Buchs im Rheintal am Wege liegen und besucht werden müssen...

Keine schlechte Idee, und deshalb soll auch das Wochenende mit einem Berggasthaus beginnen, das einen einsichtigen Namen hat: »Aufstieg«. Erreicht wird es mit einer ferngesteuerten, hochmodernen Seilbahn, doch die Milch vom angegliederten Bauernhof wird noch mit Pferden in die Käserei von Oberschan gebracht. Weniger idyllisch ist die nächste Unterkunftstätte, wenigstens von aussen: An schönen Wintersonntagen beginnt ab fünf Uhr in der Früh der Lärm Hunderter mit dem Auto anreisender Tourenfahrer. Deshalb wird sich auf der Rosswies, die auf der Landeskarte seltsamerweise keinen Namen hat, aber wegen ihrer offenen Hänge der beliebteste Gipfel der Alviergruppe ist, selten unverspurter Schnee finden. Das gilt auch für den Gampernei-Rücken, der sich vom Chapf 1500 Hm ins grüne Rheintal hinabsenkt. Ob man diese verheissungsvolle Abfahrt, früher übrigens eine internationale Rennstrecke, einmal von oben bis unten weiss vorfand oder nicht: Wenn am Fuss des Gampernei-Rückens die Bahn vorüberfährt, kann er sich der Aufmerksamkeit der Skiläufer sicher sein.

**Anreise:** Von Zürich mit dem Schnellzug [900] nach Sargans, mit dem Regionalzug [880] oder mit dem Postauto [880.95] nach Trübbach. Hierher auch mit der Linie St. Gallen–Chur [880], wobei man in Buchs in den Regionalzug wechseln muss. Von Trübbach mit dem Postauto [880.99] nach Oberschan. Nach Buchs fährt auch ein Postautokurs [880.90] von Feldkirch/Vorarlberg.

**Rückreise:** Von Grabs mit dem Postauto [880.78] nach Buchs: Weiter Richtung St. Gallen [880], oder Zürich mit Umsteigen in Sargans [880 und 900].

**Ausgangspunkt:** Oberschan (668 m) bzw. Gast- und Kurhaus Aufstieg (1815 m) oder Kurhaus Alvier (975 m).

**Unterkunft:** Gast- und Kurhaus Aufstieg bei der Mittelstation der privaten Seilbahn Oberschan–Kurhaus Alvier, ganzjährig geöffnet, Telefon 085/51136. Oder im 3-Stern-Kurhaus Alvier, geöffnet ab Februar, Telefon 085/52827. Zugang von Oberschan zu Fuss oder mit der fernbetriebenen Seilbahn bei der Endstation der Postautolinie: ihre Benützung ist etwas abenteuerlich, aber wenn man den Postautochauffeur freundlich bittet, wird er einem schon helfen; auf alle Fälle muss der Bahnleitung im Kurhaus Alvier mitgeteilt werden, dass man bei der Mittelstütze aussteigen will, um zum »Aufstieg« zu gelangen. Berghaus Malbun (1369 m), 46 Plätze und Betten, ganzjährig geöffnet, Tel. 085/61582. Im Alvier-Gebiet gibt es weitere Skihäuser, die am Wochenende bewirtschaftet sind (Liste auf der Skiroutenkarte Walenstadt).

**Material:** Für den Gipfelanstieg zum Alvier von der Ost- oder Südseite können sich Steigeisen nützlich erweisen.

**Karten:** 237 S Walenstadt; 1135 Buchs; 1155 Sargans nur für Zugang zum Gasthaus Aufstieg.

**Jahreszeit:** Januar, Februar. Am besten, wenn die steilen Gipfelhänge sicher zu befahren sind, und es trotzdem noch Schnee bis in die Niederungen gibt! Daran denken, dass die Aliergruppe ein ausgesprochenes Föhngebiet ist.

**Ausweichtour:** Am ersten Tag den Gipfel des Alvier links liegenlassen und gleich vom Barbieler Grat nordwärts über auch nicht ganz lawinensichere Hänge abfahren.

**Besonderes:** Der Alvier lässt sich selbstverständlich auch vom Berghaus Malbun aus in 4 Std. besteigen; nur ist dieser Ort mit öffentlichen Verkehrsmitteln schwierig zu erreichen. Am Samstag fährt um 12.20 und 13.30 Uhr, am Sonntag um 8.20, 9.30, 11.10 Uhr ein privater Bus von der Katholischen Kirche in Buchs dorthin hinauf (Fahrplan 1991); am Sportwochen-Samstag im Febuar gilt der Sonntags-Fahrplan. Weitere Auskunft beim Busdienst, Tel. 085/63131.

# Alvier (2343 m)

*Von Oberschan zum Berghaus Malbun*

Zum Glück ist die Hütte auf dem Gipfelplateau im Winter geschlossen. Denn nach dem strengen Aufstieg vom Gasthaus Aufstieg, der mit dem Schlussspurt über den steilen, lawinengefährdeten NO-Rücken für zusätzliche Angstperlen sorgt, wäre man nur zu geneigt, auf den Alvier anzustossen. So muss das Panorama mit der anregenden Fern-, Nah- und Tiefsicht (der Walensee!) für prickelnde Gefühle herhalten, es sei denn, man hat eine Flasche Wartauer (so heisst das Gebiet um Oberschan) mitgeschleppt. Doch zuviel sollte man sich nicht zumuten, verlangt die Abfahrt über die schattigen Steilhänge zum Berghaus Malbun doch Mut und Vorsicht. Dort unten, in dieser in den 30er Jahren vom Skiklub Buchs erbauten Gaststätte, kann und darf man bei Speis und Trank schon richtig zulangen.

**Schwierigkeit:** GS (SGS). Der NO-Rücken ist steil und ziemlich ausgesetzt; je durchschnittlich 35° sind 80 Hm auf dem ersten Stück vom Barbieler Grat bis P. 2107 m und 160 Hm auf dem letzten Stück zum Gipfel. Die zwei Ausgänge der NW-Mulde im Gipfelbereich sind je 42° auf 40 Hm. Nur bei sicheren Verhältnissen: Schneebrettgefahr im ganzen Gipfelbereich sowie an diversen Stellen bei der Abfahrt nach Malbun; auch beim Aufstieg zur Alp Stofel und weiter zum Barbieler Grat muss auf eine geschickte Spuranlage geachtet werden: bei Nebel ein heikles Unterfangen.

**Höhenunterschied:** Aufstieg 1530 m vom Gasthaus »Aufstieg« (160 m weniger vom Kurhaus Alvier, 140 m mehr von Oberschan); Abfahrt 970 m.

**Zeit:** Aufstieg 5 Std.; Abfahrt 1$^1/_2$ Std.

**Lage:** Aufstieg O; Abfahrt N.

**Aufstieg:** Vom Gasthaus »Aufstieg« (815 m) auf einem Wanderweg horizontal nordwärts bis zu einem Strässchen und ihm entlang leicht abwärts zu einer Abzweigung jenseits eines Bachlaufs (P. 812 m); hierhin auch von Oberschan (668 m) auf der Zufahrtsstrasse zum Kurhaus Alvier. Nun auf einem andern Strässchen nordwärts folgen bis jenseits von P. 988 m, wo sich links eine grosse Waldlichtung öffnet. In ihr westwärts hoch, dann im Wald, teilweise wieder kurz dem Strässchen folgend, weiter westwärts (etwas ruppig) ansteigen, bis man auf die offenen Hänge von Alpläui stösst. Südwestwärts in schattigem Gelände zur sonnigen Alp Stofel (1472 m). Von hier erfolgt ein langer Schrägaufstieg

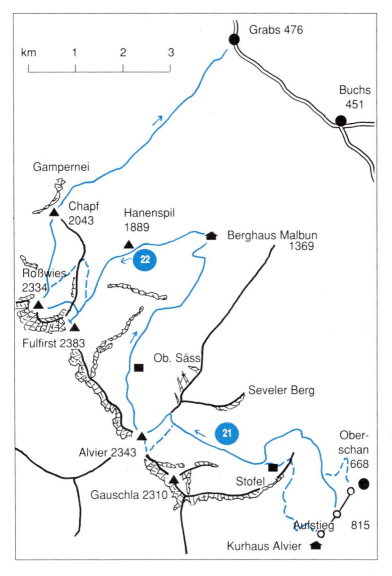

km　　　1　　　2　　　3

Grabs 476

Buchs 451

Gampernei

Chapf 2043

Hanenspil 1889

Berghaus Malbun 1369

22

Roßwies 2334

Fulfirst 2383

Ob. Säss

Seveler Berg

21

Alvier 2343

Ober-schan 668

Gauschla 2310

Stofel

Aufstieg 815

Kurhaus Alvier

zum Barbieler Grat, möglich auf zwei Rampen, welche die ganze Schaner Alp durchreissen (die obere entlang dem Sommerweg ist etwas weniger sicher, bei der unteren wird man kaum den Umweg zum schönen Rastplatz Stofel machen). Von beiden Routen zuletzt ziemlich steil (31° auf 60 Hm) in den Sattel Barbieler Grat (1 977 m) hinauf. Nun sehr steil entlang dem Sommerweg über den NO-Rücken auf den Gipfel des Alvier (2 343 m); die Ski am besten tragen.

**Abfahrt:** Von der Hütte in die NW-Mulde hinab, wobei man zuerst links oder rechts ausholt. Aus dieser Mulde gibt es zwei schmale, steile Ausgänge: der eine liegt in der eigentlichen Verlängerung der Mulde, der andere zuäusserst an ihrer westlichen Begrenzung, beim W-Grat des Alvier. Über den folgenden Steilhang in eine weitere Geländemulde (Hängendwasen auf der LK). Von ihrem oberen Rand deutlich linkshaltend in ein Tälchen westlich des Zwinglers (2 014 m), nordwärts zur Obersäss-Hütte und in einem Tälchen zur Brücke (1 506 m) bei Gamshalden. Nun lange Schussfahrt auf der Alpstrasse zum Berghaus Malbun (1 369 m), das zuletzt durch eine Querung erreicht wird.

**Varianten:** Die Skiroutenkarte und der SAC-Skitourenführer empfehlen statt des Aufstieges über den NO-Rücken denjenigen über den kurzen, ausgesetzten und sehr, sehr steilen S-Grat, was je nach Schneeverhältnissen vorzuziehen ist. Wer vom Kurhaus Alvier startet, steigt südwärts ausholend zur Purlifenz-Lichtung auf und quert auf Waldwegen zu den Alpweiden östlich unterhalb der Alp Stofel.

**22** # Gross Fulfirst (2 383 m) – Rosswies (2 334 m) – Chapf (2 043 m)

*Vom Berghaus Malbun mit Abfahrt über Gampernei nach Grabs*

»Ein Skiparadies! Nicht im allgemein verstandenen Sinn, unter dem die grosse Masse von Skifahrern, bequem durch Stand- oder Schwebe-Seilbahnen erreichbare, grosse vielseitige Tourengebiete oder eine in Mode gewordene lange Abfahrt versteht, geziert durch grosse, komfortable Klubhäuser oder Hotels, in deren Bereich man stets das Neueste in Ski-'Ausrüstung' finden kann, seien es papageibunte Kostüme oder mechanische Errungenschaften aller Metall-, Leder- und Gummiarten«. So leitet R. Bächtold einen mit »Buchserberg« überschriebenen Artikel aus dem Jahrbuch des Schweizerischen Ski-Verbandes von 1933 ein, in dem er eine Skitour vom Berghaus Malbun über Gross Fulfirst, Rosswies und

Chapf nach Buchs beschreibt. Am Schluss lesen wir: »Da sieht uns schon das grünende Rheintal entgegen mit seinen hingesäten Dörfern an den Berghängen. Wir aber schwelgen im letzten führigen Schnee über Buckel, durch Mulden und Haglücken, über Gräben und Wege, Schwung auf Schwung, und der Letzte stellt uns mitten ins nasse, gilbe Gras zwischen Krokus, weiss und lila. Mit liebevollem Blick werden die Bretter, die uns heute wieder so köstliche Stunden geschenkt, zusammengeschnallt, und per Sohle und Absatz geht's dem Tale zu.« Und so hört der Tourenbericht auf: »Das Letzte, was uns bleibt, ist ein Blick zum Wagenfenster hinaus auf die im letzten Lichte verblassenden Gipfel und die goldene Erinnerung.« Übrigens: Der Autor meint Eisenbahnwagen.

**Schwierigkeit:** G(A)S. Das NO-Tälchen zwischen Chli und Gross Fulfirst ist auf den obersten 100 Hm 29° steil, der Hang oberhalb der Lücke gegen den Gipfel des Gross Fulfirst ist deutlich steiler, aber für SGS gut fahrbar; zuletzt kurzer Aufstieg zu Fuss über den ausgesetzten Grat. Die Einfahrt zum W-Hang ins Loch am Fuss der Rosswies ist 34°. Gleich steil ist ein Teil des Südaufstieges auf den Chapf. Lawinengefahr in den erwähnen Steilhängen (beim Chapf nur bei sehr viel Neuschnee).

**Höhenunterschied:** Aufstieg 1 010 + 290 + 180 (= 1 480 m); Abfahrt 340 + 470 + 1 550 (= 2 360 m) im besten Fall, wenn bis an den Ortsrand von Grabs (497 m) hinabgefahren werden kann; aber auch wenn die Schneegrenze auf 900 m liegt, lohnt sich die Abfahrt.

**Zeit:** Berghaus Malbun–Gross Fulfirst 3 Std.; Gross Fulfirst–Rosswies 1½ Std.; Rosswies–Chapf 1½ Std.; Chapf–Grabs 1–2 Std.; insgesamt 7–8 Std.

**Lage:** NO

**Besonderes:** Wenn die Schneegrenze beim Berghaus Malbun liegt, dann ist die Gampernei-Abfahrt nur bedingt lohnend, zum Beispiel, um die Skihütte Gampernei des Skiklubs Grabserberg auf Bützen (1 450 m) zu besuchen, in der am Wochenende übrigens übernachtet werden kann (Anmeldung unter Tel. 0 85/74 7 23). Wer zurück zum Berghaus Malbun will (von wo am Sonntag ein Skibus nach Buchs fährt), besteigt zuerst besser die Rosswies und dann den Gross oder Chli Fulfirst.

**Aufstieg Gross Fulfirst:** Vom Berghaus Malbun (1 369 m) südlich des Skiliftes zu einer Hütte (1 503 m). Durch eine Waldschneise in ein Tälchen und darin hoch auf einen Sattel südlich des Hanenspil-Kopfes. Südwestwärts in gewelltem Gelände in die grosse Mulde von Glanna. Sie setzt sich im Süden im schattigen Tälchen fort, das in die Lücke zwischen Chli und Gross Fulfirst hinaufzieht. Von dieser Lücke etwas unterhalb des NW-Grates zum Gross Fulfirst hinauf, wobei die Ski bis wenige

Meter unter den Gipfel mitgenommen werden können. Zuletzt sehr steil und ausgesetzt über Schrofen zum höchsten Punkt (2 383 m) und Gipfelbuch.

**Traversierung Gross Fulfirst–Rosswies:** Zuerst wie Aufstieg. Wo das Tälchen flacher wird, links an den Fuss des N-Grates des Chli-Fulfirst queren. Durch eine steile, in einen Hang übergehende Rinne hinab ins Loch (2 042 m); hierhin auch über etwas weiter gegen den Glannachopf liegende Hänge. Vom Loch rechtsausholend zum NO-Rücken der Rosswies und auf ihm zum Gipfelgrat (P. 2 334 m, ohne Namen auf der LK), der nach Südwesten mit einer senkrechten Wand abbricht.

**Traversierung Fulfirst–Chapf:** Phantastische Abfahrt von der Rosswies über ihre ideal geneigte NO-Abdachung; nach dem obersten Hang verschiedene Routen möglich (östlich oder westlich von P. 2 148 m), wobei man auf einige, teils felsige Steilstufen aufpassen muss. Man gelangt in die Senke von Riet und talauswärts zur Sisitzsäss-Hütte (1 864 m). Südwärts steil hoch auf den Chapf (2 043 m), wobei man nach einer anfänglichen Rechtsschlaufe deutlich nach links quert, um dann gerade hochzuziehen.

**Gampernei-Abfahrt:** Gampernei heisst der obere Teil des riesigen, sich in einer ununterbrochenen Folge von Hängen nach Grabs absenkenden NO-Rückens des Chapf. Wer hier erste Spuren hineinzaubern kann, hat Glück gehabt. Aber auch wenn pistenähnliche Verhältnisse anzutreffen sind, gibt's nur eines: volles Tempo, im Zweifelsfalle immer leicht linkshalten, hinab ins grüne Rheintal; im besten Fall bis an den Ortsrand von Grabs (497 m). Wenn unten der Schnee fehlt, Abstieg zu Fuss oder mit einem Auto der Skiklübler, die in der Hütte etwa auf halber Rennstrecke das Ende der Woche feiern.

**Varianten:** Ist der Übergang vom Gross Fulfirst zur Rosswies via Loch nicht sicher, so fährt man östlich am Glannachopf vorbei zum Übergang Sisitzgrat (2 016 m) und von dort auf die Alp Sisitz (1 924 m) ab. Von der Fulfirst-Lücke (ca. 2 320 m) kann noch der Gipfel des Chli Fulfirst (2 372 m) erreicht werden: Zuerst steil mit Ski und zuletzt über einen ausgesetzten Felsgrat.

# WOCHENENDE IN BERNINA SUOT

LIVIGNO-ALPEN

»Bernina Suot« – da stellen sich Assoziationen ein wie »Talstation der Diavolezza-Seilbahn«, »Piz Palü«, »Modegipfel«, »überlaufen«. Nichts von alledem trifft für unser Wochenende zu. Die Val Bernina trennt die berühmten Bernina-Alpen von den weit weniger bekannten Livigno Alpen. Genau in Bernina Suot (2046 m) zweigt Richtung Norden die Val da Fain ab. Sie führt in die Livigno Alpen, und zwar in einen ebenso tourenreichen wie einsamen Teil dieser Gebirgsgruppe.

**Anreise:** Von Chur mit der RhB nach Samedan [940] und weiter auf schmaler Spur nach Bernina Suot [950].

**Rückreise:** Von Pontresina nach Samedan [943] und nach Chur [940].

**Ausgangspunkt:** Bernina Suot (2046 m).

**Unterkunft:** Hotel Berninahaus, 7504 Pontresina, Tel. 082/66405, unmittelbar in Bernina Suot, idealer Ausgangspunkt für beide Skitouren.

**Material:** Normale Skitourenausrüstung.

**Karten:** 268 S Julierpass, 269 Berninapass, 259 S Ofenpass (Rückseite); 1257 St. Moritz, 1258 La Stretta.

**Jahreszeit:** Bernina Suot eignet sich als Ausgangspunkt von Dezember bis Mai.

**Ausweichtour:** Piz Muragl (3157 m) oder Paradis (2540 m) von Pontresina.

# Piz Minor (3049 m)
*Aus der Val da Fain über die N-Seite*

**23**

Beliebteste Skitour in der Val da Fain – dennoch garantiert nicht überlaufen! Grossartige Aussichtskanzel gegenüber den berühmten Berninagipfeln Piz Cambrena, Piz Palü, Bellavista, Piz Bernina. Hübsche schattseitige Abfahrt über einen Gletscherrest, dann sonnseitig gemütlich durch das Tal zum Ausgangspunkt zurück.

**Schwierigkeit:** MS. Bei vernünftiger Wahl der Aufstiegs- und Abfahrtsspur kaum lawinengefährdet. Bei schlechter Sicht ist der Gipfel schwierig zu finden.

**Höhenunterschied:** Aufstieg und Abfahrt je 1000 m.

**Zeit:** Aufstieg 3½ Std.; Abfahrt 1–2 Std., ab Talboden geringes Gefälle berücksichtigen.

**Lage:** Aufstieg und Abfahrt SO, NO.

**Aufstieg:** Von Bernina Suot (2 046 m) kurz Richtung SO, über eine Brücke und einen Hang, dann auf der (im Anstiegssinn) linken Talseite mit geringem Höhengewinn talein zur Alp la Stretta (2 427 m). Gleich unterhalb der Alm überquert man den Bach auf einer kleinen Brücke und steigt nun – ziemlich genau in Richtung Süd – zu P. 2 581 m auf. In einer Höhe von 2800 m erreicht man flaches Gelände, biegt nach rechts ab und erreicht in 45 Min. den Gipfel. Gipfelsammler werden es nicht versäumen, mit einem geringen Mehraufwand an Zeit auch den benachbarten Piz dals Lejs zu ersteigen.

**Abfahrt:** Wie Aufstieg; Routenskizze auf Seite 108.

## 24 Piz Albris (3 165 m)

*Aus der Val da Fain durch die Val Tschüffer, Abfahrt nach Pontresina*

Der »Berg der Steinböcke« – mit einigem Glück kann man ein Rudel beobachten – wird von dieser Seite selten erstiegen. Häufiger von Pontresina aus, weil hier die Liftanlagen der Alp Languard den Aufstieg etwas verkürzen. Der Hauptgipfel erfordert Kletterfertigkeit im (winterlichen!) I. Schwierigkeitsgrad. Wer sich diesen Schwierigkeiten nicht gewachsen fühlt, ist auch mit dem »Wintergipfel«, einer Gratschulter (3 137 m) des Piz Albris, gut bedient.

**Schwierigkeit:** GAS. »Wintergipfel« GS. Von den steilen Flanken her mitunter lawinengefährdet, insbesondere nach stärkeren Schneefällen oder Warmwettereinbrüchen. Die Val Tschüffer ist auf 400 Hm fast anhaltend steil (bis 30°).

**Höhenunterschied:** Aufstieg 1 120 m; Abfahrt 1 360 m.

*Abb. rechts: Voller Freude über die O-Abfahrt vom Piz Platta (3 392 m, Tour 40) in die Val Bercla springt der Skibergsteiger über eine aufgefirnte Bodenwelle.*

**Zeit:** Aufstieg $4^1/_2$ Std.; Abfahrt $1^1/_2$–2 Std., teilweise geringes Gefälle.

**Lage:** Aufstieg SO, S, N; Abfahrt N, W, SW.

**Aufstieg:** Von Bernina Suot über den Berninabach und in die Val da Fain. Man muss diesmal nicht bis zur Alp la Stretta hineinwandern, sondern kann schon erheblich früher, in einer Höhe von 2 220 m, mit dem Aufstieg durch die steile Val Tschüffer (Südhänge!) beginnen. Beim »Ausstieg« (2 771 m) sieht man die Hochfläche, in die der Lej Tschüffer eingelagert ist. In sanftem Anstieg westwärts zur Fuorcla Tschüffer und leicht abwärts zum verhältnismässig grossen und auch im Winter erkennbaren Lej da la Pischa (2 770 m). Wieder aufwärts zur Fuorcla Pischa (2 848 m). Nach dieser Wanderung bergauf–bergab geht es endlich wieder zügig aufwärts, über den Gletscher zum »Wintergipfel«, einer Schulter südöstlich des Hauptgipfels, die mit 3 137 m kotiert ist. Skidepot. Bei günstigen Verhältnissen in Blockkletterei über den ziemlich langen Grat zum Gipfel ($^1/_2$ Std.). – Routenskizze auf Seite 108.

**Abfahrt:** Vom Skidepot über den schönen Gletscherhang (häufig prachtvoller Pulverschnee!) und links haltend in die Mulde, in die der Lej d'Albris eingelagert ist. Über einen schwach ausgeprägten Sattel in die nächste Mulde und zum Lej Languard (2 594 m). Ziemlich flach durch die Val Languard, erst im letzten Teil auf der linken Talseite zügig zur Alp Languard. Man darf sich hier nicht verleiten lassen, weiter abzufahren. Der Weiterweg endet im dichten Steilwald! Man muss vielmehr den kleinen Hügel queren, auf den ein Sessellift führt. Die letzten 200 Hm auf der Piste nach Pontresina (1 804 m).

**Variante Piz Tschüffer – Piz Sagliaint:** Hält man sich vom »Ausstieg« (2 771 m) aus der Val Tschüffer rechts, erreicht man durch eine Mulde nach der einen Seite in einer guten Viertelstunde den Piz Tschüffer (2 916 m), nach der anderen Seite den Piz Sagliaint (2 945 m).

*Abb. links: Auf dem Weg zum Piz Kesch (3 417 m, Tour 43), dem höchsten Gipfel der Albula Alpen.*

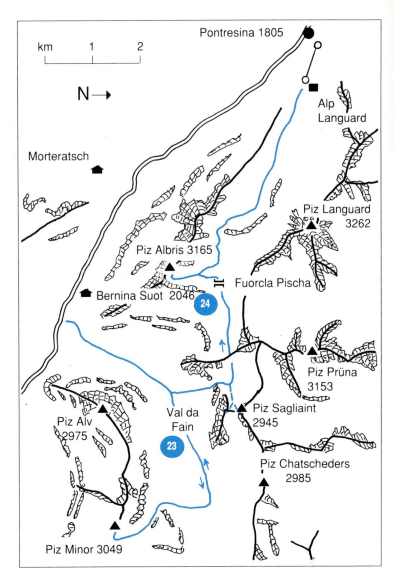

Pontresina 1805

km  1  2

N→

Morteratsch

Alp
Languard

Piz Languard
3262

Piz Albris 3165

Fuorcla Pischa

Bernina Suot 2046

24

Piz Prüna
3153

Val da
Fain

Piz Sagliaint
2945

23

Piz Alv
2975

Piz Chatscheders
2985

Piz Minor 3049

# VERLÄNGERTES WOCHENENDE IM UNTERENGADIN

## SILVRETTA

Die Silvretta gilt als eines der schönsten Skitourengebiete der Ostalpen – und das mit Recht. Eigentlich passt alles: die Gipfel sind formschön, aber (mit wenigen Ausnahmen) nicht so wild, dass man sie nicht mit Ski besteigen könnte; Stützpunkte sind in ausreichender Zahl vorhanden, aber doch nicht so zahlreich, dass die Silvretta von Tourengehern überschwemmt würde; die Hütten haben schliesslich die »richtige Höhe«, d.h. die Anstiege liegen zumeist bei rund 1 000 Höhenmetern. Gletscher gibt es auch, aber die meisten sind nicht so spaltenreich, dass man sie nur angeseilt befahren könnte, was bekanntlich das Skivergnügen ganz erheblich vermindert und soziale Konflikte mit den Kameraden steigert (»Abfahren am Seil verdirbt die besten Freundschaften« – alter Bergsteigerspruch). Diese Beschreibung der Silvretta trifft am meisten auf den östlichen Teil zu, dem unser verlängertes Wochenende gilt. Der Stützpunkt für dieses Wochenende, die Heidelberger Hütte, verbindet gewissermassen den deutschsprachigen Raum: sie gehört einer deutschen Alpenvereinssektion, wird von Österreich aus bewirtschaftet und steht auf Schweizer Boden – Völkerverbindung in der Praxis!

**Anreise:** Von Chur mit der RhB nach Samedan [940] und weiter nach Scuol-Tarasp [960] im Unterengadin.

**Rückreise:** Von Ardez nach Samedan [960] und zurück nach Chur [940].

**Ausgangspunkt:** Bahnhof Scuol (1 286 m).

**Unterkunft:** Heidelberger Hütte (2 264 m) der Sektion Heidelberg des DAV, 156 Plätze (immer offener Winterraum 10 Plätze), zur Skitourensaison bewartet, Tel. 0 54 44/54 18. Die Hütte liegt im Fimbertal nordöstlich der markanten Fluchthörner, auf Schweizer Boden, etwa 2 km südlich der Grenze zu Österreich. Sie erschliesst ein schönes und vielseitiges Tourengebiet und ist deshalb gut besucht. Es wird dringend geraten, die Nächtigung anzumelden! Im weiteren zahlreiche Unterkünfte in CH-7550 Scuol, Verkehrsverein Tel. 0 84/99 4 94.

**Material:** Normale Tourenausrüstung. Zusätzlich Pickel und Steigeisen, evtl. Seil zur Sicherung weniger erfahrener Tourengefährten – nur für Piz Tasna erforderlich.

**Karten:** 249 S Tarasp; 1179 Samnaun, 1198 Silvretta, 1199 Scuol.

**Jahreszeit:** Von Dezember bis Sonntag nach Ostern (danach sind die Aufstiegshilfen von Scuol nicht mehr in Betrieb).

**Ausweichtour:** Von Scuol aus zahlreiche Anstiege nach dem Motto »Viel Abfahrtsfreude für geringe Anstiegsmühe«; von der Heidelberger Hütte zahlreiche Skitouren in verschiedener Länge und Schwierigkeit. Umfassend informiert: Rudolf Weiss, Skitouren im Engadin, Steiger Verlag.

**Besonderes:** Wegen der Grenzüberschreitung wird empfohlen, Ausweispapiere mitzuführen.

**25** ## Piz Tasna (3 179 m)
*Aufstieg von Scuol mit Abfahrt zur Heidelberger Hütte*

Grossartiger, formschöner Gipfel mit einer prachtvollen Abfahrt über einen spaltenarmen Gletscher. Aufgrund der Aufstiegshilfen von Scuol in kurzem Anstieg erreichbar. Bei Verzicht auf den Gipfel (nicht empfehlenswert!) könnte man die Heidelberger Hütte auch bei einem Start in Scuol am frühen Nachmittag noch vor Einbruch der Dunkelheit erreichen. Hat man dagegen genügend Zeit, sollte man es nicht versäumen, Scuol, dem Hauptort des Unterengadins, einen Besuch abzustatten. Insbesondere im »Unterdorf« kann man malerische Gassen mit wunderschönen typischen Unterengadiner Häusern bewundern. Besonders hübsch ist das Kloster Chá Grande mit seinen Lauben, welches heute als Heimatmuseum dient.

**Schwierigkeit:** GAS. Bei vernünftiger Wahl von Aufstiegs- und Abfahrtsspur ist die Lawinengefährdung gering.

**Höhenunterschied:** Aufstieg 760 m; Abfahrt 370 + 920 = 1 290 m (+ einige Pistenabfahrten)!

**Zeit:** Aufstieg 2 1/2 Std.; das »Hinaufdienen« mit zahlreichen Liften ist allerdings zeitraubend und sollte bei der Zeitplanung entsprechend berücksichtigt werden. Abfahrt 1 1/2 – 2 Std., im Talboden zur Heidelberger Hütte teilweise geringes Gefälle.

**Lage:** Aufstieg SO, N; Abfahrt N.

**Aufstieg:** Vom Bahnhof Scuol (1 286 m) in wenigen Minuten zur Gondelbahn. Da es nur für die Gondelbahn, nicht aber für die Schlepplifte Einzelkarten gibt, entscheidet man sich am besten für eine Halbtages-

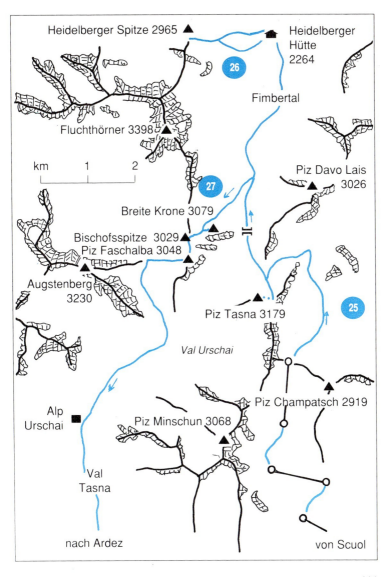

Heidelberger Spitze 2965

Heidelberger Hütte 2264

**26**

Fimbertal

Fluchthörner 3398

km    1    2

**27**

Piz Davo Lais 3026

Breite Krone 3079

Bischofsspitze 3029
Piz Faschalba 3048

Augstenberg 3230

**25**

Piz Tasna 3179

*Val Urschai*

Piz Champatsch 2919

Alp Urschai

Piz Minschun 3068

*Val Tasna*

nach Ardez

von Scuol

karte. Mit Gondelbahn und Lift nach Schlivera (2400 m). Abfahrt auf der Piste auf 2100 m. Auffahrt zum Mot da Ri (2600 m). Abfahrt in die weite Mulde von Champatsch. Auffahrt mit dem Lift zum Champatsch-Grat (2800 m). Jetzt geht es tourenmässig weiter: Abfahrt in einer schönen Mulde bis zu P. 2511 m. Man könnte schon 100 Hm früher querend mit dem Aufstieg beginnen, zumeist ist die Abfahrt in das schattige und windgeschützte Becken so schön, dass man sie nicht früher als unbedingt nötig abbrechen möchte. Anfellen. Zwischen Felsen und einer auffälligen Kuppe (Mot, 2705 m) steigt man zu P. 2619 m auf. Jetzt erst ist es möglich, nach links zum Vadret da Tasna einzubiegen. Unter einem Gletscherbruch steigt man bis zu den Felsen des Piz Laver-Südgrates auf. Über den spaltenarmen Gletscher geht es nun zur Schulter, an der der Ostgrat des Piz Tasna ansetzt. Skidepot auf ca. 3100 m. Der Weg über den steilen Grat zum Gipfel ist bei Weichschnee ein vergnügliches Stapfen, bei Vereisung aber heikel.

**Abfahrt:** Zunächst auf dem Anstieg über den Gletscher zu P. 2920 m am Beginn des Südgrates zum Piz Laver. Richtung NW, bald aber Richtung N abfahrend, erreicht man den Talboden, der teilweise zwar geringes, bei »gutem« Schnee aber genügend Gefälle aufweist, dass man flott zur Heidelberger Hütte (2264 m) abfahren kann.

 # Heidelberger Spitze (2965 m)
*Über die O-Flanke*

Die Heidelberger Spitze ist keiner der hohen oder bedeutenden Gipfel im Tourenbereich der Hütte. Sie bietet aber eine wunderschöne, rassige Abfahrt. Die letzten Meter zum Gipfel erfordern alpine Erfahrung und ein wenig Kletterfertigkeit.

**Schwierigkeit:** GAS. Die Steilstufen können nach Schneefällen mit Windverfrachtung bedrohlich werden (schweres Lawinenunglück im Jahr 1991).

**Höhenunterschied:** Aufstieg und Abfahrt je 700 m.

**Zeit:** Aufstieg 2$1/2$ Std.; Abfahrt $1/2$–1 Std.

**Lage:** O

**Aufstieg:** Von der Heidelberger Hütte (2264 m) Richtung SW ziemlich flach bis in die Nähe von P. 2479,3 m. Nun Richtung W im Wechsel zwischen ziemlich steilen Hangstufen und flachen Mulden zur grossen

Mulde unterhalb der Heidelberger Scharte (2820 m). Nach rechts ausholend in einem Bogen zur unteren Schulter der O-Abdachung und weiter zur oberen Schulter. Jetzt steigt man nach links zu einer kleinen Scharte unterhalb des Gipfels. Skidepot. Über den Südgrat in leichter Kletterei zum höchsten Punkt.

**Abfahrt:** Wie Aufstieg oder geradaus Richtung Ost durch den Tobel zur Hütte.

# Breite Krone (3079m)– Bischofsspitze (3029 m) – Piz Faschalba (3048 m)

*Von der Heidelberger Hütte mit Abfahrt nach Ardez*

Der Übergang von der Heidelberger Hütte nach Ardez bietet ohne besonderen Zeitaufwand oder Schwierigkeiten die Möglichkeit, drei Dreitausender zu besteigen – die berühmte Breite Krone (3079 m) und die weniger bekannten Nachbarn Bischofsspitze (3029 m) und Piz Faschalba (3048 m), auch Grenzeckkopf genannt. Eine endlos lange Abfahrt führt durch die Val Tasna nach Ardez im Inntal.

**Schwierigkeit:** MAS. Die alpinen Anforderungen sind jedoch gering: praktisch keine Gletscherspalten, blockiges Gelände (nicht ausgesetzt).

**Höhenunterschied:** Aufstieg mit Gegenanstiegen 1100 m; Abfahrt rund 1700 m.

**Zeit:** Heidelberger Hütte – Breite Krone 3 Std., über Bischofsspitze zum Piz Faschalba 1 Std. Sehr lange Abfahrt nach Ardez – Zeit je nach den Schneeverhältnissen und skitechnischem Können, kaum unter 2 Std. Insgesamt mindestens 6 Std.

**Aufstieg Breite Krone:** Von der Heidelberger Hütte in sanftem Anstieg Richtung S durch das Fimbertal (Val Fenga auf der LK) bis zum Talschluss. Nun Richtung SW über mittelsteile Hänge zum kleinen Vadret da Fenga (auch Kronenferner genannt), einem nahezu spaltenlosen Gletscherfleck. Über den Gletscher in sanftem Anstieg zu einer Einsattelung und über den W-Rücken (häufig abgeblasen, dann zu Fuss über unschwieriges Blockwerk) kurz und steil zum Gipfel der Breiten Krone (3079 m).

**Übergang zum Piz Faschalba:** Von der Breiten Krone über den Rücken zurück in die Einsattelung. Mit geringem Höhenverlust Richtung W zum Kronenjoch (2981 m). Teilweise zu Fuss in der Grundrichtung S über die Bischofspitze (3029 m) auf den Piz Faschalba (3048 m, österreichische Bezeichnung Grenzeckkopf).

**Abfahrt:** Man verfolgt den meist verblasenen W-Rücken bis zu P. 2932 m, fährt steil (durchschnittlich 28° auf 200 Hm) über einen Rükken in ein Tal ab und erreicht über P. 2586 m Plan da Mattun in der Val Urschai. Durch dieses Tal weiter in die landschaftlich sehr schöne Val Tasna, die man ab der Brücke bei der Alp Valmala (1979 m) auf einem Strässchen auf der linken Talseite – bei gutem Schnee ohne Schieben – bis zur Strassenbrücke bei P. 1571 m verfolgt. Kurz auf der Strasse Richtung P. 1563 m, dann 1/2 Std. nach Chanoua (1632,7 m) aufsteigen. In einer hübschen Abfahrt über Wiesen zum Bahnhof von Ardez (1432 m). Hat man noch Zeit bis zur Abfahrt des Zuges, kann man sich im Ort umsehen – zahlreiche sgraffitoverzierte und bemalte alte Häuser. Die auffallende mächtige Ruine auf einem Hügel östlich des Dorfes ist die Burg Steinsberg.

# Skitouren im März

Der März ist vielleicht der beste Monat für Skitouren. Ein Grund ist sicher, dass alle Arten von Skitouren möglich sind, von den Viertausendern bis hinunter zu den bescheidenen Voralpengipfeln. Normalerweise sind nun die Gletscher einigermassen eingeschneit, so dass auch Hochtouren unternommen werden können (noch nicht alle; so weisen steile, dem Wind ausgesetzte Gipfelflanken auch im März noch meistens Blankeis auf). Es kann aber ebenso gut bis in die Niederungen hinabschneien, so dass sich auch Skitouren in niederen Lagen (Ziel unter 1000 m) lohnen. März, das ist der Monat der langen Abfahrten.

Im weiteren ist die Stabilität der Schneedecke im allgemeinen günstig. Schattseitig hat sich der Schnee gesetzt, Pulverschnee ist aber immer noch vorhanden (oder kommt neu hinzu), südseitig findet sich schon guter Firn. In Mulden und Tälern kann es vorkommen, dass beide Schneearten gleichzeitig befahren werden können – bei solchen Verhältnissen möchte man, dass das schöne Märzwetter tagelang andauern würde.

Und schliesslich werden die Tage länger und grosse, stundenreiche Touren möglich. Klar, früh aufstehen muss man, doch wer die Abfahrten geschickt auswählt, schwingt noch am Nachmittag durch Pulverschnee. Mit dem Wechsel auf die Sommerzeit gewinnen die Tourenfahrer zudem 1 Stunde.

Im März gibt es jedoch auch einen Aspekt des Tourenskilaufs besonders zu beachten. Zur Standardausrüstung für Skitouren gehören Harscheisen, denn auch im Winter, auf dem windverblasenen Hartschnee im steilen Gipfelhang zum Beispiel, leisten sie wichtige Dienste. Bei Aufstiegen über den in der Nacht gefrorenen Firn, der ab März immer häufiger anzutreffen ist, sind Harscheisen aber geradezu lebenswichtig. Sie mindern die Abrutschgefahr. Diese kann spätestens ab März auch bei der Abfahrt auftreten. Ein Rutscher auch nur auf einem mässig steilen, harten Firnschneehang kann unkontrollierbar werden, und wenn der Hang unten in Felsen abbricht …

## VERLÄNGERTES WOCHENENDE IM RÄTIKON

Der Rätikon ist das westlichste Gebirgsmassiv, das zwischen Österreich und der Schweiz liegt. Es wird begrenzt im Süden vom Prättigau, im Westen vom Rheintal, im Norden vom Montafon und im Osten von der Silvretta. Dieser hat unter Skialpinisten einen ausgezeichneten und weitverbreiteten Ruf. Der Rätikon teilt sein Ansehen unter Bergwanderern, Kletterern und Tourenskiläufern. Auf seine drei Hauptgipfel, die Schesaplana (2 964 m), den Grossen Drusenturm (2 830 m) und die Sulzfluh (2 817 m), führen anforderungsreiche Pfade. Durch die 300 bis 500 m hohen sonnseitigen Wände zwischen Kirchlispitzen und Schijenflue im mittleren Rätikon ziehen alpine Sportkletterrouten hoch, die zu den schwersten der Schweizer Alpen zählen. Und obwohl sich diese Kalkburgen mit ihren Wänden und Türmen im Winter und Frühling so unnahbar geben, sind viele von ihnen mit Ski erreichbar – bis zum höchsten Punkt. Das ist nicht der einzige Superlativ, wenn man vom Skilauf im Rätikon spricht. Fast ebenso gut sind die Zufahrtsmöglichkeiten. Nur im Osten des Rätikon fahren keine Bahnen seinen Ausläufern entlang. Die Linien Zürich–Sargans–Feldkirch–Bludenz (mit der Abzweigung nach Schruns)–Innsbruck–Wien und Bodensee–Sargans–Landquart (Abzweigung nach Küblis–Davos)–Chur ermöglichen rasche An- und Rückreisen. Deshalb ist das verlängerte Wochenende im Rätikon auch eine ungewöhnliche (Bahn-)Fahrt von der Schweiz nach Österreich.

**Anreise:** Zürich-Chur [880] bis Landquart, mit Schnell- oder Lokalzug [910] bis Küblis und mit Postauto [910.55] nach St. Antönien Platz; einige Kurse fahren weiter bis Rüti.

**Rückreise:** Von Latschau/Golmerbahn mit dem Bus in 15 Minuten nach Schruns (Abfahrszeiten 1991: 12.35, 14.05, 15.25, 16.00 Uhr Sa/So). Mit der Montafoner-Bahn nach Bludenz, wo man Anschluss an die internationalen Schnellzüge Innsbruck – Zürich [3301] hat.

**Ausgangspunkt:** St. Antönien Platz (1420 m). Vgl. auch Variante bei der Riedchopf-Tour Nr. 28.

**Unterkunft:** In St. Antönien vgl. entsprechendes Wochenende (die Touren 15 – 16). In Partnun das Berghaus Alpenrösli (ca. 1780 m), ganzjährig geöffnet, 19 Betten, 50 Lager, Tel. 0 81/54 12 18. Lindauer Hütte (1744 m), DAV Sektion Lindau, über Weihnachten und Neujahr und zu Ostern bewirtschaftet, sonst geschlossen; gemütlicher Winterraum immer offen, 20 Plätze (mit Decken), Kochgelegenheit.

**Material:** Steigeisen (für Notfall), Personalausweis, Schilling (Übernachtung in der Lindauer Hütte).

**Karten:** 238 S Montafon, 248 S Prättigau; 1157 Sulzfluh, 1177 Serneus.

**Jahreszeit:** Januar bis April; für die steinigen Sulzfluh- und Drusenturm-Abfahrten muss es genügend Schnee haben!

**Ausweichtour:** Von St. Antönien vgl. entsprechendes Wochenende (Touren 15 – 16). Von Partnun: Schafberg (2456 m), leicht und ziemlich lawinensicher; Schijenflue (2624 m), mit Steilstufen im Mittelteil und zuoberst.

**Besonderes:** Ohne Riedchopf auch als Wochenendtour möglich, mit Anreise am Vorabend nach St. Antönien. Und: Von der Sulzfluh Abfahrt durchs Gemschtobel statt durch den Rachen, Übernachtung im Alpenrösli oder in der Carschina Hütte SAC (2221 m), am nächsten Tag Grosser Drusenturm über Drusator.

## 28 Riedchopf (2552 m) – Rotspitz (2516 m)

*Von St. Antönien nach Partnun*

Der Riedchopf gehört zum östlichen Rätikon, der im Madrisahorn (2826 m) seinen höchsten Gipfel aufweist. Auch ihn kann man aus dem

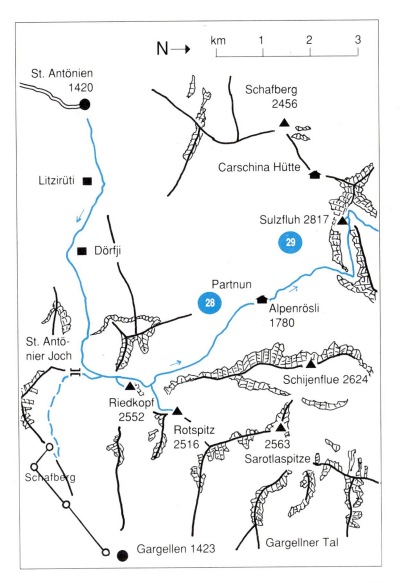

N→  km  1  2  3

St. Antönien
1420

Schafberg
2456

Carschina Hütte

Litzirüti

Sulzfluh 2817

29

Dörfji

Partnun

28

Alpenrösli
1780

St. Antö-
nier Joch

Schijenflue 2624

Riedkopf
2552

Rotspitz
2516

2563

Sarotlaspitze

Schafberg

Gargellen 1423

Gargellner Tal

Tal von Gafia durch das steile Nordkar mit Ski (und zuletzt kurz zu Fuss) besteigen. Weit häufiger wird jedoch die Madrisa-Rundtour gemacht, die auf geschickte und verschiedene Weisen die beiden im östlichen Rätikon liegenden Skigebiete von Madrisa ob Klosters (Schweiz) und Schafberg ob Gargellen (Österreich) verbindet. Dabei werden teilweise die Routen zum Riedchopf (auch Ronggspitz genannt) berührt. Er selbst kann als felsiger Grenzgipfel nicht bis zuoberst mit Ski befahren werden. Häufig beschränkt man sich deshalb auf die zwischen ihm und dem Schollberg liegende Kuppe von P. 2 540 m. Das wird man vor allem dann tun, wenn man am Anreisetag noch den Riedchopf überqueren will. Dies ist gut möglich, da der Aufstieg über West- und die Abfahrt über Nordhänge erfolgt. Kann man schon am frühen Morgen in der Walsersiedlung St. Antönien aufbrechen, so steigt man nach der Abfahrt vom Riedchopf durch die steile Nordrinne noch zum Rotspitz auf.

**Schwierigkeit:** G(A)S. Der Schlussaufstieg zu Fuss über den kurzen, aber ausgesetzten Südgrat zum Gipfel des Riedchopf kann je nach Schneebedeckung der Felsen heikel sein. Die obersten 80 Hm in der Riedchopf-Nordrinne sind 33°. Lawinengefahr bei viel Schnee oder warmer Witterung im Aufstieg zum Alpeltitälli sowie beim Pöschenwang, Schneebrettgefahr in der Riedchopf-Nordrinne.

**Höhenunterschied:** Aufstieg 1130 m; Abfahrt 770 m; mit Rotspitz je 200 m mehr.

**Zeit:** Aufstieg 4 Std.; Abfahrt 1 Std. Abstecher zum Rotspitz: 1 Std.

**Lage:** Aufstieg W (zuoberst S); Abfahrt N.

**Aufstieg:** Von St. Antönien Platz (1 420 m) auf der Strasse taleinwärts nach Litzirüti am Eingang des Tales von Gafia. Darin auf der linken Talseite, bis man südlich der Siedlung Engi den Gafier Bach (P. 1 622 m) überschreitet. Ostwärts die Talseite hoch zur Alpelti-Hütte (1 815 m). Oberhalb davon in einen Kessel hineinziehen und nördlich des Bachlaufs über einen steiler werdenden Hang, aus dem man rechtshaltend ins Alpeltitälli aussteigt. Ostwärts auf eine Rampe hinauf, auf ihr nordwärts zum Kammverlauf (auch Landesgrenze), dem man in eine Lücke zwischen zwei Schneekuppen (die westliche ist P. 2 540 m) folgt. Auf die östliche mit Ski und zu Fuss über die Gratschneide auf den Riedchopf (2 552 m).

**Abfahrt:** Von der oben erwähnten Lücke durch die steile Nordrinne ins Tälli hinab. Weiter nordwärts durch Mulden östlich von P. 2183 m und 2 115 m vorbei an den Rand der abschüssigen Pöschenwang. Rechtshaltend ziemlich steil in die untere Talsohle hinab. Rechts des Tällibaches nach Partnunstafel (1 769 m). Bei sicheren Verhältnissen kann auch

direkt über die Pöschenwang oder über die Boller-Hänge weiter westlich davon abgefahren werden. In Partnunstafel Höhe haltend zum
Berghaus Alpenrösli (ca. 1 780 m) hinüber, das erst zuletzt sichtbar wird.

**Abstecher zum Rotspitz:** Vom Tälli (ca. 2 300 m) in nordöstlicher Richtung auf ein Flachstück und linksausholend ziemlich steil zum Gipfel
des Rotspitz (2 516 m); man kann zuletzt auch dem S-Grat folgen. Abfahrt wie Aufstieg.

**Variante:** Der Riedchopf kann ebenfalls von der Vorarlberger Seite
erreicht werden. Wie Rückreise über Bludenz nach Schruns, mit dem
Bus nach Gargellen, mit den Schafbergbahnen und dem Gargellenkopf-
lift zur Bergstation (ca. 2 280 m). Rechtsausholend auf der Piste hinab in
einen breiten Kessel und Schräganstieg ins St. Antönierjoch (2 379 m).
Abfallende Querung zur Aufstiegsroute von St. Antönien. 1$^{1}$/$_{2}$ Std. vom
Lift zum Gipfel. Information über Bus und Skigebiet bei Verkehrsamt
Gargellen, Tel. 0 55 57/63 03.

# Sulzfluh (2 817 m)

*Aufstieg durchs Gemschtobel, Abfahrt durch den Rachen*
*zur Lindauer Hütte*

Wie sich die Zeiten ändern! Die Sulzfluh, so lesen wir im Jahrbuch des
Schweizerischen Ski-Verbandes von 1935, »ist sowohl von der Schweizer als von der Vorarlberger Seite aus eine grosse, teilweise hochalpine
Skibergfahrt, die wohl unter das erste oder zweite Dutzend besonders
grosszügiger Skigipfel der Alpen zu zählen ist«. Peter Keill und Hans
Steinbichler meinen in ihrem 1988 erschienenen Bildbandführer »Die
grossen Skihütten der Ostalpen und ihre Gipfel« über den 2 817 m Kalk-
berg schlicht: »Eine der rassigsten Skitouren der Ostalpen!«. Die Autoren
sprechen vom gleichen Berg, aber nicht von der gleichen Abfahrt. Die
Route von 1935 führt über »das eingesattelte Dach des Sulzfluhrückens,
welches im Sommer ein grosses Karrenfeld trägt, im Winter aber eine
Skiabfahrt, wie man sie grossartiger sich kaum wünschen kann«. Die
moderne Einschätzung gilt jedoch dem Rachen, einem Steilkar zwischen senkrechten Wänden der Kleinen Sulzfluh und den Ausläufern
des Hauptgipfels, das eine geradlinige Abfahrt über 1100 nordseitige
Höhenmeter erlaubt.Während der Karrenfeld-Rücken der Sulzfluh eine
landschaftlich schöne Route vermittelt, als Abfahrt jedoch kaum Super-
lative verdient (die Fortsetzung auf Schweizer Seite mit dem unüber-
sichtlichen Karstgelände schon gar nicht), ist die Rachen-Abfahrt

tatsächlich ein überaus starkes Stück. Der Name sagt alles: steil, eng – und nur zwei Ausgänge. Wer oben in den Schlund einfährt, kommt an einer erst noch fast ungemütlich schmalen und abschüssigen Stelle wieder heil heraus. Für einige Skifahrer wohl eine Grenzerfahrung. Damit das Sicherheitslimit in einer Hinsicht nicht überschritten wird, darf die Sulzfluh ihrem Namen keine Ehre machen. Sulz leitet sich nämlich von sumpfigem Boden ab, und wenn der Schnee diese Qualität aufweist, sollte man den Rachen nicht kitzeln. Andere Grenzen werden jedoch überschritten. Zum einen die staatliche, und zum andern ist die Aussicht von der Sulzfluh fast grenzenlos: ringsum ein Meer von Gipfeln der Ost- und Westalpen, und ganz in der Ferne der höchste Berg, der Dom (4 545 m).

**Schwierigkeit:** SGS. Das Gemschtobel ist oberhalb der kurzen Steilstufe durchschnittlich etwa 25° steil, gut gegliedert mit Absätzen und steileren Rinnen. Die Rachen-Abfahrt ist auf 1000 Hm fast durchgehend steil; 32° auf 200 Hm im eigentlichen Rachen, 35° auf 200 Hm beim Ausgang (dort teilweise bis 40°, enges Skigelände mit Felsstufen und Föhren, recht ausgesetzt). Nur bei sicheren Schneeverhältnissen (vor allem in den schattigen Steilhängen des Rachens!).

**Höhenunterschied:** Aufstieg 1040 + 180 m (= 1 220 m); Abfahrt 1260 m.

**Zeit:** Aufstieg 3 Std.; Abfahrt 1¹/₂ Std.; Wiederaufstieg 30 Min.

**Lage:** Aufstieg O; Abfahrt N.

**Aufstieg:** Hinter dem Berghaus Alpenrösli (ca. 1 780 m) in Partnun taleinwärts auf einem Weg bis zu einer Brücke. Jenseits von ihr über die Mederhänge immer leicht rechtshaltend ansteigen und westlich der Senke von P. 2 099 m in einen Felskessel hineinziehen. An seinem Ostrand in einer Rinne über eine kurze Steilstufe klettern. Rechtshaltend über einige Buckel zu dem von Felswänden begrenzten Gemschtobel. Darin aufwärts, wobei man im oberen Teil auf die Hänge links ausweicht. Den Gipfelkopf der Sulzfluh nordwärts umgehen und zuletzt über den Westgrat zum grossen Gipfelkreuz (2 817 m).

**Abfahrt:** Nordwärts über wunderschöne Hänge zum eigentlichen Rachen hinab, in den man besser von links unterhalb der Kleinen Sulzfluh hineinfährt. Durch den Schlund hinab und durch eine Folge von flacheren Mulden weiter nordwärts an den Rand der Steilstufe (ungefähr auch Waldgrenze). Man kann entlang dem Sommerweg den sicheren Talboden erreichen. Einfacher von oben zu finden ist folgende Route: östlich des Sommerweges durch eine tiefeingeschnittene Rinne hinab (sie beginnt auf ca. 1 900 m), die man unterhalb von Felswänden rechtshaltend auf einen breiteren, aber immer noch steilen Hang ver-

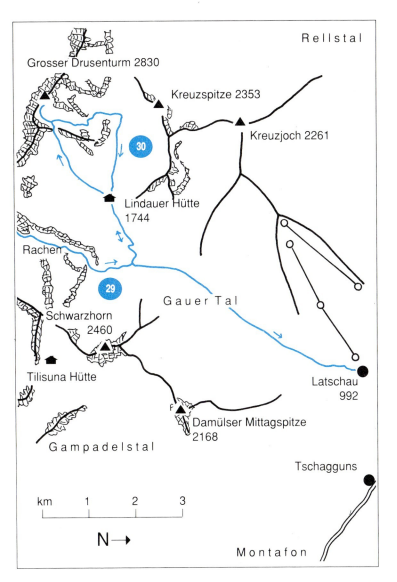

Rellstal

Grosser Drusenturm 2830

Kreuzspitze 2353

Kreuzjoch 2261

30

Lindauer Hütte
1744

Rachen

29

Gauer Tal

Schwarzhorn
2460

Tilisuna Hütte

Latschau
992

Damülser Mittagspitze
2168

Gampadelstal

Tschagguns

km    1    2    3

N→

Montafon

lässt. Auf ihm hinab und durch eine sehr steile, von bewaldeten Felsen begrenzte Rinne auf die untersten Hänge der Steilstufe. Diese untere Rinne kann man auch links umfahren, wobei ein Durchschlupf zwischen Föhren zu suchen ist. Am Fuss der Steilstufe westwärts zum Porzalengawald. Man kann sich auf dem Sommerweg durch diesen sehr hügeligen Forst durchschlagen. Angenehmer ist, wenn man nordwärts über flache Hänge bis zur ersten Kurve der Güterstrasse (nördlich P. 1550 m) abfährt und gemütlich zur Lindauer Hütte (1744 m) trottet.

## 30 Grosser Drusenturm (2830 m)

*Durchs Sporertobel und Abfahrt durch das Gauer Tal nach Latschau ob Tschagguns*

An einem sonnigen Märznachmittag sassen wir vor der Lindauer Hütte, blinzelten durch die Tannen hindurch gegen den Rachen hinauf, durch den wir eben heruntergeglitten waren. Die Sonne schien heiss, das Frühlingsskitour-Gefühl machte sich, zum ersten Mal in der Saison, wohlig breit. Der Hüttenwirt hatte vor ein paar Tagen zwei Kisten Bier in den Winterraum gestellt, davon tranken wir jetzt an der sonnigen Stirnseite der Hütte. Doch lange vor dem Abend ging die Sonne unter, rutschte hinter die Drusentürme, die mehr als 1000 m oberhalb der Hütte in die Höhe schiessen. Da wollten wir morgen hinauf, in diese wilde Szenerie, über diese Steilhänge, durch eines dieser Tobel? Nervös nahmen wir noch einen Schluck. Es gibt längere, höhere, auch schwierigere Skitouren als den Grossen Drusenturm von der Lindauer Hütte. Aber ob es viele schönere gibt?

**Schwierigkeit:** GS/SGS. Fast anhaltend steil. Das Sporertobel ist auf 500 Hm durchschnittlich 27°, im oberen Teil aber teils deutlich über 30°. Auch die Hänge zur Lücke südlich beim Sporerturm sind steil, der Übergang zur Lücke selbst sehr abschüssig und sehr ausgesetzt. Nur bei stabilen Schneeverhältnissen in den grossen nordseitigen Hängen.

**Höhenunterschied:** Rund 1100 m von der Lindauer Hütte. Von dort nach Latschau 750 m Abfahrt/Abstieg.

*Abb. rechts: Ein eigenwilliger Blick von einem unbedeutenden Nachbarn (Seehorn) auf einen berühmten Berg, den Piz Buin (3312 m, Tour 45).*

**Zeit:** Aufstieg 3 Std., Abfahrt zur Hütte 1 Std.

**Lage:** N

**Besonderes:** Auf der LK sind die drei Drusentürme als Dri Türm bezeichnet. Routenskizzen zu Tour Nr. 30 auf den Seiten 117 und 121.

**Aufstieg:** Von der Lindauer Hütte (1744 m) westwärts auf eine Ebene. Über den Rücken im östlichen Teil des riesigen NNO-Hang ansteigen, in der Nähe von P. 2170 m nach rechts abdrehen und gegen die Lücke südlich des Sporerturm zuhalten. Entlang des Sommerwegs auf einem Schneeband ausgesetzte Querung nach rechts, dann linkshaltend aufwärts in die Lücke. Durch den oberen Teil des Sporertobel gerade hinauf in eine Verflachung zwischen Klein (2754 m) und Mittlerer Drusenturm (2782 m; mit Kreuz). Westwärts über einen Aufschwung und von Süden zum Gipfelsteinmann des Gross Drusenturm (2830 m).

**Abfahrt:** Wie Aufstieg, wobei man vom Gipfel gleich ostwärts über einen steilen Hang hinunter kann (aber dann rechtzeitig nach rechts halten). Eindrucksvoller, wenn auch vom ununterbrochenen Gefälle her ein Spur weniger lohnend, ist die Abfahrt durchs ganze Sporertobel. Von seiner Verflachung (Tiergarten) deutlich nach links bis ganz ins Öfental hineinfahren und durch dieses hinab auf die Ebene westlich der Lindauer Hütte.

**Abfahrt nach Latschau:** Von der Lindauer Hütte auf der Güterstrasse durch den Porzalengawald und weiter auf ihr auf der rechten Seite des Gauer Tales talauswärts (einzelne Serpentinen lassen sich abkürzen). Zuletzt auf der linken Talseite zur Siedlung Latschau und zur Talstation der Golmerbahn (auch Busstation) am Stausee (992 m).

*Abb. links: Wer im Rahmen des »verlängerten Wochenendes in der Silvretta« nicht nach Guardia abfahren, sondern zur Bielerhöhe zurückkehren möchte, der sollte sich anstatt des Piz Fliana (3281 m, Tour 46) das eindrucksvolle Silvrettahorn vornehmen. Im Mittelgrund der Abbildung die schöne Pyramide des Piz Linard, der höchsten Erhebung der Silvretta.*

# WOCHENENDE AUF DEM SCHAMSERBERG

## ADULA-ALPEN

Der grüne Talkessel der Val Schons (Schamser Tal) breitet sich zwischen den Hinterrhein-Schluchten der Via Mala und der Rofla an der uralten Alpenpassroute des Splügens aus. Hauptort des Durchgangstals ist Andeer (mit Kurbad), bekannter ist Zillis mit seiner Kirche und ihrer romanischen Bilderdecke aus dem Jahre 1160. Westlich von Zillis reichen lediglich von Wäldern unterbrochene Wiesen himmelwärts; 600 m über dem Talgrund liegen auf dem Schamserberg die drei schmucken Bauerndörfer Lohn, Mathon und Wergenstein. Darüber setzen sich riesige, ziemlich hindernisfreie, mehrheitlich nach Südosten gerichtete Hänge fort, die im Fastdreitausender Piz Beverin und seinen südlichen Nachbarsbergen gipfeln. Wer dort hinauf die Ski mitnimmt, wird eine via buna, einen guten Weg, erleben.

**An- und Rückreise:** Von Chur mit der RhB [940] nach Thusis, mit dem Postauto Richtung Andeer [940.30] bis Zillis und dann [940.32] nach Mathon und Wergenstein. Bei der Abfahrt vom Bruschghorn zum Glaspass: Von Tschappina mit dem Postauto [940.23] nach Thusis oder von Safien Platz mit dem Postauto [920.10] zur RhB-Station Versam–Safien und mit dem Zug [920] nach Chur.

**Ausgangspunkt:** Mathon (1527 m) oder Wergenstein (1489 m) auf dem Schamserberg.

**Unterkunft:** Pension Albiert Flurin in Mathon, Tel. 0 81/61 21 80 (die Weiterführung als Hotelbetrieb war im Frühling 91 ungewiss). Selbstversorgerunterkunft im Schulhaus Mathon (ab 5 Personen), Tel. 0 81/61 22 12 oder 61 11 83; Laden mit gutem Sortiment im Dorf. Hotel Piz Vizan in Wergenstein, Tel. 0 81/61 15 25.

**Material:** Steigeisen für den Piz Beverin; evtl. ein Seil zum Sichern alpinistisch unerfahrener Tourenskiläufer.

**Karten:** 257 S Safiental; 1235 Andeer sowie 1215 Thusis für Abfahrt vom Bruschghorn zum Glaspass.

**Jahreszeit:** Dezember bis März. Der Piz Beverin wird viel begangen. Bei ganz günstigen Schneeverhältnissen kann von Mathon oder Wergenstein über die offenen Wiesen nach Donath (1 044 m) unten im Talboden abgefahren werden – eine 2 000-m-Abfahrt vom Bruschghorn.

**Ausweichtour: 1)** »Gipfel« P. 2602 m statt Piz Beverin: Bis Alphütten Mursenas auf der Beverin-Route, dann über einen sich immer deutlicher herausbildenden Rücken nordwestwärts über P. 2 208 zu P. 2 525 m und nach links zum Gipfel (2 602 m) – es ist einer, obwohl er keinen Namen hat (dieser wird laut einer Gipfelbuch-Notiz noch gesucht). Schwierigkeit MS, knapp 1100 m und gut 3 Std. von Mathon; lawinensicher sowie empfehlenswerter als das benachbarte Einshorn (2457 m).

**2)** Runal (2 705 m) oder Piz Tarantschun (2 768 m) statt Bruschghorn: Von P. 2 334 m auf den Weiden der Alp Tumpriv mehr oder weniger einem Bachlauf entlang in den Sattel (2 605 m) zwischen Piz Tarantschun und Runal (2 705 m) und nach rechts zum Gipfel. Vom Sattel kann auch der Piz Tarantschun (2 768 m) erklommen werden. Besser ist allerdings die Route von der Schulter P. 2 503 m über die westliche Begrenzung der SO-Flanke (zwei Aufschwünge).

**Besonderes:** Vgl. den Abschnitt »Tourenwochen« im Einleitungskapitel »Zwischen Säntis und Piz Bernina«.

# Piz Beverin (2 927 m)

*Von Mathon über den SO-Grat oder seine Flanken*

31

Bei der Anreise durch das Domleschg sollten wir rechts in der Fahrtrichtung sitzen, um durchs Waggonfenster die verschneite Pyramide des Piz Beverin auf uns einwirken zu lassen. Auf diese unnahbare Spitze mit Ski, bis zum höchsten Punkt? Das ist möglich, einigermassen sicheren Schnee vorausgesetzt. Wenn wir dann am nächsten Tag nach dem kräftezehrenden Aufstieg beim grossen Steinmann des Piz Beverin sitzen und uns die Namen ins Gipfelbuch schreiben, fühlen wir uns erhaben, aus naheliegendem Grund. Eckpfeilermächtig beherrscht der Piz Beverin die nähere Umgebung, mit zerfurchten Riesenwänden bricht er gegen Norden und Westen ab, und vom nach SO geneigten Gipfeldach gibt es nur zwei Abgänge. Welchen wir wählen, hängt von den Verhältnissen, auch von den eigenen, ab. Im folgenden sei die Überquerung des Berges mit Aufstieg von der Beverinlücke und mit Abfahrt über den SO-Grat und die O-Flanke näher beschrieben. Übrigens: Die Aussicht vom Piz Beverin ist unbeschreiblich!

**Schwierigkeit:** GS/SGS bei Abfahrt über SO-Grat und O-Flanke. GAS für die Route über den ganzen SO-Grat oder bei Skidepot in der Beverinlücke. Der SO-Grat ist nicht übermässig steil, aber unterhalb von P. 2 769 m (Metallleiter) recht schmal und abschüssig. Vom Fuss dieser Leiter geht es über die O-Flanke (34° auf 200 Höhenmeter) oder über

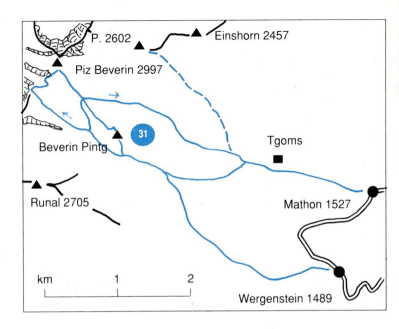

den unteren Teil der S-Flanke (noch ein Spur steiler, und auch ausgesetzter) in die Tiefe. Lawinengefahr an verschiedenen Stellen im Gipfelbereich; in Zweifelsfällen ist die Route über den Beverin Pintg und den ganzen SO-Grat am sichersten.

**Höhenunterschied:** Aufstieg und Abfahrt 1470 m von Mathon; von Wergenstein 40 Hm mehr.

**Zeit:** Aufstieg 4$^1$/$_2$–5 Std.; Abfahrt 1$^1$/$_2$–2 Std.

**Lage:** hauptsächlich SO (die W-Seite des SO-Grates bleibt aber zum Glück recht lange im Schatten).

**Aufstieg:** Vom Postgebäude Mathon (ca.1540 m) nordwestwärts durch ein Tälchen in direkter Linie hinauf zur oberen Alp Tgoms (1931 m). Den Graben der Val Mirer am einfachsten auf der Erschliessungsstrasse südwestwärts queren. Man kann ihn auch weiter oben, westlich der Alphütten von Mursenas, überwinden. Über die grossen Hänge von Blasatscha westwärts zur Kuppe P. 2442 m, wo eine offene Unterstandshütte liegt. Etwas abfahrend ins Tal der Alp Nursin und durch dieses zusehends steiler werdende Tal in die Beverinlücke (2826 m; ohne

Namen auf der LK). Gipfelanstieg zu Fuss entlang dem SW-Grat, wobei die untersten Felsstufen rechtsausholend in sehr steilen Schneerinnen (bis knapp 40°) umgangen werden. Man gelangt auf eine Schulter und, nochmals rechtsausholend, schliesslich zum flachen Gipfeldach, über das der Steinmann des Piz Beverin (2 997 m) erreicht wird.

**Abfahrt:** Über den enger und steiler werdenden SO-Grat bis zur schmalen Lücke mit der 12 m hohen Metallleiter, die über eine Felsstufe auf P. 2 769 m führt. Nun links steil über die Ostflanke kurven (Felsbänder!). Sowie das Gelände flacher wird, dreht man rechts ab und erreicht rechts des Baches der Val Mirer die Aufstiegsroute. Von der Lücke kann auch linkshaltend den Felsen entlang über die S-Flanke ins Tal der Alp Nursin abgefahren werden.

**Varianten:** *1 ) Aufstieg über den ganzen SO-Grat:* Von der Kuppe P. 2 442 m südwärts zum Beverin Pintg, der rechtsausholend gewonnen wird. Über den recht schmalen Grat zu P. 2 769 m, Abstieg über die Metallleiter und Aufstieg zum Gipfel. Es lohnt sich, wenn der Grat nicht ganz abgeblasen ist, die Ski mitzunehmen.

*2 ) Aufstieg von Wergenstein:* Auf der Route zum Bruschghorn bis zu den nördlichen Hütten der Alpsiedlung Dumangs. Nordwestwärts zur Brücke (1 783 m) über den Larisch-Bach und in der gleichen Richtung weiter zur Kuppe P. 2 442 m. Das Val da Larisch kann auch weiter oben, unterhalb der Alp Tumpriv, überquert werden, worauf man dann direkt zur Alp Nursin aufsteigt.

# Bruschghorn (3 056 m)

**32**

*Von Wergenstein/Mathon mit Abfahrt zum Glaspass und ins Safiental oder nach Tschappina*

Das Bruschghorn ist der höchste Gipfel der Splügener Kalkberge und Beverin-Kette, die wiederum der nordöstlichste Ausläufer der Adula-Alpen sind. Begrenzt wird er im Westen vom Safiental, in das seine auf der Ostseite mässig geneigten Gipfel mit durchfurchten, über 1 000 m hohen Wänden abbrechen. Trotzdem kann vom Bruschghorn ins Safiental abgefahren und zuletzt abgestiegen werden, nämlich durch das nach Norden gerichtete Tal der Carnusa. Es ist dies eine rauhe Route. Freundlicher ist die Abfahrt zurück nach Wergenstein, genuss-voll vor allem bei Firn, während bei Pulverschnee schon etwas Stock-

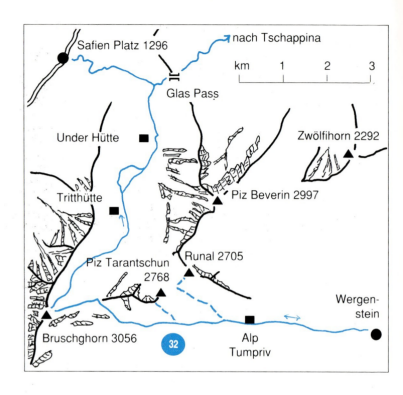

arbeit zu leisten ist. Wer in Mathon Unterkunft gefunden hat, muss am Morgen noch etwas früher aufstehen. Ist unterwegs absehbar, dass die Verhältnisse bei der Abfahrt nur noch mässig sein werden, so gibt der Piz Tarantschun (2 768 m) ein sinnvolles Ersatzziel ab.

**Schwierigkeit:** GS. Steilstes Stück ist der Hang in den Sattel westlich des Piz Tuf (knapp 30° auf 150 Hm). Lawinengefahr vor allem im grossen Hang von Turniez zwischen Dumangs und Alp Tumpriv. Die Abfahrt ins Tal der Carnusa und zum Glaspass verlangt einwandfreie Schnee- und Wetterverhältnisse. Früh starten.

**Höhenunterschied:** Aufstieg 1 570 m; Abfahrt ins Tal der Carnusa 1 470 m; dazu gut 200 m Wiederaufstieg zum Glaspass und 540 m Abfahrt/Abstieg nach Safien Platz oder 270 m Abfahrt nach Tschappina.

**Zeit:** Aufstieg 5–5$\frac{1}{2}$ Std.; von Mathon 30 Min. mehr rechnen. Abfahrt nach Wergenstein rund 1$\frac{1}{2}$–2 Std., ins Safiental 2$\frac{1}{2}$–3$\frac{1}{2}$ Std.

**Lage:** hauptsächlich O und recht viel S; Abfahrt ins Tal der Carnusa NO.

**Aufstieg:** Von Wergenstein (1489 m) auf einem Rücken westwärts hoch und durch eine Mulde zu den nördlichen Gebäuden von Dumengs. Schräganstieg durch den grossen Nordosthang von Turniez bis zu einem Bachlauf (westlich P. 1 990 m) und durch das Tälchen hinauf zu den Gebäuden der Alp Tumpriv (2190 m). Über flache Hänge ostwärts zu einer Schulter (P. 2 503 m). Auf einer Geländeterrasse am S-Fuss von Piz Tarantschun und Piz Tuf entlang zu P. 2 556 m und recht steil in einen Sattel bei P. 2 819 m westlich des Piz Tuf. Auf dem Grat ansteigen, P. 2 962 m nordseitig umgehen (Schneebrettgefahr) und über den O-Grat auf den höchsten Punkt des Bruschghorns (3 056 m).

**Abfahrt zum Glaspass:** Vom Gipfel über den NO-Hang bis in eine Mulde westlich P. 2 789 m. Links durch ein Tälchen über Schönbode auf die Verflachung bei P. 2 407 m. Höhehaltende Hangquerung zur Trifthütta (2 381 m). Links in eine Steilmulde einfahren, diese nach links in einen noch steileren Hang (bei P. 2 262 m) verlassen und hinunter auf eine Terrasse. Nun gibt's zwei Möglichkeiten:

**a)** Bei ganz sicheren Verhältnissen direkt nordostwärts hinab zu P. 1 776 m, wobei die beste Durchfahrt durch die felsdurchsetzte Steilstufe östlich der auf der LK markierten Erdböschung erfolgt.

**b)** Sicherer ist die Fahrt Richtung Mittler Hütta, bis in den grossen Hangeinschnitt südlich davon; nun hinab zum kleinen See bei Alt Stafel und rechtshaltend zu P. 1 776 m. Durch lichten Wald zur Under Hütte, unterhalb über bewaldete Steilstufe zum Carnusabach und dem Ufer entlang zur Brücke (1 583 m).

*Auf dem Wanderweg zum Glaspass –*

**a)** Ins Safiental: Nicht bis zum Pass aufsteigen, sondern nur zu den ersten Gebäuden (1 817 m) und von dort Schräganstieg über Matten auf die Erschliessungsstrasse (ca. 1 850 m) nach Inner-Glas. In diese Siedlung, dann dem alten Saumweg entlang zum Ausgleichsbecken (1 296 m) von Safienplatz; bis zur Waldlichtung Uf der Stägen (in ca. 1 520 m) können die Ski benützt werden, danach ist es besser, wenn der eine Steilschlucht querende Weg fast schneefrei ist. Von der auf der LK 257 S Safiental (Ausgabe 1988) eingezeichneten Direktroute 204 c ab der Brücke (1 587 m) ist abzuraten.

**b)** Nach Tschappina: Ganz hinauf in den Glaspass (1 846 m) und auf der Strasse nach Ober-Tschappina (1 577 m).

**Varianten: 1)** Aufstieg von Mathon; entweder auf der Strasse bis Lavanos (ca. 1500 m) nördlich von Wergenstein und durch eine Waldlichtung zur Hauptroute ansteigen. Oder auf der Beverin-Route bis Alp Tgoms und auf der Erschliessungsstrasse flach auf die Alp Tumpriv. Wer zurück nach Mathon will, fährt in jedem Fall besser nach Wergenstein ab.

**2)** Von P. 2407 m der Carnusa-Route des Bruschghorns kann man bei guten Verhältnissen, wobei gerade zu Beginn eine heikle Stufe zu überwinden ist, in den Sattel zwischen Piz Tarantschun und Runal gelangen.

## WOCHENENDE IM SAFIENTAL

### ADULA-ALPEN

Abends anreisen, mit der »Postkutsche« von Thusis durch die Via Mala und weiter bis Splügen, dem Passdorf im Rheinwald mit den sonnenverbrannten Bauernhäuser und den südländisch anmutenden Palazzi im gut erhaltenen Dorfkern. In einem dieser Herrschaftshäuser, im »Posthotel Bodenhaus« übernachten. Am nächsten Morgen früh los, durch das Tor, das die beiden mächtigen, zu Beginn des 18. Jh.s erbauten Kaufmannshäuser von Schorsch und Albertini verbindet. Im Gewölbe sind noch die Haken zu erkennen, an denen früher die Waren zum Abwiegen aufgehängt wurden. Nordwärts steil ansteigen gegen das Tal des Stutzbach. Vor mehr als 600 Jahren machte diesen Weg auch eine Gruppe von Walsern aus dem Rheinwald, auf der Suche nach einer neuen Heimat. Sie fand diese im Safiental, einem 30 km langen Seitental des Vorderrheintals. Tourenskiläufer entdeckten erst in der Zwischenkriegszeit dieses stille Tal, sprachen – insbesondere von seinem hinteren Teil – von »einem der idealsten Skigebiete des Bündner Oberlandes«, vom einem »Paradies für Skifahrer«.

Abfahren in dieses gelobte Land, nicht vom Safierberg, über den die Walser gezogen waren und der später regen Saumverkehr sah, sondern vom Bärenhorn. Durch nordseitige Hänge schwingen zum Turrahus und sich heimisch fühlen in diesem alten Walserhaus, dessen Name nicht etwa von »Touren« oder vom Bündnerischen »Tura« stammt, sondern von »Turm«. Oder talauswärts weiter nach Thalkirch mit seiner museumswürdigen Jugendherberge gehen. Am andern Morgen die sonnigen Hänge des Piz Tomül befahren und später ins Postauto steigen, das auf einer atemberaubenden Strecke hinaus fährt, um dann in die Rheinschlucht zur Bahnstation hinabzutauchen.

Splügen – Safiental: eine Fahrt vom Hinter- zum Vorderrhein. Ein Wochenende mit Geschichte und Genuss.

**Anreise:** Mit der RhB [940] von Chur nach Thusis und mit dem Postauto [940.30] nach Splügen.

**Rückreise:** Mit dem Postauto [920.10] von Thalkirch zuhinterst im Safiental zur Bahnstation Versam-Safien und mit der RhB [920] nach Chur.

**Ausgangspunkt:** Splügen (1457 m).

**Unterkunft:** In 7435 Splügen verschiedene Hotels, Verkehrsverein Tel. 081/62 13 32; Posthotel Bodenhaus Tel. 081/62 11 21. Berggasthaus Turrahus im Safiental, Betten und Lager, ganzjährig geöffnet, Telefon 081/42 12 03 (frühzeitig buchen!); Jugendherberge Safien–Thalkirch, 28 Plätze, Tel. 081/42 11 07.

**Material:** normale Skitourenausrüstung.

**Karten:** 257 S Safiental, 267 S San Bernardino; 1234 Vals, 1235 Andeer, 1255 Splügenpass.

**Jahreszeit:** Mitte Februar bis Mitte April.

**Ausweichtour:** In Splügen vgl. Touren 37– 38. Nur Safierberg (2 486 m), wenn sich das Wetter beim Bärenhorn-Aufstieg verschlechtern sollte (die Schneeverhältnisse müssen auch für diesen Übergang zwischen Rheinwald und Safiental sicher sein). Vom Turrahus das Strätscherhorn (wenn nicht schon bei der Abfahrt vom Bärenhorn überquert).

**Besonderes:** Wer das Bruschghorn, den das Safiental mit seiner zerrissenen Westwand dominierenden Gipfel, besteigen will, fährt nur bis Safien Platz und steigt durch das Tal der Carnusa zum höchsten Punkt der beiden Bergketten, die das Tal umranden (Tour 32). Man kann natürlich auch ein paar Tage im Safiental verbringen und noch von weiteren Gipfeln eigene Spuren über breite, nur mässig steile Osthänge ziehen.


# Bärenhorn (2 929 m)

*Von Splügen im Rheinwald nach Turrahus im Safiental*

**33**

Das Bärenhorn, das Wortspiel sei erlaubt, ist bärenstark. Als Knotenpunkt der drei Täler von Rheinwald, Safien und Vals bietet es eine einmalige Aussicht in alle Himmelsrichtungen; nach Süden ist besonders

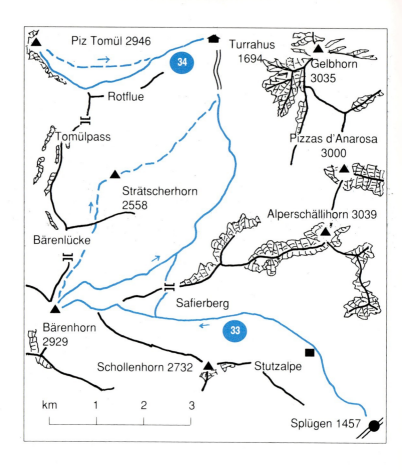

der Blick auf die Tambo-Surettahorn-Gruppe aufschlussreich, und mit seinen bündnerschiefrigen Flanken ermöglicht es nicht weniger als vier verschiedene Skirouten; bei der Pirsch von Splügen ins Safiental spürt man gleich zwei von ihnen auf.

**Schwierigkeit:** GS. Muss P. 2 803,3 m beim Aufstieg zu Fuss überquert werden, so kommt noch ein kurzes »A« dazu. Lawinengefahr an mehreren Stellen, insbesondere bei der Querung am Fuss der Schollenhorn-Nordseite, bei der Nordumgehung von P. 2 803,3 m (im Zweifelsfalle überqueren!), im Gipfelhang sowie in der Steilstufe beim Ruobstein. Nur bei sicheren Verhältnissen.

**Höhenunterschied:** Aufstieg 1 470 m; Abfahrt 1 240 m.

**Zeit:** Aufstieg 4$^{1}/_{2}$–5 Std.; 1$^{1}/_{2}$–2 Std.

**Lage:** Aufstieg SO, O; Abfahrt NO, N.

**Aufstieg:** In Splügen (1 457 m) durch den alten Dorfkern westlich des Stutzbaches hoch und steil direkt zu den Ställen von Stutz und Gadenstatt hinauf. Auf dem Alpweg taleinwärts zur Stutzalp (2 018 m). Oberhalb des tiefeingeschnittenen Stutzbaches weiter taleinwärts ziehen, auf einer Folge von schwach ausgeprägten Terrassen (steile Hänge und Rinnen dazwischen). Auf etwa 2 100 m kann man ins nun breitere Bachbett wechseln. Ihm folgt man bis P. 2 444 m und hält nordwestwärts auf einen Grat (P. 2 620 m) zu. Darauf gegen den felsigen P. 2 803,3 m ansteigen und ihn so hoch oben wie möglich nordseitig queren (steil). Man gelangt in eine Lücke. Das folgende Hindernis (P. 2 811 m, auch Klein Bärenhorn genannt) wird bei sicheren Verhältnissen südseitig umgangen (ebenfalls steil), sonst ohne Schwierigkeiten überschritten. Dann hindernisfrei auf dem O-Grat zum Gipfel des Bärenhorns (2 929 m).

**Abfahrt:** Durch den schönen Gipfelhang nordostwärts auf eine Schulter (P. 2 689 m) am Nordgrat des Klein Bärenhorn. Weiter über die grosse Schrägrampe von Längeggen bis in ein ausgeprägtes Tälchen. Darin hinab bis etwa 2 150 m (Felsabbrüche weiter unten!), dann nach rechts auf einen Absatz zuhalten (Ruobstein auf der LK) und über einen Rücken in den Talgrund hinab. Am rechten Ufer der Rabiusa talauswärts, bei der Talbiegung an das linke Ufer wechseln, bei der ersten Brücke wieder zurück und auf dem Strässchen weiterhin flach, vorbei an einem Staubecken zum Turrahus (1 694 m). Wer in die Jugendherberge in Thalkirch will, wandert noch 20 Min. weiter nach Norden.

**Variante Strätscherhorn:** Bei ganz sicheren Verhältnissen ist es lohnend, vom Bärenhorn rechts des Nordgrates Richtung Bärenlücke abzufahren (im unteren Teil ein paar Felsstufen), bis hinunter auf einen Absatz (P. 2 402 m) unterhalb der Lücke. Nun steiler Schrägaufstieg über den Bärensunnigi-Hang (Gefahr von Nassschneerutschen) in flaches Gelände. Zuerst nord- und zuletzt ostwärts auf das Strätscherhorn (2 558 m). Herrliche Abfahrt in östlicher, dann nordöstlicher Richtung in den Talgrund, der südlich des Staubeckens erreicht wird. Zeitlicher Mehraufwand gegenüber der Direktabfahrt vom Bärenhorn 33 Min.

## 34

# Piz Tomül/Wissensteinhorn (2945 m)

*Vom Turrahus über die O-Seite*

Der höchste Gipfel der 30 km langen Kette, die das Safiental vom Valsertal und Lugnez trennt, hat zwei Namen: Piz Tomül oder auch Wissensteinhorn. Jedoch nur eine Bezeichnung verdienen seine zwei Abfahrten, die sichere über den SO-Grat oder die steile in der O-Flanke: bärenstark!

**Schwierigkeit:** GS. Der SO-Grat ist teilweise ziemlich schmal, aber gut befahrbar. Ziemlich lawinensicher.

**Höhenunterschied:** Aufstieg und Abfahrt je 1250 m.

**Zeit:** Aufstieg $3^1/_2-4$ Std.; Abfahrt $1-1^1/_2$ Std.

**Lage:** O

**Aufstieg:** Vom Turrahus (1694 m) südwestwärts ansteigen, mehr oder weniger einem Alpweg entlang. Auf etwa 1900 m dreht man leicht rechts ab und steigt über P. 2106,9 m gegen die Rotflue hoch. Nördlich vorbei auf den SO-Grat des Piz Tomül und gegen den Gipfel. Der Grathöcker von P. 2822 m wird links umgangen; kurz darauf kommt man in eine Mulde, aus der rechtshaltend der Gipfelfirst gewonnen wird. Der höchste Punkt (2945 m) ist ausgesetzt.

**Abfahrt:** Wie Aufstieg.

**Variante Direktabfahrt:** Vom Gipfel kurz auf dem Anstiegweg zurück in die Mulde, dann direkt über die O-Flanke hinunter (32° auf 250 Hm), wobei es zweimal eine sehr steile Durchfahrt zwischen Felsen zu erwischen gilt. Nur bei besten Verhältnissen! Schwierigkeit: SGS.

## WOCHENENDE IM PIZ-D'ERR-GEBIET

### ALBULA-ALPEN

Die Albula Alpen sind ein sehr vielfältiges Tourengebiet. An schönen Wochenenden aber nur dort überlaufen, wohin man mit dem Auto am leichtesten zu den Ausgangspunkten kommt: in der Umgebung des Julier- und in der Umgebung des Flüelapasses. Gut besucht ist auch unser Stützpunkt, die Chamanna Jenatsch des SAC (2652 m). Die meisten Tourengeher steigen vom Julierpass zur Fuorcla d'Agnel auf und fahren zur Hütte ab. Zurück geht es dann auf dem gleichen Weg zum geparkten Auto. Benützer öffentlicher Verkehrsmittel haben es besser. Sie können ungebunden die schönsten Routen quer durch diesen herrlichen Teil der Albula Alpen wählen.

**Anreise:** Von Chur mit der RhB [940] zur Haltestelle Preda (1789 m), der letzten vor dem Albulatunnel. Die Strecke Bergün – Preda ist ein wahres Meisterstück der Eisenbahntechnik, bei dem die Züge über Kehrtunnels an Höhe gewinnen.

**Rückreise:** Von Tinizong mit dem Postauto [900.85] nach Tiefencastel und mit der RhB [940] nach Chur.

**Ausgangspunkt**: Bahnhof Preda (1789 m).

**Unterkunft:** Chamanna Jenatsch SAC (2652 m), 60 Plätze (im Winterraum 21), um Ostern und Pfingsten bewartet, Tel. 082/32 9 29. In Preda: Hotel Kulm, Tel. 081/73 12 82 (im März geöffnet).

**Material:** Normale Skitourenausrüstung.

**Karten:** 258 S Bergün, 268 S Julierpass; 1236 Savognin, 1237 Albulapass, 1256 Bivio.

**Jahreszeit:** Von Februar bis April möglich, im April im letzten Teil zu Fuss nach Tinizong.

PIZ D'AGNEL (3 205 m ) – TSCHIMA DA FLIX (3 302 m)

Diese Ergänzungs-Tour kann gut von der Chamanna Jenatsch aus oder gar mit einem Zustieg vom Julierpass zur Hütte verbunden werden. Das Erreichen des Ausgangspunktes La Veduta ist dank des auch im Winter über den Julierpass verkehrenden Postautokurses möglich, allerdings nicht am frühen Morgen. Deshalb muss dort im Restaurant übernachtet werden, was unter Umständen zu Engpässen (nur zwei Doppelzimmer) führt. Wer von dieser Seite die Jenatschhütte erreicht, kann am folgenden Tag gut den gleichnamigen Gipfel und seinen Nachbarn, den Piz Laviner, besteigen und dann nach Preda oder nach Tinizong abfahren.

**Anreise:** Mit dem Postauto [900.84] von Chur via Lenzerheide nach St.Moritz: nur 1 Kurs zwischen Ende Dezember und Anfang April, sogenannter »Julier-Express«; Chur ab um 9 Uhr, La Veduta an nach 11 Uhr. Wer am Nachmittag dorthin anreisen will, muss den Retourkurs in St.Moritz (Abfahrt nach 16 Uhr) mit der Bahn erreichen. Platzreservierung unerlässlich (Postautodienst Chur Tel. 0 81/22 38 23).

**Unterkunft:** Restaurant La Veduta (2 233 m) 1 km westlich unterhalb der Julierpasshöhe, 2 Doppelzimmer, Tel. 082/48 1 33.

**Schwierigkeit:** GAS. Geringe Lawinen- und Spaltengefahr.

**Höhenunterschied:** Aufstieg 970 + 240 m (= 1 210 m); Abfahrt 140 m + 650 m (= 790 m).

**Zeit:** La Veduta – Piz d'Agnel 3½ Std.; Piz d'Agnel – Tschima da Flix 1 Std.; Tschima da Flix – Chamanna Jenatsch 1 Std. Gesamt 5½ Std.

**Lage:** Aufstieg mehrheitlich S, zuletzt N und W; Abfahrt N.

**Aufstieg Piz d'Agnel – Tschima da Flix:** Von La Veduta (2 233 m) 300 m Richtung Bivio, bis die Strasse eine scharfe Linkskurve beschreibt. In der Val d'Agnel aufwärts. Sperrende Felsen bei etwa 2 600 m links umgehen, weiter in die Fuorcla d'Agnel (2 983 m); von hier aus kann die Chamanna Jenatsch auch direkt erreicht werden. Geringfügiger Abstieg auf den Vadret d'Agnel, dann scharf nach Westen zur Fuorcla da Flix (3 065 m). Über den mässig steilen, aber etwas exponierten NW-Grat auf den Piz d'Agnel (3 205 m). Abfahrt zur Fuorcla da Flix und über den oft abgewehten S-Rücken auf die Tschima da Flix (3 302 m).

**Abfahrt zur Hütte:** Bei der Abfahrt über den Vadret Calderas hält man sich besser rechts. Wegen der windgeschützten Nordlage meist guter Pulverschnee. Durch das Talbecken zur Chamanna Jenatsch (2 652 m).

**35** Piz Laviner (3 137 m)
*Von Preda durch die Val Mulix zur Chamanna Jenatsch*

Unser Aufstieg führt über eine Route, die man sich für einen späteren Aufenthalt als Abfahrt vormerken sollte: grossartige, einsame Kare mit jener Steilheit, die die Herzen der (guten) Skiläufer höher schlagen lassen. Unsere Abfahrt zur Chamanna Jenatsch dagegen besteht weitgehend aus Querungen. Da tröstet die Vorfreude auf den nächsten Tag!

**Schwierigkeit:** GAS. Lawinengefahr vor allem oberhalb der Alp Mulix!

**Höhenunterschied:** Aufstieg 1 390 m; Abfahrt 490 m.

**Zeit:** Aufstieg 4½ Std.; Abfahrt 1 Std.

**Lage:** Aufstieg NO; Abfahrt SO.

**Aufstieg:** Von der Bahnstation Preda (1 789 m) leicht abwärts durch den flachen Talboden zum Weiler Naz (1 747 m). Am linken Ufer der Ava da Mulix durch Waldschneisen und lichten Wald über die Alp Mulix (2 001 m) Richtung Talschluss. Der Talschluss ist durch einen Felsab-

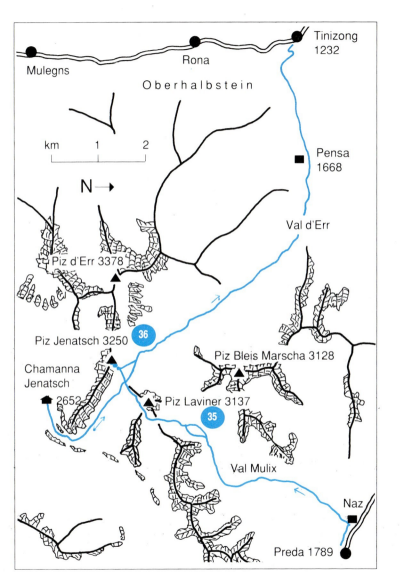

Mulegns

Rona

Tinizong
1232

O b e r h a l b s t e i n

km 1 2

N→

Pensa
1668

Val d'Err

Piz d'Err 3378

Piz Jenatsch 3250

36

Piz Bleis Marscha 3128

Chamanna
Jenatsch

2652

Piz Laviner 3137

35

Val Mulix

Naz

Preda 1789

139

bruch gesperrt. Man umgeht ihn links (östlich) und steigt auf, bis man oberhalb des Abbruchs wieder einqueren kann (heikelste Stelle des Anstiegs!). Man steigt Richtung W querend auf und biegt dann nach S in eine steile Mulde ein, die anschliessend durch ein sanfteres Gegenstück und zur Fuorcla Biever (2 949 m) führt. Die Beschreibung klingt komplizierter, als der Anstieg ist: Man wird gewissermassen durch die begrenzenden Felsflanken »geführt«. Von der Scharte quert man unterhalb des Gipfelaufbaus nach rechts, bis man eine deutlich ausgeprägte Rinne sieht, die vom Gipfel herabzieht. Zu dieser Rinne steigt man auf. Skidepot. Je nach den Verhältnissen über steilen Firn und/oder unschwierige Felsen zum höchsten Punkt des Piz Laviner (3 137 m).

**Abfahrt:** Vom Skidepot quert man in die Mulde ein, die von der Einsattelung zwischen Piz Jenatsch und Piz Laviner herabzieht. Frühzeitig, jedenfalls aber vor einem deutlichen Flachstück in einer Höhe von etwa 2 700 m, hält man sich nahe der rechten Flanke. In einem Rechtsbogen um P. 2 663 m herum und in einer langen Querung (felsdurchsetzt, steil, aufgrund der Sonnenlage am Nachmittag Nassschneerutsche möglich) zur Chamanna Jenatsch (2 652 m).

# 36 Piz Jenatsch (3 250 m)

*Chamanna Jenatsch über den NO-Grat, Abfahrt nach Tinizong*

Aussichtsreiche Gipfel gibt es viele, kaum einen aber, der mit einer Riesenabfahrt wie der Piz Jenatsch aufwarten kann: Sie führt bei guter Schneelage bis nach Tinizong (1232 m) – 2 000 Hm! Hütte und Gipfel haben ihren Namen nach dem wehrhaften Bündner Politiker Jürg Jenatsch (1596–1639), dem Conrad Ferdinand Meyer ein lesenswertes literarisches Denkmal gesetzt hat.

**Schwierigkeit:** GAS. Mässige Lawinengefährdung, vor allem bei der Querung steiler Flanken.

**Höhenunterschied:** Aufstieg 600 m; Abfahrt je nach Schneelage bis zu 2 000 m.

*Abb. rechts: Wie auf einer Himmelsleiter aus Firn steigt man zwischen Sonne und Schatten die letzten Meter zum Rheinwaldhorn (3 402 m, Tour 52) empor.*

**Zeit:** Aufstieg 2 – 2$^1$/$_2$ Std. Die Riesenabfahrt nach Tinizong kann viel Zeit kosten, abhängig vom skiläuferischen Können, der Zahl der Teilnehmer, vor allem aber von der Qualität und Quantität der Schneeverhältnisse, die es vielfach nur erlauben, bis zum Weiler Pensa (1 668 m) abzufahren; man sollte mit mindestens 2$^1$/$_2$ Std. rechnen.

**Lage:** Aufstieg SO, NO; Abfahrt NW.

**Aufstieg:** Wie bei der Abfahrt vom Piz Laviner von der Hütte in einem weiten Bogen um die südöstlichen Ausläufer des Piz Jenatsch (»Crasta Jenatsch«, P. 2 963 m) herum und weiter zum Vadret Laviner. Über den kleinen Gletscher zur Fuorcla Laviner (3 002 m). Skidepot. Ausgezeichnete Skiläufer können bei sicheren Schneeverhältnissen die Ski noch weit hinauf mitnehmen (bis 40° steil). Über den Nordostgrat (meist gute Stapfen, gelegentlich Blöcke) ohne besondere Schwierigkeiten zum Gipfel des Piz Jenatsch (3 250 m).

**Abfahrt:** Wer die Ski höher oben am Grat deponiert hat, fährt in die ungemein steile Nordostflanke ein. Skiläuferische Normalverbraucher beginnen die Abfahrt oberhalb der Fuorcla Laviner, immer noch ansehnlich steil (die obersten 300 Hm sind durchschnittlich 28° steil). Erst im Talschluss, bei P. 2 213 m, endet der skiläuferische Rausch vorerst. Ziemlich sanft geht es zur Alp d'Err (2 177 m) hinaus und – je nach den Verhältnissen im Talboden oder auf einem Fahrweg auf der rechten Talseite – weiter zur Alp Viglia (1 974 m). Spannend wird es noch einmal bei einer Bachschlucht, die man am besten auf einem Weg, diesmal auf der linken Talseite, überwindet. Wenig später wird das Almdorf Pensa (1 668 m) erreicht. Am Ende des Talbodens (1 659 m) beginnt eine Fahrstrasse, die nach Tinizong (1 232 m) hinabführt. Sie lässt sich nur selten abkürzen, weil sie in einer langen Querung um einen Bergrücken führt. Reicht der Schnee nur mehr bis Pensa, kann man seinen Vorsätzen, nur öffentliche Verkehrsmittel zu benützen, untreu werden und sich am Vortag ein Taxi zum letzten Schneefleck bestellen – eine lässliche Sünde nach einer so langen und kraftraubenden Abfahrt (Tel. 0 81/71 1 161).

*Abb. links: Auto- und Pferdegerüche auf der Fahrstrasse in Fextal kann man sich sparen, wenn man sich dem Ausgangspunkt zum Piz Tremoggia (3 441 m, Tour 55) auf dem Umweg über die unbedeutende Kuppe Muott Ota nähert. Man erreicht Crasta in einer hübschen Abfahrt. Der zeitliche Mehraufwand beträgt etwa 1 Std. Das Foto wurde auf diesem lohnenden Umweg aufgenommen. Es zeigt den Silser See, darüber die mächtige Ostflanke des Pz Lagrev, links davon der Piz Emmat Dadaint.*

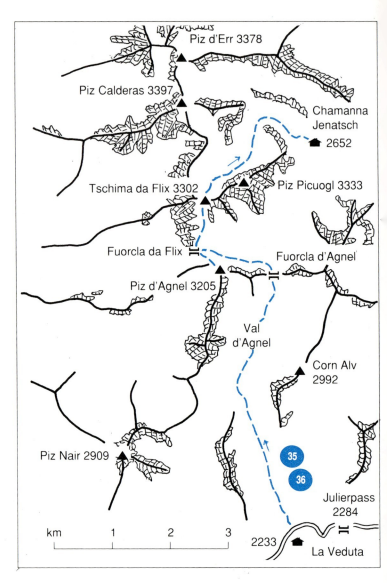

Piz d'Err 3378

Piz Calderas 3397

Chamanna
Jenatsch
2652

Tschima da Flix 3302

Piz Picuogl 3333

Fuorcla da Flix

Fuorcla d'Agnel

Piz d'Agnel 3205

Val
d'Agnel

Corn Alv
2992

Piz Nair 2909

35

36

Julierpass
2284

km        1        2        3

2233

La Veduta

# Skitouren im April

Im April beginnt die Saison der Skihochtouren so richtig anzulaufen, mit ganz hohen Bergen, mit Gletschern meistens und allem, was dazu gehört, mit Gipfelanstiegen zu Fuss teilweise, mit gut bis zu gut besetzten Hütten.

Und doch locken weniger hohe und unvergletscherte Berge noch, auch wenn die Ski manchmal schon eine halbe Stunde lang bis zur Schneegrenze getragen werden müssen. Ideale Firnverhältnisse finden sich unterhalb von 3000 m häufig im April, in sonn- wie schattseitigen Hängen. Das unstabile Aprilwetter bringt Schneefälle mit sich, was im Hochgebirge zu tagelangem Andauern von gefährlichen Lawinenverhältnissen führt, während das Vorgebirge schneller wieder zugänglich ist. Und noch etwas muss, wie schon seit März, aber nun in verstärktem Masse beachtet werden: die tageszeitliche Erhöhung der Lawinengefahr. Ein in den frühen Morgenstunden sicherer Hang kann schon am Mittag gefährlich sein. Deshalb muss die Lage der Hänge – besonders derjenigen, die sich oberhalb der befahrenen Route befinden – bei der Routenplanung berücksichtigt werden. Ein weiterer Ratschlag: früh aufstehen. Auf Frühlingsskitouren ist man nie zu früh, aber häufig zu spät dran. Letzteres gilt für grosse, mehrtägige Touren im ewigen Schnee und Eis wie auch für Tagestouren auf dem letzten Firn in den Voralpen. Man kann ja am Nachmittag nach- und vorschlafen, vor einer Hütte – oder vor einem Heustadel, wo die Krokusse für neues Weiss sorgen.

## WOCHENENDE AM SPLÜGENPASS

### Westalpen und Ostalpen

Den Pizzo Tambo hätten sie alle Jahre zweimal bestiegen, einmal im Sommer, einmal im Winter. Lydia Bivetti kommt ins Schwärmen. Jedes Wochenende hätten sie eine Skitour gemacht, Surettahorn, Chilchalphorn, Guggernüll, oft zusammen mit den Grenzwächtern: »Sie trugen uns den Rucksack, wenn wir die Zwischenverpflegung bereitstellten«. Wir trafen sie im Bazar von Splügen, einer ehemaligen Mühle am Stutzbach zwischen der Rheinbrücke und dem Posthotel Bodenhaus. Früher habe man den Weizen von Chiavenna über den Pass zum Mahlen gebracht, erzählt Frau Rüedi, Inhaberin des Bazars. Später zeigte sie uns noch die 300 Jahre alte Holzdecke in der Stube, mit Einschusslöchern von 1799, als die französische Armee das Dorf an zwei seit alters her wichtigen Alpenpässen (Splügen und San Bernardino) besetzt hatten.

Das ist Splügen: ein charaktervolles Dorf mit einer lebendigen Vergangenheit, verkehrsmässig günstig gelegen, und umgeben von grossen Skibergen. Kein Wunder, dass hierher nicht wenige Skitourenfahrer reisen. An einem schönen Frühlingswochenende kann es schon vorkommen, dass die 180 Betten der vier Hotels ausgebucht sind; dazu die Tagesausflügler aus Mailand, Stuttgart und Zürich. Am Nachmittag treffen sie sich mit roten Köpfen und glänzenden Augen vor den Hotels Suretta, Bodenhaus oder Tambo, bestellen Bier und Bündner Nusstorte, schwärmen von der Tour und planen die nächste.

**An- und Rückreise:** Mit der RhB [940] von Chur nach Thusis und mit dem Postauto [940.30] nach Splügen; die Station davor ist Sufers.

**Ausgangspunkt:** Splügen (1457 m).

**Unterkunft:** In 7435 Splügen verschiedene Hotels, Verkehrsverein Tel. 081/621332. Das Berghaus Splügen an der Passstrasse ist offen, wenn diese geöffnet wird; 18 Plätze, Tel. 081/621219; das Postauto fährt ab Mitte Juni über den Splügenpass.

**Material:** Steigeisen, Pickel und Seilerei für den Pizzo Tambo (am Gipfel muss unten Umständen gesichert werden). Für das Surettahorn genügen die Steigeisen; Vorsichtige nehmen für die Abfahrt über den spaltenarmen Surettagletscher die entsprechende Ausrüstung mit.

**Karten:** 257 S Safiental, 267 S San Bernardino; 1235 Andeer, 1254 Hinterrhein, 1255 Splügenpass.

**Jahreszeit:** März/April. Bei günstigen Verhältnissen natürlich auch schon früher. Vom Berghaus Splügen aus noch im Mai und anfangs Juni! Die Skilifte sind, genügend Schnee auf der untersten Piste vorausgesetzt, von Dezember bis etwa Mitte April in Betrieb. Automatischer Pisten- und Schneebericht, Tel. 081/621212.

**Ausweichtouren:**

*1) Guggernüll (2886m) statt Pizzo Tambo:* Von der Tanatzhöhi/Bergstation des zweiten Skiliftes (2117 m) kurz aufsteigen, dann Pistenabfahrt zur Tamboalp (2032 m). Über den Tambobach, nordwestwärts in eine breite, ziemlich steile Rinne hinauf und darin südwestwärts auf eine Anhöhe (P. 2455,1 m). Westwärts durch eine langgezogene Mulde weiter gegen den Übergang Gemschschluecht und auf dem SO-Grat, zuletzt einige Felsen knapp rechts umgehend, mit Ski bis zwei Meter unter den Gipfel des Guggernüll. Abfahrt wie Aufstieg, oder ab 2440 m

auf einer Rampe südwärts ausholend zum hinteren Kessel der Tamboalp. Von dort mit dem Sessellift auf die Tanatzhöhi. Schwierigkeit:
MS(GS); nicht ganz lawinensicher. Höhenunterschied: 850 m. Zeit:
2½ Std. ab Tamboalp. Bemerkungen: Tourenkarte wie für Tambo
lösen, schöner Blick auf ihn sowie auf Surettahorn, rassige Abfahrt.

*2) Mittaghorn (2 561 m) statt Surettahorn:* Auf der Surettahorn-Route
bis zur Waldgrenze und ostwärts zum Unter und Ober Surettasee. Von
der Seehütte nordostwärts flach in ein Tälchen hinein, darin linkerhand
hoch, bis es nach links verlassen werden kann. Über ein Flachstück und
zuletzt auf dem SW-Grat zum Mittaghorn; grosser Steinmann auf dem
Gipfelblock. Abfahrt wie Aufstieg. Schwierigkeit im Wald GS, oben MS;
bei richtiger Routenwahl fast lawinensicher (Gefahr im Tälchen).
Höhenunterschied: 1100 m. Zeit: 3–3½ Std. Bemerkungen: schöner
Blick ins Tal von Suretta, etwas flache Abfahrt.

*3) Skitouren von San Bernardino* (vgl. Skitouren fürs Wochenende,
Schweiz, Band 3; erscheint 92/93).

**Besonderes:** Splügen liegt an einer Wetterscheide (oft Alpensüdseite-
Wetter). Wenn Anreise nicht am Vorabend erfolgen kann, empfiehlt sich
als erste Tour das Surettahorn (allerdings mit Abfahrt über die NW-
Hänge zurück nach Splügen). Und: Von Splügen ist man rasch im
Safiental (Touren 33–34), im Avers (Touren 39–40 und 60–61) sowie
in der Rheinwaldhorn-Gruppe (Touren 50–53).


# Pizzo Tambo (3 279 m)

*Von Splügen*

Der Pizzo Tambo ist der erste Gipfel der Westalpen. Über den Splügenpass verläuft die allgemein anerkannte Grenze zwischen Ost- und
Westalpen (Bodensee–Rheintal–Chur–Hinterrhein–Splügen–Chiavenna–Lago di Como–Lecco). Der Pizzo Tambo ist gleichzeitig der
höchste Punkt der 60 km langen Gebirgskette, die sich vom Rheinwald
in Nord-Süd-Richtung bis hinunter zum Monte Boglia bei Lugano
erstreckt und welche die Grenze zwischen Italien und der Schweiz bildet. Der Pizzo Tambo ist aber vor allem als vierkantige, steilflankige
Pyramide einer der formschönsten und auffälligsten Gipfel der Bündner
Berge. Und schliesslich ist der Pizzo Tambo auch ein grossartiger Skiberg, der trotz seines bequemen Zugangs mit Skiliften erfahrene Skialpinisten verlangt und diese mit einer langen, abwechslungsreichen

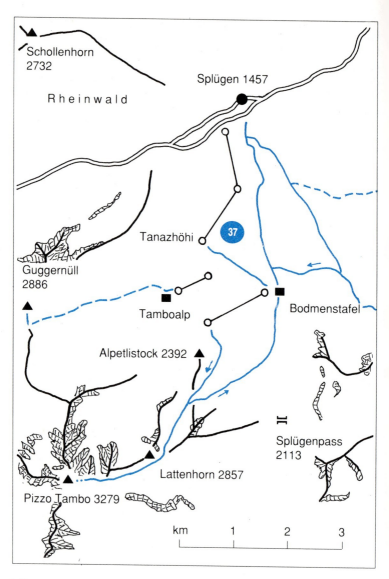

Schollenhorn
2732

Rheinwald

Splügen 1457

Tanazhöhi

37

Guggernüll
2886

Tamboalp

Bodmenstafel

Alpetlistock 2392

Splügenpass
2113

Lattenhorn 2857

Pizzo Tambo 3279

km    1    2    3

Abfahrt verwöhnt. Sie würde jedoch ihre Klasse durch die projektierte Verbindung der Liftanlagen Splügens und Monte Splugs mit der geplanten mechanischen Erschliessung des Lattenhorns verlieren.

**Schwierigkeit:** GAS. Obwohl der Pizzo Tambo viel besucht wird, ist die Tour kein Morgenspaziergang. Am O-Grat ist eine Rinne auf 160 Hm 35° steil. Der Gipfelaufstieg zu Fuss ist sehr steil und ziemlich ausgesetzt; der Einstiegskamin in die Gipfelfelsen ist mindestens eine IIer-Stelle, ohne Eis (bei vielen Seilschaften kommt es zu Staus). Lawinengefahr beim Nordausstieg am Lattenhorn und in der Steilrinne am O-Grat. Nur bei sicheren Verhältnissen.

**Höhenunterschied:** Aufstieg 1 060 m; Abfahrt vom Skidepot 1 650 m (bis zur Rheinbrücke in Splügen; die letzten 40 m meistens zu Fuss).

**Zeit:** Aufstieg 3$^{1}/_{2}$–4 Std. bis Gipfel; Abstieg mindestens 30 Minuten, Abfahrt 1$^{1}/_{2}$–2 Std.

**Lage:** NO, O.

**Besonderes:** Unbedingt bei Betriebsbeginn der Lifte (8 Uhr) losziehen (wenn in Betrieb!). 1 Std. von der Talstation bis zur Bergstation des Bodenstafel-Skilifts (P. 2 215 m) einplanen. Sogenannte Tourenkarte lösen (gilt für 3 Liftsektionen). Wer von Splügen auf der Abfahrtsroute aufsteigt, muss mit 5$^{1}/_{2}$–6 Stunden rechnen (1 820 Hm).

**Aufstieg:** Mit den beiden ersten Skiliftsektionen auf die Tanatzhöhi (P. 2 117 m), Schrägfahrt auf der Piste taleinwärts nach Bodmenstafel (1 790 m) und dem Bodmenstafel-Lift hinauf auf eine Schulter (P. 2 215 m) nördlich des Alpetlistocks. Anfellen. (Man kann auch von der Tanatzhöhi entlang der Piste hinauf). Den Alpetlistock in seiner O-Flanke flach ansteigend umgehen. Über den grossen Hang zwischen Pizzo Tamborello und Lattenhorn hinauf und Ausstieg über einen steilen und zuletzt schmalen Hang auf eine Schulter (ca. 2 770 m) auf dem O-Grat des Lattenhorns. Bei sehr sicheren Verhältnissen kann seine steile S-Flanke zum O-Grat des Pizzo Tambo gequert werden. Meistens ist es jedoch besser, gegen einen See schräg abzufahren. Auf der S-Seite des O-Grates zu einer steilen Rinne. Durch diese hinauf auf eine Eiskuppe und weiter auf der S-Seite des O-Grates an den Beginn des sehr steilen Gipfelaufbaus; Skidepot westlich P. 3 096 m. Zu Fuss über einen zusehends steiler und schmäler werdenden Firnhang zu den Gipfelfelsen. Durch einen offenen Kamin hochklettern und über den Fels- und Schneegrat weiter sehr abschüssig zum Gipfelkreuz des Pizzo Tambo (3 279 m).

**Abfahrt:** Wie Aufstieg bis vor die Querung um den Alpetlistock. Nun ostwärts hinunter, auf einem Rücken nördlich am Berghaus Splügen vorbei, in den Talboden. Auf der Passstrasse talaus, bis eine Piste rechts abzweigt und direkt durch den Taleinschnitt abwärts führt. Man kommt zu einem grossen Parkplatz (ca. 1 500 m). Auf der Strasse zur Rheinbrücke (1 457 m) von Splügen.

**Variante Splügenpass:** Von der Schulter auf dem O-Grat des Lattenhorns ostwärts weiter auf italienischem Staatsgebiet zum Splügenpass (2 113 m) und nordwärts in die Schweiz zurück.

## 38 Surettahorn (3027 m)

*Von Splügen mit Abfahrt durchs Tal von Suretta nach Sufner Schmelzi*

Das Surettahorn ist der erste Gipfel der Ostalpen – oder der letzte; es ist aber gewiss ihr westlichster Dreitausender. Das Surettahorn ist die Nummer zwei hinter dem Pizzo Tambo in Splügens Tourenangebot und ein vielseitiger Skiberg mit Routen auf allen Seiten. Bei der Abfahrt zurück nach Splügen sind einige Querungen nicht zu vermeiden. Grosszügiger ist die Abfahrt nach Suretta, in ein ursprüngliches Tal; doch wie so oft liegen Schönheit und Hässlichkeit ganz nahe beieinander: Die Suretta-Abfahrt endet an der Sufner Schmelzi, wo früher Eisen geschmolzen wurde und heute auf der N 13 Metallkarossen ununterbrochen vorüberlärmen.

**Schwierigkeit:** GAS. Der Gipfelanstieg ist bei günstigen Verhältnissen eine Schneestapferei, erst ganz oben einige Felsen; sehr gute Skifahrer können die Ski bis etwa 2950 m auf eine Schulter im N-Grat mitnehmen (39° steil). Bei überlegter Routenwahl wenig lawinengefährdet (ausser im Gipfelbereich). Die Abfahrt ins Tal von Suretta nur bei ganz sicheren Verhältnissen; die Strecke durch den Schwarzwald ist ruppig. Der Schwarzhorngletscher ist nur mehr ein Firnfeld; der Surettagletscher weist hingegen eine Eisbruchzone auf, die aber umfahren wird.

**Höhenunterschied:** Aufstieg 1 570 m; Abfahrt 1 690 m.

**Zeit:** Aufstieg 5 Std.; Abfahrt 2 – 3 Std.

**Lage:** Aufstieg NW; Abfahrt NO, N.

**Aufstieg:** Von der Rheinbrücke (1 457 m) in Splügen südwärts die Passstrasse hoch bis in eine Kurve (P. 1 492 m). Auf der teilweise bewaldeten, östlichen Begrenzung der Hüscherenbach-Schlucht an die Waldgrenze (P. 1 815,7 m). Schräganstieg über den grossen Westhang der Räzünscher Alpen bis in eine Mulde oberhalb des Chistentobels (ca. 2 200 m). Nun

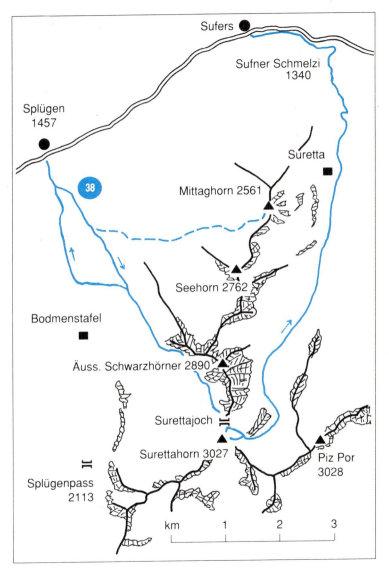

Sufers

Sufner Schmelzi
1340

Splügen
1457

38

Suretta

Mittaghorn 2561

Seehorn 2762

Bodmenstafel

Äuss. Schwarzhörner 2890

Surettajoch

Surettahorn 3027

Piz Por
3028

Splügenpass
2113

km    1    2    3

weiter in der Grundrichtung Südost zum Schwarzhorngletscher, in einer Folge von Mulden, die im Osten von den Felstürmen der Äusseren Schwarzhörner eingefasst sind. Den Schwarzhorngletscher südwärts durch ein Tälchen zu einem Sattel verlassen und dahinter linkshaltend ins Surettajoch (2 858 m). Zu Fuss (die Ski evtl. tragen) knapp östlich des im untern Teil felsigen Nordgrates über einen steilen Schneehang hoch, dann auf dem Grat selbst zum West- und Hauptgipfel des Surettahorns (3 027 m).

**Abfahrt:** Vom Surettajoch oder von der Schulter im N-Grat Querung des steilen Nordhanges in eine Firnlücke (ca. 2 860 m) im NO-Grat des Surettahorns (zwischen O-Gipfel und P. 2 795 m). Unter Umständen ist es aber besser, die Ski auf den Hauptgipfel mitzunehmen und über den luftigen Verbindungsgrat zum O-Gipfel zu tragen, um von dort zuerst kurz steil auf den Surettagletscher hinunterzufahren. Nun herrliche Abfahrt durch eine breite Mulde hinab. Auf etwa 2 500 m hält man in steilerem Gelände nach links hinüber, dann einfach in der Talachse bis auf die Talsohle hinunterschwingen. Zuerst links des Surettabaches, dann rechts, aber ab den Alpgebäuden definitiv links talauswärts und genau auf dem schmalen Alpweg durch den dichten Schwarzwald nach Sufner Schmelzi. Rechtshaltend unter der Autobahn hindurch zu Gebäuden (1 340 m). Talaufwärts auf dem Wanderweg (und über eine gedeckte Holzbrücke) etwa 30 Min. nach Sufers (1 426 m) und seiner Postauto-Haltestelle marschieren.

**Variante:** Wer vom Surettahorn nach Splügen zurückfährt, sticht mit Vorteil nördlich des Chistentobels in der Fallinie auf die Passstrasse hinab.

# ERSTES WOCHENENDE IM AVERS
## Oberhalbsteiner oder Averser Alpen

»Wandert in der Schweiz, solang es sie noch gibt«, das ist der Titel eines Wanderbuches, das 1987 erstmals erschien und seither nichts von seiner Aktualität verloren hat. Der Autor Jürg Frischknecht beschreibt darin vorder- und vor allem auch hintergründig »35 Wanderungen durch Gegenden, die noch in diesem Jahrhundert für Stauseen, Schiessplätze, Autopisten und den Touristenzirkus geopfert werden sollen« (Klappentext). Auch unser erstes Wochenende im Hochtal Avers berührt solche Gegenden: Von den beiden Gipfeln am ersten Tag sehen wir in das stauseebedrohte Val Madris hinab (vgl. Tour 58); am Ostfuss des Piz Platta, den wir am folgenden Tag überschreiten, liegt die Val Bercla, die überflutet werden soll, womit eine der ganz grossen Abfahrten in Graubündens Bergen direkt in einem Stausee enden würde. Für das Elektrizitätswerk der Stadt Zürich, das diesen Pumpspeicher bauen und betreiben will, ist dies kein Gegenargument für ihre geplante Atomstrom-Veredelungsanlage.

»Auch wenn wir uns auf alten Walserpfaden befinden, so scheint es mir notwendig, die aktuellen Probleme, die unsere Wanderungen immer wieder tangieren, nicht ausser acht zu lassen«, schreibt Kurt Wanner in seinem 1989 erschienenen Wanderbuch »Unterwegs auf Walserpfaden«. Diese Bemerkung zur Wanderung aus dem Avers über die Fallerfurgga in die Val Bercla dürfen wir auch auf Skitouren ganz allgemein beziehen, wenn der Schnee die Gebirgslandschaft noch reiner und heiler macht. »Der Zauber der Alpenwelt, der uns stets von neuem beeindruckt, sollte nicht zu einem faulen Zauber werden«, heisst es weiter in diesem Wanderbuch: »Es geht einfach nicht an, dass wir in die Berge gehen und dort genau das zerstören, was wir angeblich suchen: die reine Luft, die Ruhe und Stille, die intakte Landschaft… Wenn wir uns an den Naturschönheiten der Berge freuen, sollten wir uns auch verpflichtet fühlen, für deren Erhaltung einzustehen – sonst verlieren wir den letzten Rest an Glaubwürdigkeit.«

**Anreise:** Mit der RhB [940] von Chur nach Thusis und mit dem Postauto [940.40] nach Avers (Cresta oder Pürd).

**Rückreise:** Von der Haltestelle am Marmorera-Staudamm oder von Sur mit dem Postauto [900.85] nach Tiefencastel (oder natürlich auch über den Julierpass ins Engadin!) und mit der RhB [940] nach Chur.

**Ausgangspunkt:** Cresta (1959 m) oder Pürd (1921 m) im Avers.

**Unterkunft:** Kur- und Sporthotel Cresta, Zimmer und Lager, Telefon 081/631 55: 1895/96 als erstes Hotel im Avers erbaut. Hotel Pürterhof in Pürd, Tel. 081/63 11 13: ein uraltes Walserhaus mit viel Ambiente und allem nötigen Komfort. Eines der beiden Hotels ist immer offen (gilt besonders für die kritische Zeit nach Ostern!). Für weitere Unterkünfte vgl. Touren 58 – 59 und 60 – 61.

**Material:** Pickel und Steigeisen für den Piz Platta; evtl. Seil zum Sichern wenig erfahrener Skialpinisten.

**Karten:** 267 S San Bernardino, 268 S Julierpass; 1255 Splügenpass, 1256 Bivio, 1275 Campodolcino (nur für den alleobersten Teil des Chlin Hüreli).

**Jahreszeit:** Grosshorn/Chlin Hüreli von Dezember bis anfangs Mai. Piz Platta März/April, bei sicheren Verhältnissen.

**Ausweichtour:** Statt Piz Platta der Piz Piot (Tour 61) von Juf oder evtl. auch das Gletscherhorn (Tour 60) aus der Bergalga; weitere leichtere Touren aus diesem Averser Seitental sind der Bödengrat (2 952 m) oder der Wissberg (2 980 m). Vom hintersten Täli beim Aufstieg auf den Piz Platta kann leicht und sicher nordwestwärts die Tälifurgga und von dort über den O-Rücken der Nordgipfel (2 981 m) des Mittler Wissberg erreicht werden (Schwierigkeit GS, 3¹/₂ Std. von Cresta oder Pürd). Und wenn die Verhältnisse gar garstig sind, kann in Juppa mit dem Skilift gefahren werden.

**Besonderes:** Wem dieses Averser Wochenende mit dem kleinen Grosshorn und dem grossen Piz Platta zuwenig ausgewogen ist, steigt am Samstag aufs Gletscherhorn (Tour 60). Eine grössere Herausforderung ist der Piz Timun (3 208 m) aus der Val Niemet; jedoch gab es – wenigstens im Winter 90/91 – keine Unterkunft im Ausgangspunkt Innerferrera; um den Engpass zu überwinden, übernachtet man am besten weiter talaufwärts und fährt mit dem ersten Postauto frühmorgens talaus.

---

**39** Grosshorn (2 780 m) – Chlin Hüreli (2 789 m)
*Von Cresta oder Pürd über die NO-Seite*

Das Grosshorn sowie das benachbarte, neun Meter höhere Kleinhorn, auf den jüngeren Blättern der Landeskarte Chlin Hüreli genannt (aber nicht zu verwechseln mit dem 1 km weiter südwestlich gelegenen Chlin Horn!), gehören zu den beliebtesten Skitouren im Hochtal Avers. Dieses sonnige Tal, als walserisches Siedlungsgebiet eine deutschsprachige Insel in rätoromanischem und italienischem Sprachgebiet, ermöglicht von seinen hochgelegenen (Juf ist das höchstgelegene, ganzjährig bewohnte Dorf in den Alpen) und schönen Bauernbergdörfern aus viele überaus reizvolle Skitouren. Grosshorn und Chlin Hüreli, die gut miteinander kombiniert werden können, sind leicht und bei geschickter Spuranlage auch sicher erreichbar, mit ihrer breiten NO-Seite skiläuferisch zudem lohnend. Wenn die Witterung nicht zu warm ist, können Anreise, Aufstieg und Abfahrt auch an einem Tag erfolgen. Im weiteren hat man von den beiden Gipfeln einen guten Blick auf den Piz Platta mit seinem herausfordernden Westaufstieg. Normalerweise wird die Gross- und Kleinhorn-Tour von Pürd aus gemacht, da so weniger weit zum

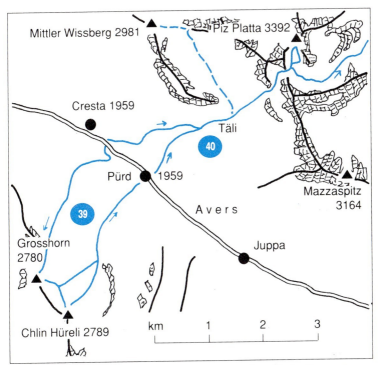

Averser Rhein abgestiegen werden muss, und weil die Route kaum
Wald berührt. Abenteuerlicher ist der Aufstieg von Cresta, der bei viel
Schnee mit einer heiklen Abfahrt beginnt. Im April freilich legt man
diese Strecke meistens zu Fuss zurück, vorbei an Crestas weisser Pfarrkirche, die als eine der schönstgelegenen der Schweiz bezeichnet werden darf.

**Schwierigkeit:** MS. Nur die beiden Gipfelhänge sind etwas steiler und
unter Umständen auch schneebrettgefährlich. Die Route über den NO-
Rücken zum Chlin Hüreli ist lawinensicher. Aufstieg von Cresta nur
empfehlenswert, wenn der Abstieg über den teils ausgesetzten Pfad
hinab zum Rheinstieg weitgehend schneefrei ist.

**Höhenunterschied:** Aufstieg 920 + 240 m (= 1160 m); Abfahrt 230 +
890 m (= 1120 m). Dazu noch Abstieg und Wiederaufstieg zwischen Cre-
sta/Pürd und Averser Rhein.

**Zeit:** Aufstieg 3 Std. + 45 Min.; Abfahrt 15 Min. + 1 Std. Insgesamt 5 Std.

**Lage:** NO.

**Aufstieg Grosshorn von Cresta:** Von Cresta (1 959 m) zur alleinstehenden Pfarrkirche und weiter taleinwärts steil auf einem schmalen und teils ausgesetzten Pfad hinab zu einem Steg (ca. 1 860 m) über den Averser Rhein. Dann steil und etwas ruppig direkt durch den Wald auf ein Strässchen hoch, darauf talauswärts bis zu einer Hütte und durch lichten Arvenwald südwestwärts in die Höhe. Nun die offenen, von Rücken und Mulden gebildeten NO-Hänge zum Grosshorn ansteigen, dessen Gipfelhang durch ein Tälchen erreicht wird. Hier hinauf und zuletzt über den N-Grat zum breiten Gipfel (2 780 m).

**Überquerung Grosshorn–Chlin Hüreli:** Bei günstigen Verhältnissen möglichst direkt über die O-Flanke abfahren und rechtshaltend auf den Fuss des steilen N-Hanges des Chlin Hüreli zusteuern (P. 2 555 m). Durch diesen Hang linkshaltend hoch und zuletzt über den NO-Rücken auf den schmalen Gipfel (2 789 m). Sicherer ist es allerdings, den NO-Rücken des Chlin Hüreli weiter unten bei P. 2 469,5 m zu gewinnen.

**Abfahrt Chlin Hüreli nach Pürd:** Über den NO-Rücken, der auf etwa 2 550 m nach N umbiegt. Weiter unten verliert er sich in den Hängen der Pürder Alpa. Sie führen an den Ausläufern des Capettawaldes vorbei zu einer Brücke (ca. 1 890 m) über den Averser Rhein. In ein paar Minuten hinauf nach Pürd (1 921 m). Wer nicht zum Gasthof bzw. zur Postautohaltestelle will, geht linkshaltend zum Wanderweg, der unterhalb der Strasse zur Kirche von Cresta hinüberzieht.

 **40**

# Piz Platta (3 392 m)

*Von Cresta/Pürd zum Lai da Marmorera*

Im Skitourenführer »Graubünden« des Schweizer Alpen-Clubs wird der Piz Platta als der »mit Abstand schönste Skiberg des Oberhalbsteins und vielleicht auch Graubündens« bezeichnet. Tatsächlich ist es schon erstaunlich, dass es an diesem wuchtigen Berg, dem höchsten zwischen Piz Corvatsch und Rheinwaldhorn, gleich zwei Skirouten gibt, die sich zu einer grossartigen Überschreitung von West nach Ost verbinden lassen. Die Abfahrt in die Val Bercla ist zweifellos gewaltig, aber ist der Piz Platta wirklich der schönste Skiberg im Land der 150 Täler, wenn man die obersten 150 bis 200 m zu Fuss zurücklegen muss? An der Aussicht indes gibt es nichts zu rütteln: Von den weissen Verlockungen des Avers

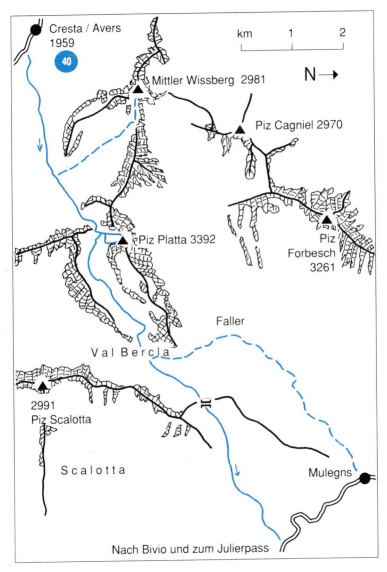

über die Granitzacken des Bergell, die hochaufragenden Berninaspitzen, über den fernen Ortler und die nahen Gipfel der Piz d'Err-Gebietes mit ihren Steilabfahrten bis zum Tödi und Oberalpstock, zu den Berner Alpen mit dem Eiger und den Walliser Alpen mit dem Matterhorn – lange, sehr lange könnte man auf dem flachen Dach des Piz Platta verweilen und in die Runde schauen.

**Schwierigkeit:** GAS. Die Schwierigkeiten liegen eher im alpinistischen als skiläuferischen Bereich (es sei denn, man fährt nach Cresta zurück). Aufstieg: Der grosse Steilhang aus dem hintersten Täli ist bis 37° steil; die abschüssige Schneerinne, die in eine Lücke nördlich von P. 3137 m führt, ca. 45° auf 100 Hm. Nun bleiben noch die beiden Gipfelanstiege: Die Schrofen-Rinne in der W-Flanke des Gipfelkopfes ist kürzer (ca. 150 Hm), steiler (um 50°), ausgesetzter und schattiger als die Firnrinne in der S-Flanke. Einzelne steilere Hänge bei der Abfahrt in die Val Bercla (der harmlose Plattagletscher ist 33° auf 160 Hm). Lawinengefahr an mehreren Stellen; nur bei sicheren Verhältnissen.

**Höhenunterschied:** Aufstieg 1430 m + 180 m mit Wiederaufstieg zum Muttans Südsattel; Abfahrt 1170 + 720 m (= 1890 m).

**Zeit:** Aufstieg 5 Std.; Abfahrt mit Wiederaufstieg 3 – 4 Std.

**Lage:** Aufstieg W, SW; Abfahrt NO, O.

**Aufstieg:** Von Cresta (1959 m) entlang dem Sommerweg ostwärts ins Täli hinein, wobei es bequemer ist, wenn die jähen Grashänge unter dem Inner Wissberg aper sind. Von Pürd (1921 m) nordwärts einen steilen Grashang hoch, der links von Lawinenverbauungen begrenzt ist; auf dem Rücken südlich des Mallegabaches ansteigen und auf etwa 2 200 m links auf die Sonnenhänge hinüberqueren. Vom hintersten Täli, unterhalb von Büel, nordostwärts einen steilen, von einer Terrasse unterbrochenen Hang hoch, der in ein auffälliges Becken führt. (Sein Zugang kann auch erreicht werden, indem man vom hintersten Täli südwestwärts die Bandseen anpeilt und dann am Fuss der felsigen Westseite des Tällihorns nordwärts ansteigt.) In der Mulde steigt man auf der rechten Seite schräg einen zusehends steileren Hang an. Er setzt sich in einem sehr steilen, felsdurchsetzten Couloir fort, das sich linkshaltend in eine

*Abb. rechts: Der letzte Teil des Anstiegs auf den Muttler (3 294 m, Tour 57) ist auf dem Bild gut einzusehen. Er kann sowohl von links über den leicht verwächteten Grat als auch (etwas leichter) von rechts her erfolgen. Die Abfahrt über die Steilflanke erfordert gutes skiläuferisches Können und sichere Schneeverhältnisse.*

Lücke nördlich von P. 3 137 m im N-Grat des Tällihorn hinaufzieht (Ski tragen). Nun sieht man den Gipfelkopf des Piz Platta, der sich auf zwei Routen besteigen lässt: **a)** durch eine Mulde nordwärts zum Beginn des Westgrates des Piz Platta, Skidepot auf etwa 3 220 m. Über Schrofen leicht rechtshaltend in eine sehr steile Firnrinne klettern, die direkt zum Gipfeldach führt. Nach links ein paar Meter zum höchsten Punkt (3392 m). **b)** Von der Lücke bei P. 3 137 m die Mulde queren und sich auf einem Band etablieren, die zur Rinne in der S-Seite des Piz Platta hinüberquert; Skidepot an ihrem Fuss auf ca. 3 160 m. Durch die Rinne direkt hoch aufs Gipfeldach.

**Abfahrt:** Von den jeweiligen Skidepots südwärts zum grossen Hang des Plattagletschers (ohne Namen auf der LK). Auf seinem linken (nörd-lichen) Ufer abwärts und weiter nordostwärts, in einer Folge von Rücken und Mulden, bis auf eine Verflachung auf etwa 2 420 m. Hier scharf nach rechts drehen und durch ein Tälchen steil in die Val Bercla hinab (der einzige Skiausgang aus der NO-Seite des Piz Platta). In der Val Bercla noch bis etwa 2 220 m abfahren.

**Wiederaufstieg und restliche Abfahrt:** Nordostwärts, bei den Lajets vorbei, in den breiten Sattel (ca. 2 400 m) südlich des Rückens Muttans (2440 m) aufsteigen. Nordostwärts durch eine Senke hinab an den Rand einer 100 m hohen Steilstufe. Diese am sichersten in ihrem mittleren Teil über einen Rücken überwinden und an ihrem Fuss rechtshaltend auf einen flachen Grat südlich von P. 2 168 m queren. Zuerst rechtshaltend, dann direkt die Hänge zu den Hütten von Pra Miez (1 912 m) abfahren (auf der Skiroutenkarte Julierpass, Ausgabe 1989, ist nach der Steilstufe eine weiter nördlich verlaufende Route eingezeichnet, die jedoch schneller ausapert). Auf der rechten Seite des Baches im Wald abfahren, bis links eine Lichtung kommt. Von hier zwei Möglichkeiten: **a)** entlang dem Sommerweg durch den Wald zum Staudamm des Lai da Marmorera und hinüber zur Postautohaltestelle (1 684 m); **b)** bei viel Schnee war es 1991 möglich, von der unteren linken Ecke der oben erwähnten Lich-tung durch eine Waldschneise abzufahren (auf der LK nicht eingezeich-net), die auf ein Strässchen führt. Zuletzt in offenem Gelände zu den

*Abb. links: Abfahrt vom Piz Palü (3 905 m, Tour 66). Die Überschrei-tung führt von rechts über die im Bild sichtbaren Gipfel und – nach dem Abstieg über den O-Grat – in den Palü-Sattel. Hier kann ange-schnallt und durch die Spaltenbrüche, durch die meist unübersehbare Spuren führen, abgefahren werden.*

Wochenendhäusern bei der Gelgia-Brücke (1 587 m). Hinauf zur Julier-passstrasse und hinunter zur Abzweigung (P. 1 538 m) nach Sur: Dort befinden sich ein Restaurant und ein Lebensmittelgeschäft.

**Variante Mulegns:** Es ist auch möglich, durch die Val Bercla bis auf die Alp Faller zu kurven und auf dem Strässchen durch die Val da Faller nach Mulegns (1 486 m) zu fahren bzw. zu marschieren.

## VERLÄNGERTES WOCHENENDE IM DUCAN-KESCH-GEBIET

### ALBULA-ALPEN

»Der Piz Kesch ist wohl der Sehnsuchtstraum der meisten Skifahrer, die in das 'Land der 150 Täler' kommen, soweit sie alpine Neigungen haben. Den Piz Kesch kennt jeder; er ist jedem genannt und gezeigt worden. Im Winter aber auf seinem Haupte zu stehen, bleibt für die meisten eben doch nur Wunsch und Traum. Denn der Piz Kesch ist hoch und steil und kalt.« Soweit ein Zitat aus Henry Hoeks 1931 in Hamburg erschienenen Buches »Schussfahrt und Schwung. Ein Brevier alpiner Abfahrten«.

Wer sich etwas für die Geschichte des Skilaufs in den Alpen, insbesondere aber im Raum Davos interessiert, wird um Dr. Henry Hoek keinen Bogen machen können noch wollen. Henry Hoek (1878–1951), in Davos als Sohn eines holländischen Rechtsanwalts geboren, Jugend in Holland, Auswanderung nach Deutschland, Studium (nun als deutscher Staatsangehöriger) der Geologie, als Offizier an der Ostfront, 1930 Auswanderung in die Schweiz und Niederlassung in Davos als Bergbuchautor, Sachbuchverfasser, Schriftsteller. Andere Stichworte zu seinem Leben: Pionier des Skilaufs im Schwarzwald, Skierstbesteiger des Finsteraarhorns (1901), des Strahlhorns (1901), des Wetterhorns (1903), um nur ein paar grosse Gipfel zu nennen. Ski-Erstbesteigungen im norwegischen Jöntunheimen. Eine Reihe Allein-Erstbesteigungen in den bolivianischen Anden. Deutscher Langlaufmeister im Jahr 1901. Veröffentlichte 1903 einen der allerersten Ski(touren)führer: »Skifahrten im südlichen Schwarzwald.« Zahlreiche weitere folgen, wie »Parsenn« und »Skitouren in den Bergen um Davos«. Das Lehrbuch »Der Ski und seine sportliche Benützung« ist eines der meistgelesenen in der Zwischenkriegszeit. Damals auch beliebt: sein Werk mit dem Titel »Schnee, Sonne, Ski«.

Hoek verfasste für den anfangs der 30er Jahre erschienenen »Allgemeinen Ski-Tourenführer der Schweiz« das Kapitel zu Davos. Darin heisst es über das Kühalphorn, den zweiten Gipfel unseres verlängerten Wochenendes im Ducan-Kesch-Gebiet: »Das Kühalphorn bietet als höchster Gipfel der gleichnamigen Bergkette eine prachtvolle Aussicht und ist leicht zu besteigen. (…) Als Skitour ist es zweifellos erstklassig.«

Nun fehlt nur noch der Gletscher Ducan, der erste Gipfel auf der unten vorgeschlagenen kleinen Haute Route durch die östlichen Albula Alpen. Auch hier ein Zitat von Henry Hoek, aus dem Jubiläumsjahrbuch des Schweizerischen Ski-Verbandes, 1929: »Von allen Hochgipfeln um Davos ist der Gletscher-Ducan mir der liebste Skiberg, dabei ein richtiger Gipfel, der auch den Bergsteiger erfreut.«

**Anreise:** Von Landquart mit der RhB [910] über Davos Platz nach Davos Glaris; hierher auch von Chur mit der RhB [910] über Filisur. Von Glaris mit dem Postauto [910.80] nach Monstein. Nach Glaris evtl. auch mit dem Postauto [900.86], das Davos Platz mit Lenzerheide verbindet; fährt der Kurs nach Monstein nicht mehr, so bleibt man in diesem Postauto bis zur Haltestelle Ardüsch an der Abzweigung der Strasse nach Monstein und geht von dort zu Fuss weiter. Eine letzte Möglichkeit: Mit der RhB bis Station Monstein und zu Fuss (oder mit Ski, falls Schnee!) gemütlicher Abendaufstieg von 300 Hm ins Dorf hinauf.

**Rückreise:** Entweder von der Haltestelle Madulain oder der Haltestelle Cinuos-chel-Brail mit der RhB [960] nach Samedan und weiter nach Chur [940].

**Ausgangspunkt:** Monstein (1626 m).

**Unterkunft:** Hotel Ducan in Monstein, Betriebsferien Mitte/Ende April, Mai, Tel. 081/491 13. Hotel Kurhaus in Sertig-Sand, Tel. 081/43 62 38; zur Skitourensaison geöffnet; 1991 war das Massenlager ein Loch, und die Zimmer 15 und 16 mit dem grossen Holzpritschenbalkon ein Traum. Chamanna digl Kesch SAC (2632 m), 85 Plätze (Winterraum mit 20 Plätzen), bewartet von Mitte März bis April sowie zuweilen an Pfingsten, Tel. 081/73 11 34.

**Material:** Für Gletscher Ducan und Chüealphorn genügen Steigeisen, für den Piz Kesch braucht man zusätzlich Pickel und Seil.

**Karten:** 258 S Bergün, 259 S Ofenpass; 1217 Scalettapass, 1237 Albulapass, 1238 Piz Quattervals.

**Jahreszeit:** März bis Mai. Im Mai die Tour vom Engadin her machen, um insbesondere von den Nordhängen im Sertig zu profitieren (vom Gletscher Ducan zurück ins Sertig abfahren, was eine Tour mit leichtem Rucksack ermöglicht).

**Ausweichtour:** Vom Gletscher Ducan zurück nach Monstein und mit Bahn und Postauto ins Sertig. An den nächsten Tagen nur Pässe statt Gipfel. Rückzug von der Chamanna digl Kesch am schnellsten nach Bergün, der erste Teil der Abfahrt ist allerdings lawinengefährdet.

**Besonderes:** Haute Route der Albula Alpen – vgl. Abschnitt »Touren-wochen« im Einleitungskapitel »Zwischen Säntis und Piz Bernina«.

## ④ Gletscher Ducan (3019 m)

*Von Monstein über die Fanezfurgga, Abfahrt Ducantal– Sertig*

Der Gletscher Ducan ist nicht der höchste, jedoch der geografisch wichtigste – und der Name sagt es schon – der einzige vergletscherte Gipfel im Gebiet, das durch Landwasser- und Abula-Tal sowie den Sertigpass begrenzt ist. Er markiert den südlichsten Punkt der Gemeinde Davos, die mit 254 km² Fläche die zweitgrösste der Schweiz ist. Auch das Walserdorf Monstein, auf einer zur Sonne gerichteten Terrasse in einem Seitenast des Landwasser-Tals, gehört dazu. Es wird meistens als Start und Ziel der Ducan-Tour gewählt; die Abfahrt nach Monstein ist abwechslungsreich und bei Schnee bis zur Bahnstation hinunter überaus lang. Skiläuferisch ebenbürtig ist die Abfahrt durchs Ducantal; vor allem kann der grosse, 700 m hohe Nordhang in einem Zug, ohne anschliessenden Wiederaufstieg zur Fanezfurgga, befahren werden. Allerdings ist eine Fahrt durch den schroffen und engen Ausgang des Ducantales ins Sertig hinab nur bei sicheren Schneeverhältnissen möglich; dasselbe gilt auch für den steilen Gipfelhang des Gletscher Ducan.

**Schwierigkeit:** GS (SGS), wenn vom Gipfel abgefahren wird. GAS, wenn man ihn zu Fuss über den NO-Grat erreicht. Der Gipfelhang ist auf 80 Hm 39°, das Schlussstück zum höchsten Punkt ist etwas weniger steil, dafür ausgesetzt. Der Steilhang bei Cheren ist auf 80 Hm ebenfalls 39°. Dort Lawinengefahr, sowie im Gipfelbereich des Gletscher Ducan. Gefahr von Nassschneerutschen bei der stark der Sonne ausgesetzten Querung von der Fanez- zur Ducanfurgga. Insgesamt braucht der Gletscher Ducan sichere Schneeverhältnisse.

**Höhenunterschied:** Aufstieg 1 390 m; Abfahrt 1 160 m.

**Zeit:** Aufstieg 4¹/₂ Std.; Abfahrt 1¹/₂ Std.

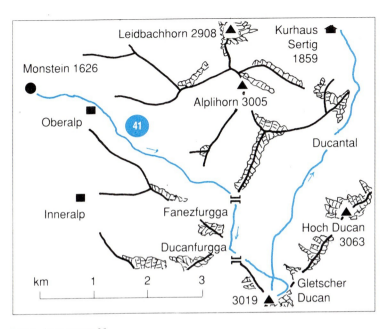

**Lage:** insgesamt N

**Aufstieg:** Von Monstein (1 626 m) auf oder entlang dem Strässchen ostwärts durch das Tal hinauf zur Oberalp (1 913 m). Taleinwärts weiter nördlich des Oberalpbaches bis hinauf auf die Verflachung von Fanezmeder (sie kann auch durch eine steile Mulde südlich des Baches erreicht werden). Südostwärts dem Talverlauf folgend über zwei Steilstufen hinauf zur Fanezfurgga (2 580 m). Dort horizontale Querung von Steilhängen hinüber zur Ducanfurgga; unter Umständen ist es sicherer und bequemer, bis auf etwa 2 540 m abzufahren und in einer links von Felsabbrüchen begrenzten Mulde aufzusteigen, um sie auf 2 600 m oder erst in der Nähe der Ducanfurgga (2 666 m) nach links zu verlassen. Südostwärts zum Ducangletscher ansteigen, wobei man die Spur möglichst geschickt im gewellten Gelände anlegt. Im Kessel auf ca. 2 850 m bieten sich zwei Möglichkeiten an: **a)** direkt über den steilen Gipfelhang in einen Schneesattel nördlich eines Felsturms, diesen rechts ausgesetzt umgehen und über einen kurzen Grat (Achtung vor Wächten) auf den Gipfel des Gletscher Ducan (3 019 m). **b)** Ostwärts, zuletzt auch ziemlich steil, in einen Sattel im NO-Grat des Gletscher Ducan (westlich von

P. 3 020 m). Auf dem zusehends schmäler werdenen Grat auf einen Felskopf, von dem man abwärts in eine Lücke zwischen ihm und dem oben erwähnten Felsturm klettern muss. Nun rechts um diesen Turm zur Aufstiegsroute a).

**Abfahrt:** In schwungvoller Abfahrt über den Ducangletscher nordwärts hinab, westlich an den auffallenden Kuppen von P. 2 780 m und 2676 m vorbei, bis auf einen Rücken südlich von P. 2 575 m. Ostwärts durch eine Mulde auf eine Art Terrasse und hart an ihrem östlichen Rand, den riesigen Nordhang des Chlein Ducan nur streifend, hinunter zum Talboden. Talauswärts durchs Ducantal, spätestens ab etwa 2 200 m auf der linken Talseite, bis zur Brücke über den Ducanbach. Auf der andern Seite steiler, kurzer Gegenanstieg auf die Terrasse von Cheren. Diese queren, bis man direkt ins Sertig hinabsieht. Nun genau entlang dem westlichen Sommerweg sehr steil durch das baum- und felsendurchsetzte Gelände hinunter in eine Lawinenrunse, der man abwärts zum Ducanbach folgt. Ihm entlang bis zum Kurhaus Sertig in Sand (1 859 m). Das Postauto fährt, entgegen der Eintragung in der Skiroutenkarte Bergün (Ausgabe 1991), bis dorthin und nicht nur bis Sertig-Dörfli.

**42** # Chüealphorn (3077 m)

*Von Sertig mit Überschreitung W-O zur Chamanna digl Kesch*

Der früher Kühalphorn geschriebene Gipfel erhebt sich zwischen dem Sertig- und dem Scalettapass als südlicher und höchster Punkt der Bergkette, die, im Davoser Hochtal mit dem Skigebiet Jakobshorn beginnend, die beiden Täler Sertig und Dischma trennt. Während der altbekannte Scalettapass der kürzeste Übergang von Davos ins Engadin ist, dient der Sertigpass heute vor allem dazu, von Norden her das Kesch-Gebiet und die gleichnamige Hütte zu erreichen. Dieser Zugang zur Chamanna digl Kesch von Sertig her erweist sich jedoch als recht lang und für den Skigenuss wenig ergiebig. Deshalb drängt sich der Umweg über das zwischen der Kesch- und der Grialetsch-Gruppe aussichtsreich gelegene und rassige Abfahrten bietende Chüealphorn geradezu auf.

**Schwierigkeit:** GAS, wenn man die Ski am O-Grat deponiert. SGS, wenn man vom Gipfelfirst über die kurze, aber sehr steile (42° auf 100 Hm, Beginn noch steiler) N-Flanke hinunterfährt (nur bei optimalen

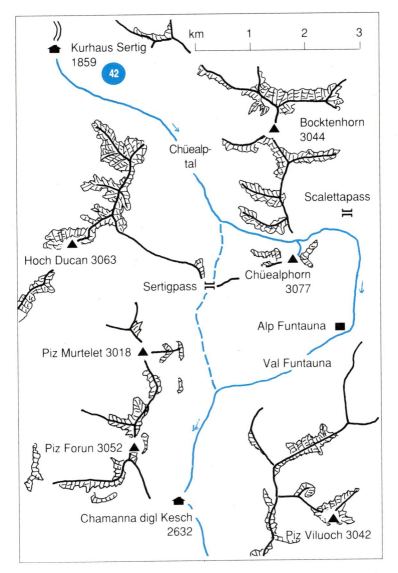

Kurhaus Sertig 1859

**42**

km   1   2   3

Chüealp-tal

Bocktenhorn 3044

Scalettapass

Hoch Ducan 3063

Chüealphorn 3077

Sertigpass

Alp Funtauna

Piz Murtelet 3018

Val Funtauna

Piz Forun 3052

Chamanna digl Kesch 2632

Piz Viluoch 3042

Verhältnissen). Schneebrettgefahr in den Steilstufen (oberster Hang auf 120 Hm 33°) beim Aufstieg durchs Gletschtälli auf die Chüealpfurgga; mässige Lawinengefahr an einigen Stellen bei der Abfahrt auf der Seite des Scalettapass zur Alp Funtauna. Vorsicht vor Lawinen aus den steilen Talseiten beim Weiterweg zur Chamanna digl Kesch.

**Höhenunterschied:** Aufstieg 1220 + 440 m (= 1660 m); Abfahrt 890 m.

**Zeit:** Sertig – Chüealphorn 4 – 4 1/2 Std.; Gipfel – Alp Funtauna 1 – 1 1/2 Std.; Wiederaufstieg zur Chamanna digl Kesch 1 1/2 – 2 Std. Gesamt 6 1/2 – 8 Std.

**Lage:** Aufstieg N und W; Abfahrt O und S.

**Besonderes:** Gepäckdepot im Chüealptal südlich von P. 2 449 m, Abfahrt vom Chüealphorn dorthin zurück, Aufstieg auf den Sertigpass (2 739 m), Abfahrt in die Talgabelung Val Sartiv, Val Funtauna und Val dal Tschüvel bis ca. 2 350 m und weiter zur Hütte.

**Aufstieg:** Vom Kurhaus Sertig in Sand (1 859 m) auf der Strasse taleinwärts und links abbiegen aufs Strässchen, das ins Chüealptal hineinführt. In diesem Tal links des Baches bis zum Grüensee (2 197m). Etwas südlich davon beginnt die Talsohle steiler zu werden. Auf der nächsten Verflachung (etwa 2 350 m) nicht weiter geradeaus gegen den Sertigpass zu, sondern südostwärts das Gletschtälli ansteigen, dessen oberste und höchste von 3 Steilstufen direkt in die Chüealpfurgga (ca. 2 880 m, ohne Kote und Namen in der LK) leitet. Auf dem harmlosen Chüealpgletscher um den Gipfelaufbau des Chüealphorns herum und auf eine Schulter im O-Grat (ca. 2 960m). Über den felsdurchsetzten Grat steil auf den flachen Gipfelfirst und westwärts zum höchsten Punkt (3 077m); Achtung vor Wächten. Vom Westaufstieg zur schneeigen Gipfelkalotte, durch einen Felskamin im westlichen Teil der Nordflanke und weiter über den gezackten Grat, wie auf der Skiroutenkarte eingezeichnet, ist abzuraten. Nicht jedoch von Aufstieg und Abfahrt über den östlichen Teil der Nordflanke, wenn Verhältnisse und Können dies zulassen.

**Abfahrt:** Vom Ostgrat des Chüealphorns nordwärts bis etwa 2 800 m, dann ostwärts direkt ins Tal hinunter, das vom Scalettapass (2 606m) herabkommt. (Man kann auch weiter nördlich zum Pass selbst abfahren.) Nun südwärts durch das Tal, wobei kleinere, teils felsige Steilstufen mit Vorteil auf der linken Talseite umfahren werden. Zuletzt rechtshaltend zur Alp Funtauna (2 192m).

**Wiederaufstieg:** Durch die flache Val Funtauna und die anschliessende Val dal Tschüvel zur Chamanna digl Kesch (2 632m), die zuletzt rechtshaltend über einen sanften Hang erreicht wird.

# Piz Kesch (3417 m)

*Von der Chamanna digl Kesch mit Abfahrt ins Engadin*

## 43

Der mächtige Felsstock dieses höchsten Gipfels der Albula-Alpen ist weitum zu sehen. Bei günstigen Verhältnissen ist die Ersteigung nicht sonderlich schwierig und mit Abfahrt nach Madulain oder gar durch die Val Susauna nach Brail, der Grenze zwischen Ober- und Unterengadin, auch ein skiläuferischer Genuss – bei entsprechenden Schneeverhältnissen, versteht sich. Die Abfahrt nach Madulain hat eine heikle Stelle

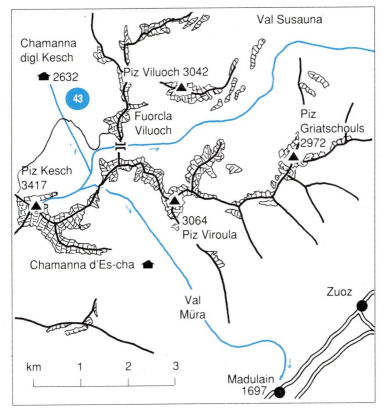

169

(unmittelbar nach der Porta d'Es-cha), führt dann über herrliches Ski-gelände nach Madulain. Sie hat jedoch den Nachteil, dass sie – zumal an einem schönen Wochenende – sehr viel befahren wird. Die Abfahrt nach Brail ist dagegen (fast) immer einsam. Ihr Schönheitsfehler: Sie ist im letzten Teil (Val Susauna) ziemlich flach. Man wähle!

**Schwierigkeit:** GAS. Kurze Steilstufe bei der Porta d'Es-cha. Bei ver-nünftiger Spurwahl ist die Lawinengefährdung gering. Gefahr droht im Frühling, wenn es in der Nacht nicht ordentlich durchgefroren hat und/oder man zu spät aufgestanden ist, und der Auf- und vor allem Abstieg zu Fuss mehr Zeit als veranschlagt gekostet hat. Im Winter erhebliche Lawinengefährdung von den Talflanken her, insbesondere bei der Abfahrt durch die Val Susauna!

**Höhenunterschied:** Aufstieg 830 m; Abfahrt vom Skidepot nach Madulain 1580 m, nach Brail 1640 m.

**Zeit:** Aufstieg 3 Std.; Abfahrt nach Madulain 1½–2½ Std., nach Brail 2½–4 Std. (lange Flachstücke, im letzten Teil unter Umständen aper).

**Lage:** Aufstieg N; Abfahrt nach Madulain N, S und nach Brail N, NO, SO.

**Aufstieg:** Von der Chamanna digl Kesch (2632 m) fährt man kurz und sanft Richtung SO ab, fellt in der Nähe von P. 2594 m an und steigt in derselben Grundrichtung zum Gletscher (Vadret da Porchabella) auf. Knapp unterhalb der Porta d'Es-cha (3008 m) wendet man sich scharf nach rechts und erreicht durch eine sanft geneigte Mulde, die sich all-mählich aufsteilt, die Ostflanke unseres Gipfels – nun bereits gemein-sam mit den Kesch-Aspiranten, die von der Chamanna d'Es-cha aus dem Inntal aufgestiegen sind. In zunehmender Steilheit bis zum Skide-pot (etwa 3280 m). Von hier quert man nach links zum Nordostgrat – heikel, wenn die Felsen vereist sind. Den Gipfel erreicht man über den Grat, wobei man Steilstufen links umgehen kann. Wenn man nicht gerade nach einem Schneefall als erster unterwegs ist, bestehen keine Orientierungsschwierigkeiten – deutliche Spuren leiten vom Skidepot bis zum Gipfel. Die im Sommer an diesem Gipfel gefürchtete Stein-schlaggefahr ist im Frühjahr wesentlich geringer.

**Abfahrt nach Madulain:** Durch die Mulde Richtung NO zur Porta d'Es-cha. Die Ski werden kurz abgeschnallt, um eine steile Rinne (mit einer Kette versichert) zu überwinden. Dann aber gibt es kein Halten mehr: In anregendem Wechsel zwischen steileren und flacheren Passa-gen geht es Richtung SO durch die Val Müra und die Val d'Es-cha nach Madulain (1684 m). Die Haltestelle der Rhätischen Bahn liegt etwas oberhalb des Ortes (1697 m).

*Anmerkung:* Die Chamanna d'Es-cha der Sektion Bernina des SAC steht auf einem Rücken oberhalb unserer Abfahrtsspur und wird nicht berührt.

**Abfahrt nach Brail:** Auf dem Anstiegsweg fährt man bis in eine Höhe von 2 900 m über den Vadret da Porchabella ab. Nun bemüht man sich, keine Höhe zu verlieren, und quert nach einem Felssporn nach rechts (Richtung O) ansteigend zur Fuorcla Viluoch (2 936 m). Über abwechslungsreiches Skigelände fährt man zunächst Richtung NO in ein flaches Becken ab. Nun hält man sich rechts, um eine Mulde zu erreichen, die erst Richtung N, dann wieder nach O in die Val Viluoch führt. Durch dieses einsame Tal bis zur Einmündung in die Val Susauna, die man bei der Alp Pignaint (1 898 m) erreicht. Am rechten Ufer findet man (schattseitig!) natürlich länger Schnee vor als am linken. Setzt jedoch der Schneemangel schon hier ein, überquert man kurz nach der Alm eine Brücke (P. 1 873 m), und wandert auf dem Fahrweg zum Dorf Susauna (1 682 m). Hierher auch, wenn man auf dem rechten Ufer abgefahren ist, über eine Brücke. Der Fahrweg verzweigt sich: links haltend erreicht man (im April mit aufgeschnallten Ski) die Hauptstrasse. Bis zur Haltestelle Cinuos-chel-Brail (1 628 m) hat man noch mit einem 30-Min.-Marsch zu rechnen.

## VERLÄNGERTES WOCHENENDE IN DER SILVRETTA

Im Osten der Silvretta, z. B. im Tourenbereich der Heidelberger Hütte (Touren 25–27), geht es gemütlich zu. Der Westen der Silvretta, etwa der Tourenbereich der Wiesbadener Hütte, stellt ungleich höhere Ansprüche an alpine Erfahrung und alpines Können. Dafür winken begehrte Gipfel wie der Piz Buin oder der Piz Fliana. Benützer öffentlicher Verkehrsmittel können zudem die Silvretta durchqueren: von der österreichischen Seite aufsteigen und nach der Schweizer Seite abfahren. Zum bergsteigerischen und skiläuferischen Hochgenuss fehlen eigentlich nur noch gutes Wetter und prächtiger Schnee!

**Anreise:** Mit dem Schnellzug über Feldkirch in Vorarlberg nach Bludenz (Linie Zürich–Innsbruck [3301]). Mit dem Postbus durch das Montafon nach Partenen (1 052 m). Jetzt wird's ein wenig kompliziert, aber durchaus vergnüglich: mit einer alten Standseilbahn, die nostalgische Gefühle weckt, nach Tromenier (1732 m); Fahrplan 8.10–11.35 und 13.05–16.30 Uhr, Auskunft unter Tel. 0 55 58/83 06 oder 82 44. Mit Kleinbussen in halsbrecherischer Fahrt (die Lenker wissen, dass sie keinen Gegenverkehr zu befürchten haben) durch lange Tunnels zum Vermuntstausee (1747 m) und auf der (im unteren Teil im Winter gesperrten) Passstrasse zur Bielerhöhe (2036 m).

**Rückreise:** Mit dem Postauto [960.30] von Guarda zur gleichnamigen Haltestelle im Talboden (oder 4 km zu Fuss), dann mit der RhB [960] nach Samedan und weiter nach Chur [940].

**Ausgangspunkt:** Bielerhöhe (2036 m); Passhöhe der Silvretta-Hochalpenstrasse, die das Montafon mit Tirol verbindet.

**Unterkunft:** Wiesbadener Hütte der gleichnamigen Sektion des Deutschen Alpenvereins (2443 m); 250 Plätze, aber sehr gut besucht, daher Anmeldung dringend empfohlen: 05558/8246, aus der Schweiz: 0043/5558/8246; bis Mitte Mai bewirtschaftet, dann Winterraum im Nebengebäude (16 Lager) stets offen. Chamanna Tuoi (2250 m) SAC, 66 Plätze (Winterraum 12), März/April bewirtschaftet, Tel.084/92322. Für evtl. Nächtigung in Guarda: Hotel Meisser (084/92132) oder Hotel Piz Buin (084/92424). Auskünfte: Verkehrsbüro Guarda 084/92342.

**Material:** Für Skihochtour, Personalausweis.

**Karten:** 249 S Tarasp; 1178 Gross Litzner, 1198 Silvretta. Im Massstab 1:25000 auch: Alpenvereinskarte Nr.26 Silvretta (mit eingezeichneten Skirouten).

**Jahreszeit:** Frühestens im März, aber noch im Mai empfehlenswert.

**Ausweichtour:** Sowohl das Gebiet rund um die Wiesbadener Hütte als auch das der Chamanna Tuoi bieten eine Fülle von Skitouren unterschiedlicher Länge und Schwierigkeit.

Umfassend informieren: Rudolf Weiss, Skitouren im Engadin, Steiger Verlag – für den Bereich der Chamanna Tuoi; Egon Pracht, AV-Skiführer Silvretta und Rätikon, Bergverlag Rother (F & B) – für den Bereich der Wiesbadener Hütte.

## 44 Rauher Kopf (3100 m)
*Von der Bielerhöhe zur Wiesbadener Hütte*

Der etwas langweilige Anstieg zur Wiesbadener Hütte (2443 m) – länger als eine halbe Stunde braucht man allein, um ohne einen Meter Höhengewinn vom Nordufer des Silvretta-Stausees zum Südufer zu kommen! – lässt sich vermeiden, wenn man den Rauhen Kopf besteigt und zur Hütte abfährt. Der zeitliche Mehraufwand beträgt kaum zwei Stunden. Man kann ihn auf eine einzige Stunde verringern, wenn man auf den Gipfel verzichtet.

**Schwierigkeit:** MS. Um diese Jahreszeit nur nach stärkeren Schneefällen oder grosser Erwärmung lawinengefährdet.

**Höhenunterschied:** Aufstieg 1 060 m; Abfahrt vom Skidepot zur Hütte in 540 m.

**Zeit:** Aufstieg 4 Std.; Abstieg und Abfahrt 1 Std.

**Lage:** Aufstieg NW; Abfahrt N, W.

**Aufstieg:** Von der Bielerhöhe (2 036 m) über die Staumauer. An ihrem Ende mit ganz geringem Höhenverlust Richtung O, bis man – erst etwas steil, dann sanft – ins Bieltal einqueren kann. Ohne Orientierungsschwierigkeiten bis zum Talschluss (P. 2 403 m). Richtung Südost zum Bieltalferner. Man hält sich rechts von der Haagspitze und quert bei P. 2 804 m zum Rauhkopfgletscher. Über diesen praktisch spaltenlosen Gletscher und ziemlich steil zu einer Einsattelung am Beginn des Südgrates zum Rauhen Kopf (»Rauhkopfscharte«, 2 980 m, in den Karten weder kotiert noch bezeichnet). Skidepot. In unschwieriger Blockkletterei in $1/2$ Std. zum Gipfel. An einer etwas steileren Stelle weicht man links in die Westflanke aus. Möchte man auf den Gipfel verzichten, weil sich das Wetter verschlechtert, die Kondition geringer oder der Rucksack schwerer ist als angenommen, kann man von P. 2 804 m querend zum Ende des felsigen Gratausläufers abfahren und wie nachstehend beschrieben die Hütte erreichen. Es bringt keinen Zeitgewinn, bereits das tiefer gelegene Bieltaljoch (ca. 2 730 m) zu benützen, weil man dann zu einem kleinen See abfahren und dann leicht ansteigen muss.

**Abfahrt zur Wiesbadener Hütte:** Vom Skidepot Richtung W über den Rauhkopfgletscher, bis man den langen, vom Tiroler Kopf nach W ziehenden felsigen Rücken queren kann - in einer Höhe von etwa 2 700 m. Aus dem folgenden, von der Tiroler Scharte herabziehenden Tälchen quert man neuerlich nach links auf und über einen Rücken und erreicht wenige Minuten später die Hütte.

**Variante Direktzustieg Hütte:** Bei Schlechtwetter oder Lawinengefahr kann es geraten sein, auf dem normalen Weg zur Hütte aufzusteigen (2 Std.). Dabei gibt es keine Orientierungsschwierigkeiten. Über die Staumauer und an der Ostseite des Stausees – ohne Höhengewinn – bis zu seinem Südende. Im Ochsental steigt man bis in eine Höhe von etwa

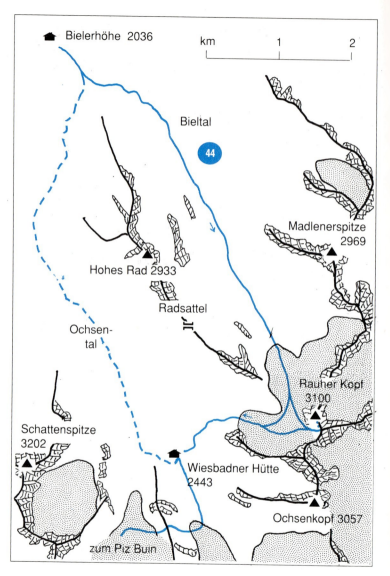

Bielerhöhe 2036

km          1          2

Bieltal

44

Madlenerspitze
2969

Hohes Rad 2933

Radsattel

Ochsen-
tal

Rauher Kopf
3100

Schattenspitze
3202

Wiesbadner Hütte
2443

Ochsenkopf 3057

zum Piz Buin

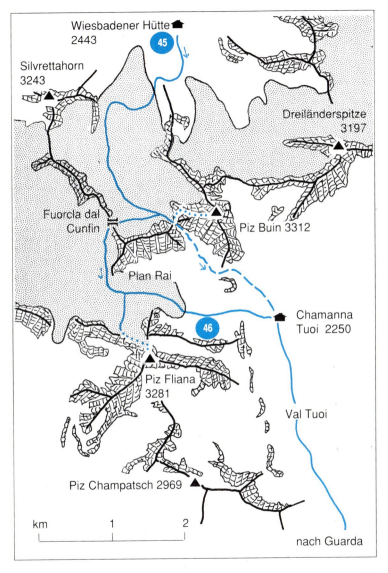

2 200 m an. Bei sicheren Verhältnissen hält man sich nun in der (im Anstiegssinne) linken Talflanke und erreicht über ziemlich steile Hänge die Hütte. Oder: Man bleibt im Talboden und erreicht die Hütte über sanfteres Gelände nach einem weiten Bogen von S her. Einen Gepäcktransport kann man evtl. mit dem Hüttenwirt vereinbaren.

## 45 Grosser Piz Buin (3 312 m)

*Von der Wiesbadener Hütte mit Abfahrt durch die SO-Rinne*
*zur Chamanna Tuoi*

Der Grosse Piz Buin, romanisch Piz Buin Grond, ist nicht der höchste Gipfel der Silvretta – diese Ehre kommt dem Piz Linard (3 410 m) zu. Wohl aber ist er der bekannteste Gipfel, was sich auch daran zeigt, dass eine bekannte Sonnenschutzcreme werbewirksam nach ihm benannt wurde. Tatsächlich ist unser Berg nicht nur formschön, er bietet auch eine grossartige Rundsicht, und – zur Chamanna Tuoi – eine Steilabfahrt für Könner, die keine Wünsche offenlässt.

**Schwierigkeit:** GAS. Bei Vereisung etwas heikel im sogenannten »Kamin« unterhalb des Gipfels. Seilsicherung für weniger Erfahrene zweckmässig. Die 250 m hohe SO-Rinne der Fuorcla Buin nur für ausgezeichnete Skifahrer bei günstigen Verhältnissen (»Butterfirn«); die obersten 150 Hm sind 41° steil; weiter unten nochmals lange Steilhänge bis 30°. Schwierigkeit: SGAS.

**Höhenunterschied:** Aufstieg 870 m; Abfahrt vom Skidepot (etwa 3 160 m) zur Chamanna Tuoi 910 m.

**Zeit:** Aufstieg 3$^1$/$_2$ Std. (bei günstigen Verhältnissen am Gipfelaufbau). Abfahrt 1–1$^1$/$_2$ Std.

**Lage:** Aufstieg N, W; Abfahrt SO, S, SO.

**Aufstieg:** Von der Wiesbadener Hütte (2 443 m) zunächst Richtung S – zumeist in einer gut sichtbaren Spur. Nun nach rechts und in steiler Hangquerung zum Ochsentaler Ferner. Der Gletscher wird unterhalb der eindrucksvollen Brüche gequert. Man steigt an seinem (im Aufstiegssinne rechten) westlichen Rand in eine grosse, flache Mulde auf. Richtung SO zur Fuorcla Buin (3 054 m). Bei günstigen Bedingungen den Westhang ziemlich steil bis zum Beginn der Felsen hinauf. Skidepot (etwa 3 160 m). Nun nach rechts zum Westgrat zu einer Steilstufe, die in einer Rinne (hochtrabend als »Kamin« bezeichnet) überwunden wird. Auf dem breiten Rücken ohne weitere Kletterei zum höchsten Punkt.

**Abfahrt SO-Rinne:** Vom Skidepot über die Westflanke zur Fuorcla Buin. Ausgezeichnete Skifahrer erwartet bei sicheren Schneeverhältnissen ein besonderes »Zuckerl«: Die unmittelbare Abfahrt in die Val Tuoi durch die sehr steile Südostrinne. Sie mündet in einer Mulde, aus der man Richtung O und dann Richtung SO einbiegend, in die Val Tuoi einfahren kann. Die Chamanna Tuoi (2 250 m) steht etwa 50 m über dem Talboden im Gegenhang.

**Variante:** Ist die Befahrung der Rinne nicht möglich, wandert man fast eben Richtung W zur Fuorcla dal Cunfin (3 043 m), die tatsächlich eine »Grenzscharte« (Grenze Österreich/Schweiz) ist. Richtung S über die weite Gletscherfläche, bis man nach einem felsigen Rücken über einen breiten Sattel (2 875m) nach O einbiegen kann. In dieser Grundrichtung zuerst sanft, dann aber steil (bis gut 30°) in den Talboden und in kurzem Gegenanstieg zur Hütte.

# Piz Fliana (3 281 m)

*Von der Chamanna Tuoi mit Abfahrt nach Guarda*

Diese prachtvolle Berggestalt steht im Schatten des höheren und ungleich berühmteren Piz Buin Grond und wird deshalb unverdient selten bestiegen. Die alpinen Schwierigkeiten sind ähnlich, liegen beim Piz Fliana allerdings bei geringer Schneelage häufig mehr im eistechnischen Bereich.

**Schwierigkeit:** GAS. Lawinengefahr um diese Jahreszeit nur, wenn die steilen Osthänge am Beginn des Anstieges zu stark aufweichen, nicht aber nach kalter Nacht und rechtzeitigem Aufbruch.

**Höhenunterschied:** Aufstieg 1 080 m; Abfahrt vom Skidepot 900 m in den Talboden, dann Richtung Guarda, soweit der Schnee reicht.

**Zeit:** Aufstieg 3 1/2 Std.; Abfahrt vom Skidepot bis in den Talgrund 1 Std., bei der Abfahrt nach Guarda je nachdem, wie weit der Schnee noch reicht.

**Lage:** Aufstieg O, NW; Abfahrt NW, O, S.

**Aufstieg:** Nach einer kurzen Abfahrt von der Chamanna Tuoi (2 250 m) in den Talboden geht es mühsam über die steile Ostflanke (bis gut 30°) zum weiten Gletscherbecken Plan Rai und zum breiten Sattel (2 875 m)

– wie bei der Normalabfahrt vom Piz Buin über die Fuorcla dal Cunfin. Nun Richtung S zum Nordwestgrat unseres Gipfels. Der Hang steilt sich auf, so dass man zuletzt meist zu Fuss (evtl. Steigeisen) aufsteigen muss. Skidepot nach den Verhältnissen und dem technischen Können mehr oder weniger weit unterhalb von P. 3114 m. Über den Grat in leichter Kletterei zum höchsten Punkt.

**Abfahrt:** Vom Skidepot auf dem Anstiegsweg in den Talboden. Hier fährt man Richtung S ab, hält sich aber mehr in der Nähe der linken Talseite. Hier verläuft der breite Weg, den man benützt, wenn allmählich die letzten Schneeflecken aufhören. Auf dem Weg erreicht man Guarda (1653 m), einen der reizvollsten Orte des Engadins mit einem vorzüglich erhaltenen Dorfbild mit typischen Engadiner Häusern (Fassaden mit Sgrafitti und Wandmalereien verziert, reizvolle Erker, Fenstergitter, schmückende Wappentiere). Kein Fehler, wenn man hier eine Stunde auf den Autobus warten muss, der einen zur Bahnstation Guarda bringt.

# Skitouren im Mai

Der Mai ist eine sehr gute Zeit für die grossen Hochtouren in der Gletscherregion. Sonnseitig kann man an schönen Tagen bis in den Gipfelbereich auch hoher Berge mit Firn rechnen. Damit herrschen völlig sichere Schneeverhältnisse, wenn es in einer klaren Nacht entsprechend durchgefroren hat und man rechtzeitig mit der Abfahrt beginnt. Gab es dagegen eine bedeckte, milde Nacht, ist das Skifahren mit Bruchschnee und Schneesumpf mühsam und wegen der Gefahr von Nassschneelawinen lebensbedrohend.

Im Mai erlebt man die ganze Abfahrtsstrecke selten mit dem gleichen Schnee: Entweder fährt es sich oben locker im Sulz und unten verkrampft im Pfludi, wie man in der Schweiz dem tiefen Nassschnee sagt. Oder dann gibt man im Gipfelbereich konzentrierten Kanteneinsatz, um erst gegen das Tal zu beschwingt über aufgefirnte Hänge zu gleiten. Welche der beiden Varianten angenehmer und sicherer ist, dürfte klar sein. Das bedeutet für die Skibergsteiger nun aber auch: sie müssen auf harter Unterlage sturzfrei schwingen können. Dazu braucht es natürlich die entsprechenden Ski: hart und griffig im Mittelteil, mit einer etwas weicheren Schaufel, damit sie im tiefen Schnee nicht bohren. Solche Ski drehen selbstverständlich auch im Pulverschnee oder auf Sulz. Weiche Tiefschneeski und runde Kanten hingegen sind auf Firn gefährlich und im Nassschnee schlecht brauchbar.

# VERLÄNGERTES WOCHENENDE ÜBER DER GREINA
## ADULA-ALPEN

In Westen der Adula Alpen liegen die Terri-Aul- und die Medelser Gruppe. Mit Ausnahme der zwischen Vals und Vrin gelegenen Kette des Piz Aul (übrigens auch ein rassiger Skiberg) erheben sich ihre Hauptgipfel zwischen dem romanischsprachigen Bündner Oberland und dem italienischsprachigen Tessin und gehören zum Alpenhauptkamm. Während der Piz Terri nur einen kleinen Gletscher aufweist, ist die Nordabdachung der Medelser Berge recht stark vergletschert.

Die zwei Gebirgsgruppen berühren sich in der Greina, einer einzigartigen, kilometerlangen und etwa zwei Kilometer breiten Hochebene zwischen 2200 und 2400 m, die der mäandernde Rein da Sumvitg durchfliesst. Die Plaun la Greina ist eine abgeschiedene, unberührte Insel in den Bergen, ein biologischer Garten, ein geologisches Museum – und heute fast ein Stausee. Erst 1986 wurde der Plan für die Überflutung der Greina aufgegeben, unter anderem dank dem Widerstand aus Umweltkreisen.

Wenn wir in Vrin, dem Ausgangspunkt unserer Skidurchquerung des Terri-Medel-Gebietes, übernachten, so bringen wir wenigstens ein paar Franken in dieses abgelegene Bergdorf im hinteren Lugnez. Der Zielort heisst Fuorns an der Lukmanierpassstrasse, die das Vorderrheintal mit der Valle di Blenio verbindet. Zwischen Vrin und Fuorns liegen drei Tage, sechs Dreitausender (jeden Tag einer mehr) und ein paar Hütten. In welchen wir übernachten, ob in den zwei auf der Nord- oder in den zwei auf der Südseite oder einmal hier und dann dort, hängt von vielem ab. Nur eines ist sicher: *Viva la Greina - viva lo sci!*

**Anreise:** Mit der RhB [920] von Chur nach Ilanz und mit dem Postauto [920.40] nach Vrin.

**Rückreise:** Von Fuorns mit dem Postauto [920.80] über Curaglia nach

Disentis und mit der Bahn weiter Richtung Chur [920] oder Andermatt [610]. Bei einer Abfahrt ins Tessin: Von Campo Blenio mit dem Postauto [600.78] nach Olivone und mit dem Postauto entweder weiter nach Biasca [600.72] oder über den Lukmanierpass [920.80] nach Disentis.

**Ausgangspunkt:** Vrin (1448 m) zuhinterst im Lugnez (romanisch Lumnezia).

**Unterkunft:** Casa d'albiert péz Terri in Vrin, Zimmer und Lager, Tel. 081/9311255. In Sogn Giusep die Casa d'albiert Tgamanada mit Lager, Tel. 081/9311743 (1½ km taleinwärts von Vrin, kommt nur in Frage, wenn man über den Pass Diesrut die Camona da Terri erreichen will). Capanna Motterascio-Michela SAC (2172m), 70 Plätze (Winterraum 10), ab Juni bewartet, Tel. 092/7016 22. Rifugio Scaletta SAT (Società alpinistica ticinese) (2205 m), 16 Plätze, immer offen, unbewartet, kein Telefon. Camona da Terri SAC (2170 m), 52 Plätze (Hütte wird renoviert), am Wochenende zeitweise bewirtschaftet, Tel. 081/9431205. Camona da Medel SAC (2524 m), 52 Plätze (Winterraum 23), nicht bewirtschaftet, Tel. 081/9491403.

**Material:** Für Skihochtour. Fährt man vom Piz Medel nach Süden ab und berührt die stärker vergletscherte Nordabdachung der Medelser Gruppe nicht, so genügen erfahrenen Skialpinisten Steigeisen (und 1 Pickel pro Gruppe).

**Karten:** 256 S Disentis, 257 S Safiental; 1233 Greina, 1234 Vals.

**Jahreszeit:** Ende März bis Anfang Juni; allgemein erst, wenn sich die Schneedecke gut verfestigt hat. Wenn der Aufstieg zum Piz Terri auf der ersten Streckenhälfte (bis hinter Vanescha) schneefrei ist, erleichtert das den Aufstieg. Im Spätfrühling müssen die Ski ein Stück weit nach Fuorns hinuntergetragen werden.

**Ausweichtour:** Aufstieg von Vrin in die Camona da Terri. Dazu von Vrin auf der Strasse über Cons und Sogn Giusep nach Puzzatsch. Über die Aua da Ramosa und südwestwärts der Flanke entlang zu den Alphütten von Tegia Sut (1899 m). Westwärts hinauf auf einen Rücken (P. 2071 m), ansteigende Querung von Steilhängen in ein Tälchen und darin aufwärts zum Pass Diesrut (2428 m). Abfahrt rechts eines Baches zum Zusammenfluss desselben mit dem Rein da Sumvitg (P. 2194 m). Nun nicht auf dem Sommerweg zur Terrihütte (oder nur bei optimalen Verhältnissen), sondern entlang dem Hügelzug Muot la Greina südwestwärts zum Sattel P. 2263m. Abfahrt: nordwärts auf eine Schwemmebene und kurzer Wiederaufstieg zur Camona da Terri (2170m). Zeit: 4½ Std.

von Vrin. Nach starken Schneefällen oder bei warmer Witterung teilweise stark lawinengefährdet. Früh starten.

**Besonderes:** Die Greina ist nicht nur Wasserscheide zwischen Nordsee und Mittelmeer, sondern auch eine Wetterscheide. Wenn nur für den Süden schönes Wetter gemeldet wird, kann die Medelser Gruppe durchaus noch im Staubereich liegen.

# Piz Terri (3149 m) ⑰

*Von Vrin über die Fuorcla Blengias zur Capanna Motterascio*

Der Piz Terri, der höchste Gipfel der Terri-Aul-Gruppe, ist eine aus Bruchgestein schön und steil geformte, scharfkantige Pyramide. Der Aufstieg von Vrin ist lang, die Abfahrten – langweilig nord-, kurzweilig südwärts – sind kurz. Kein Wunder, dass der stolze Gipfel im Winter-

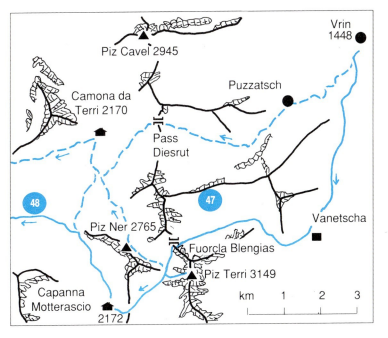

halbjahr wenig Besuch erhält, zumal die obersten 400 Hm zu Fuss zurückgelegt werden müssen. Doch es lohnt sich: Die Aussicht ist phantastisch. Wer später von der Capanna Motterascio, auch Capanna Michela genannt, noch die Hochebene der Greina bei vollem Tageslicht erleben will, wandert gemütlich in die Camona da Terri, wo statt des Blicks in südliche Gefilde der Tödi im Talausschnitt die Aufmerksamkeit auf sich zieht.

**Schwierigkeit:** GAS. Die Schwierigkeiten liegen in der Länge der Tour (12 km von Vrin) und in der Lawinengefährdung, die auf weiten Strecken beim Aufstieg in die Fuorcla Blengias herrschen kann (im Mai allerdings ist diese Gefahr gering). Der recht ausgesetzte W-Grat ist bei guten Verhältnissen nicht schwierig (Kletterstellen I). Die SW-Flanke unterhalb des Skidepots ist auf 200 Hm 32°.

**Höhenunterschied:** Aufstieg 1780 m; Abstieg 400 m, Abfahrt 580 m.

**Zeit:** Aufstieg 6–7 Std; Abstieg und Abfahrt 1–2 Std.

**Lage:** Aufstieg bis Skidepot O und NO; Abfahrt SW.

**Aufstieg:** Von Vrin (1448 m) auf der Strasse taleinwärts bis jenseits eines Bachtobels und auf einer abzweigenden Strasse hinab zur Glogn-Brücke (1374 m). Auf dem östlichen Ufer weiter taleinwärts bis zu einer Talgabelung, wo eine neue Alp-Erschliessungsstrasse den Fluss Glogn überbrückt und dann auf der linken (westlichen) Talseite weiter taleinwärts zieht. In der steilen Flanke (erst Wald, dann Grashänge) erreicht der Weg schliesslich die Alpsiedlung Vanescha (1789 m), 6 km südlich von Vrin. Auf dem Sommerweg südwestwärts zum Beginn des Blengias-Tales (P.1874 m). Je nach (Schnee-)Verhältnissen auf den steilen Hängen links oder rechts des Baches bis unterhalb von Blengias Miez (1972 m), wo man den Bach spätestens überqueren wird. Nun westwärts schräg über die Hänge ansteigen, südlich von P.2193 m und P.2387 m vorbei. Zuletzt durch eine Mulde in die Fuorcla Blengias (etwa 2710 m). Querung des dort harmlosen Glatscher dil Terri an Fuss des W-Grates des Piz Terri. Skidepot auf ca. 2750 m. Durch die Nordflanke hinauf gegen P.2898 m: zuerst etwas links ausholend, dann auf einem Band auf ca. 2850 m (sehr gute Skifahrer können bis hier die Ski mitnehmen; 39°) nach rechts an den Fuss eines kurzes Kamins. Er leitet auf den W-Grat hinauf (Steinmann oben). Über den anfänglich breiten, oben schmäler und steiler werdenden Grat zum Gipfelkreuz des Piz Terri (3149 m), wobei man die Felshindernisse je nach Verhältnissen überklettert oder rechts umgeht (vor allem zuoberst). Seiten 181 und 185.

**Abfahrt:** Vom Skidepot linkshaltend über SW-Hänge in die Valle di Güida. Darin bis etwa 2300 m hinunter und Querung auf eine Schulter nördlich P. 2 276 m. Nordostwärts über einen letzten schönen Hang hinab und zur Capanna Motterascio (2 172 m). Auf der Karte heisst es »Rifugio« und die Scaletta-Hütte dafür »Capanna«, wobei es in Wirklichkeit umgekehrt ist (rifugio = unbewartete Schutzhütte, capanna = besser eingerichtete, oft bewartete Berghütte).

**Varianten:** *1 ) Abfahrt zur Camona da Terri:* Vom Skidepot (2 750m) nordwestwärts Querfahrt auf dem Glatscher dil Terri bis in den steilen Nordhang des Piz Ner. Hinab in die Mulde Canal und auf der rechten oder linken Seite des Val Canal hinunter auf die Plaun la Greina. Die Ebene mit dem Rein da Sumvitg nordwärts queren und hinauf zum Sattel P. 2 263 m südwestlich des Muot la Greina. Abfahrt durch ein Tälchen auf eine Schwemmebene (P. 2129 m) und Aufstieg zur Camona da Terri (2170 m). *2 ) Von der Capanna Motterascio zur Camona da Terri:* Auf der Route zum Piz Vial bis Crap la Crusch (2 259 m). Nordwärts hinab, auf einer Brücke über den Rein da Sumvitg, nordostwärts über die Ebene und hinauf in den Sattel P. 2 263 m. Zeit: 2 Std. von Hütte zu Hütte.

# Piz Vial (3 168 m) – Piz Valdraus (3 096 m)

**48**

*Von der Capanna Motterascio zum Rifugio Scaletta*

In Nahbereich der beiden Gipfel – der Piz Vial ist der höchste des die Greina im Norden begrenzenden Kammes, der Piz Valdraus ist der nördlichste Punkt des Kantons Tessin – befinden sich vier Hütten, was viele Aufstiegs- und Abfahrtsmöglichkeiten ergibt. Am sichersten sind die Routen von der Motterascio- und Scaletta-Hütte. Als eine Spur steiler erweisen sich die Routen von den beiden Bündner Hütten. Da zudem alle Routen etwa gleich viele Höhenmeter aufweisen, werden wir die richtige aufgrund der jeweiligen Verhältnisse wählen. Wer nordseitig zur Medelser Hütte mit ihren bis 50 Plätzen abfährt, muss am nächsten Tag den oft zu Beginn heiklen Gletscheranstieg Richtung Piz Medel bewältigen. Wer das Rifugio Scaletta, eine ehemalige Militärbaracke mit nur 16 Plätzen, aber viel Ambiente, als Nachtlager vorzieht, erreicht am folgenden Morgen über den sonnigen Ostgrat den Piz Medel. Zudem können wir von dieser Hütte aus seine schwierige Südostabfahrt in die Val Camadra studieren; wer sie wagt, kann so eine praktisch gletscherfreie Durchquerung des Terri-Medel-Gebietes machen.

**Schwierigkeit:** GAS Piz Vial, GS Piz Valdraus. Der Gipfelhang des Piz Vial ist zwischen 3000 und 3100 m 34° und weiter zum höchsten Punkt

42° steil (wird meistens zu Fuss zurückgelegt). Der Gipfelhang des Piz Valdraus ist kurz 39° steil. Mitunter lawinengefährdet.

**Höhenunterschied:** 1000 + 340 m (= 1340 m); Abfahrt 410 + 890 m (= 1300 m).

**Zeit:** Capanna Motterascio – Piz Vial 4 Std.; Piz Vial – Piz Valdraus 1 1/2 Std.; Piz Valdraus – Scalettahütte 1 Std. Gesamt 6 1/2 Std.

**Lage:** vorwiegend S

**Aufstieg Piz Vial:** Von der Capanna Motterascio (2172 m) nordwärts zu einer kurzen Felsstufe, die auf einer Leiter überwunden wird. In der gleichen Richtung über die Alpe di Motterascio (entweder auf dem Sommerweg oder besser weiter westlich) zu einem Übergang (P. 2272 m), wo die eigentliche Hochebene der Greina sichtbar wird. Flach zum Crap la Grusch (2259 m), ein Steinblock mit Metallkreuz. Nordwärts hinab zum Rein da Sumvitg, ihn überqueren und auf seinem Nordufer zum markanten Tälchen, das sich in NW-Richtung gegen den Piz Valdraus hinaufzieht. Darin hoch bis zu P. 2640 m und nordwärts einen steileren Hang hinauf zu einer Verflachung östlich P. 2760 m. Nordostwärts über wieder etwas steilere Hänge zur sehr steilen Gipfelflanke des Piz Vial. Dieser Südhang kann gut auf seiner rechten Seite mit Ski bis ungefähr 3100 m gemacht werden. Darüber steilt er sich spürbar auf; bei genügend und sicherem Schnee mit Ski, sonst zu Fuss zum höchsten Punkt (3168 m).

**Überquerung zum Piz Valdraus:** Abfahrt wie Aufstieg zu P. 2760 m. Um den Südgratausläufer des felsigen Piz Gaglianera herum in die Südmulde des Piz Valdraus und durch diese (vom Vadrecc del Valdraus merkt man nichts) mit Ski bis zum Gipfel (3096 m).

**Abfahrt Rifugio Scaletta:** Durch die S-Mulde hinab zu P. 2902 m und etwas rechtshaltend auf eine kleine, runde Schwemmebene auf etwa 2580 m. Von hier gibt's zwei Möglichkeiten:

**a)** östlich eines Bachlaufes steil in felsdurchsetztem Gelände hinab zum Fluss Brenno della Greina; **b)** westwärts hinab zu einem See (2496 m); von seinem Südrand leicht linkshaltend hinab auf den nächsten Absatz und unterhalb der Felsen von P. 2464 m wieder linkshaltend und ziemlich steil hinab zum Bach. Durch das eingeschnittene Tal des Brenno di Greina westwärts auf offenes Gelände und leicht linkshaltend zum Rifugio Scaletta (2205 m), das hart am Rande der Talstufe liegt. Im Winter und Frühling ist die auf den Seiten mit Steinmauern geschützte Hütte oft fast ganz zugeschneit (eine gelb-schwarze Stange markiert die Lage; östlich von ihr befindet sich auch die ausgesetzte Frischlufttoilette).

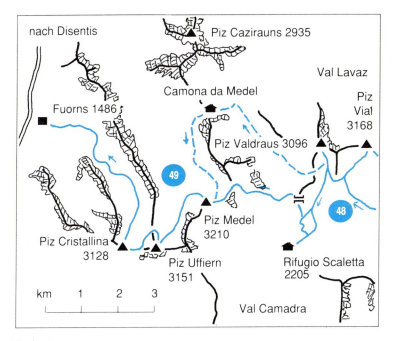

**Varianten:**

*1 ) Aufstieg Piz Vial von der Camona da Terri*

Von der Camona da Terri (2170 m) hinab auf die kleine Schwemmebene (2129 m). Über den nördlichsten der auffallenden, von sehr steilen Rinnen getrennten Rücken ansteigen (die Skiroutenkarte schlägt einen andern, ebenfalls machbaren Rücken vor). Wo der Rücken etwas flacher wird, hält man sich in Richtung eines Tälchens beim Piz da Stiarls Ostgrat und zieht auf etwa 2600 m südwestwärts zum Glatscher dalla Greina hinauf. Über ihn leicht in die Lücke zwischen P. 3087 m und Piz Greina (3124 m, ohne Namen auf der LK). Auf etwa 3060 m Querung eines zuletzt ziemlich steilen Hanges auf einen Gratrücken. Von hier etwas abwärtshaltend zur Gipfelflanke des Piz Vial (auf der Karte sieht es flacher aus als in Wirklichkeit). 3¹/₂ Std. von der Terrihütte. Nur bei sicheren Verhältnissen; die ersten 600 Hm des Aufstieges sind fast anhaltend steil (bis gut 35°). Unter Umständen ist es besser (dafür etwas länger), den Piz Vial (oder auch direkt den Piz Valdraus) mit dem Umweg über die Greina anzusteuern.

*2 ) Abfahrt Piz Valdraus in die Camona da Medel*

Vom Gipfel (3 096 m) rechtshaltend durch die S-Mulde hinab und ihren Begrenzungsgrat nördlich P. 2 853 m gewinnen. Abfahrt über das rechte Ufer des Glatscher da Lavaz (zuerst ziemlich steil) und am Schluss eher linkshaltend in die Val Lavaz hinab. Anfellen auf etwa 2 200 m und hinauf in die Fuorcla Lavaz, wo die Camona da Medel (2 524 m) liegt. 1 1/2 – 2 Std. vom Piz Valdraus; Lawinengefahr beim Beginn der N-Abfahrt. Unter Umständen ist es sicherer, über die Fuorcla Sura di Lavaz abzufahren.

## 49 Piz Medel (3 210 m) – Piz Uffiern (3 151 m) – Piz Cristallina (3 128 m)

*Vom Rifugio Scaletta nach Fuorns in der Val Medel*

Der Piz Medel ist der höchste Gipfel des Gebietes. Entsprechend umfassend sind die Ausblicke zu vielen grossen Schweizer Bergen. Doch auch vom Piz Uffiern werden wir lange umherschauen wollen, etwa nach Süden, wo der Blick bis in die Riviera bei Bellinzona, der Hauptstadt des Tessins, reicht. Ebenso faszinierend ist die Sicht nach Norden, wo der weisse Glatscher da Medel im Vordergrund einen scharfen Kontrast zum grünen Vorderrheintal abgibt. Darüber bauen sich die mächtigen Skiberge auf seiner Nordseite auf, allen voran der Oberalpstock. Die beste Mai-Abfahrt mit dem meisten Schnee und kürzesten Fussabstieg ist die vom Piz Cristallina oder Piz Uffiern nach Fuorns an der Lukmanierpassstrasse. Dann so schnell wie möglich hinab nach Disentis und hinein in den Speisewagen des »Glacier-Express«, der Zermatt mit St. Moritz verbindet. Aber nicht vergessen, bei Sumvitg nach Süden zu schauen, um im Talausschnitt den Piz Vial leuchten zu sehen.

**Schwierigkeit:** GAS. Schwierigstes Teilstück ist der felsige, schmale Abschnitt auf dem 3 km langen Ostgrat des Piz Medel, wo die Ski getragen werden müssen (aper oder mit guter Überschneiung wenig schwierig, in der Zwischenphase evtl. heikel). Lawinengefahr bei der nordseitigen Umgehung von P. 2 759 m westlich der Fuorcla Sura da Lavaz, bei der N-Abfahrt vom Piz Medel sowie beim Verlassen des Glatscher Davos la Buora. Die Spaltengefahr ist im allgemeinen gering.

**Höhenunterschied:** Aufstieg 1060 + 300 + 130 m (= 1490 m); Abfahrt 360 + 150 + 1670 m (= 2180 m im besten Fall, wenn bis zur Lukmanierstrasse gefahren werden kann; im Mai wird die Abfahrt bei P. 1810 m enden).

**Zeit:** Rifugio Scaletta–Piz Medel 4 Std.; Piz Medel–Piz Uffiern–Piz Cristallina 2$^{1}/_{2}$–3 Std., Abfahrt nach Fuorns 2 Std. und mehr. Gesamt mindestens 8 Std.

**Lage:** Aufstieg S, O; Abfahrt N, W.

**Aufstieg Piz Medel:** Vom Rifugio Scaletta (2205 m) auf der Valdraus-Abfahrtsroute bis zum See (2496 m) und nordwärts hinauf durch ein Tälchen, zuletzt steil, in die Fuorcla Sura di Lavaz (2703 m). Schrägabfahrt auf etwa 2650 m und Wiederaufstieg von Norden durch eine kleine Mulde in die Lücke 2728 m. Bei unsicheren Verhältnissen ist es besser, aber mühsam, immer dem Grat über P. 2759 m zu folgen, wobei die Ski teilweise getragen werden müssen; einzelne Felstürme lassen sich auch knapp rechts umgehen. Von der Lücke mit aufgebundenen Ski über den schmalen Blockgrat zu P. 2856 m steigen und klettern. Nun wieder mit Ski auf dem breiten Grat zum Felsen von P. 3015 m, der nordseitig ganz knapp umgangen wird. Flach, zuletzt wieder steil zum Gipfelgrat des Piz Medel. Skidepot auf etwa 3200 m und über den schmalen Blockgrat zu Fuss zum höchsten Punkt (3210 m).

**Abfahrt Piz Medel – Aufstieg Piz Uffiern:** Vom Skidepot Abfahrt genau nordwärts und sobald wie möglich westwärts über einen weiteren steilen Hang (bis 33°) in die flache Mulde (ca. 2850 m) des Glatscher da Medel. Südwärts flach ansteigen, dann südwestwärts steiler auf den SO-Grat des Piz Uffiern; Skidepot auf 3100 m. Über den Grat in Blockkletterei (I–II) zum Gipfel (3151 m).

**Abfahrt Piz Uffiern – Aufstieg Piz Cristallina:** Vom Skidepot dem felsigen N-Grat des Piz Uffiern entlangfahren, bis er aufhört, und man nach links fahren kann. Anfellen auf etwa 3000 m und flach in die Fuorcla Cristallina (3003 m); Achtung vor Spalten; es gibt noch eine Lücke weiter westlich, die sich aber als Übergang weniger eignet. In der steilen (30°) SO-Flanke des Piz Cristallina zuerst horizontal, dann schräg ansteigen und zuletzt über den O-Grat auf den Gipfel (3128 m).

**Abfahrt nach Fuorns:** Kurz über den O-Grat und in der kurzen, aber steilen (gut 30°) N-Flanke (Bergschrund!) auf den Glatscher da Medel. Nordostwärts über die weite Fläche hinab zum Felsriff Davos la Buora. Westlich von ihm steiler in die Tiefe. Auf etwa 2600 m deutlich links halten und unter dem Glatscher Davos la Buora sehr steil (35°) in eine Mulde. Diese linkshaltend auf eine Moräne verlassen, ihr entlang steil hinunter und unterhalb des Felsriegels in die Val la Buora einfahren. Durch diese bis zur Brücke (1 810 m). Auf einem horizontalen Weg durch Wald auf der rechten Talseite bis zu einem Rücken. Weiter auf dem Wanderweg durch Wald – oder mit Ski über die Hänge nördlich davon – hinab ins Dörfchen Fuorns und zur Lukmanierstrasse (ca. 1 460 m) in die Val Medel.

## Varianten

*1 ) Aufstieg Piz Medel von Camona da Medel:*

Von der Hütte (2 524 m) westwärts hinab zu P. 2 422 m, steil rechts um einen Felssporn herum und weiter steil bis sehr steil zum Glatscher da Plattas hoch. Etwas westlich seiner Mitte zum Glatscher da Medel hinauf und deutlich nach Osten ausholend zum Gipfelhang, wo man auf die Ostgratroute stösst. 3 Std. von der Hütte auf den Piz Medel (3 210 m). Nur bei sehr sicheren Verhältnissen; Spaltengefahr beachten.

*2 ) Abfahrten nach Norden:*

Vom Piz Medel und vom Piz Uffiern kann auch östlich des Felsriffs Davos la Buora abgefahren und durch die Val Plattas Curaglia (1 332 m) erreicht werden: eine in jeder Hinsicht grosszügige Abfahrt, im frühen Frühling derjenigen nach Fuorns vielleicht sogar vorzuziehen.

*3 ) Abfahrt Piz Medel über SO-Flanke:*

Am Vorabend vom Rifugio Scaletta aus die einzig mögliche Route durch diese riesige Flanke studieren (auf der Skiroutenkarte Disentis 1984 ist sie richtig eingezeichnet), am nächsten Morgen sehr, sehr früh aufstehen und später bei eben auffirnendem Schnee die durchwegs steilen 1 000 m in die Val Camadra abfahren – ein Traum! Die weitere Abfahrt durchs Tal nach Campo Blenio (1 216 m) ist keiner mehr.

# VERLÄNGERTES WOCHENENDE
# IN DER RHEINWALDHORN-GRUPPE

## ADULA-ALPEN

Der Benediktinermönch Placidus a Spescha (1752–1833) ist einer der Grossväter des Alpinismus. Der in Truns als Kind einer armen Bauernfamilie geborene Bündner bestieg als erster viele Gipfel im Vorderrheintal und seinen angrenzenden Gebieten, und das zu einer Zeit, als das Besteigen der Gipfel kaum eingesetzt hatte (1786 Erstbesteigung des Mont Blanc). Placidus a Spescha ging's keineswegs nur um die wissenschaftliche Erforschung und Eroberung der Berge, sondern auch um die Freude am Bergsteigen an sich. Er stieg als erster auf so herausragende Gipfel wie Scopi (1782), Piz Terri (1801/02), Tödi (nur fast, trotz mehrerer Versuche), Güferhorn (1806) und eben das Rheinwaldhorn. Allein erreichte er von Osten die 3 402 m hohe Spitze, nachdem ihn anfangs noch ein Schweizer und zwei deutsche Ärzte sowie ein Hirte der Zapportalp begleitet hatten. Das war Mitte Juli 1789 gewesen. Die zeitliche Übereinstimmung zur Französischen Revolution ist zufällig – und doch bezeichnend. Denn Placidus a Spescha war ein Anhänger freiheitlicher Ideen, was den Österreichern während der Revolutionskriege nicht gefiel, weshalb sie den rebellischen Alpinistenpater für anderthalb Jahre nach Innsbruck in die Verbannung schickten.

Die unten vorgeschlagene viertägige Tour durch die Rheinwaldhorn-Gruppe endet dort, wo Placidus a Spescha seine Erstbesteigung des auch Adula genannten Gipfels startete. Sie ist eher klassisch als revolutionär, aber wer nicht mit blinden Augen in dieses Gebirge zwischen Graubünden und Tessin reist, wird entdecken, dass es zahlreiche unbekannte skialpinistische Herausforderungen bereithält.

**Anreise:** Mit der RhB [920] von Chur nach Ilanz und mit dem Postauto [920.45] nach Vals oder je nach Kurs noch weiter zum Staudamm des Zervreilasees.

**Rückreise:** Von Hinterrhein mit dem Postauto [940.30] nach Thusis und mit der RhB [940] nach Chur; es gibt auch direkte Postautokurse nach Chur. Bei einer Abfahrt vom Rheinwaldhorn oder Grauhorn ins Tessin: Von Campo Blenio mit dem Postauto [600.78 und 600.72] über Olivone nach Biasca und per Schnellzug [600] weiter Richtung Gotthard oder Süden.

**Ausgangspunkt:** Berghaus Zervreila (ca. 1 840 m) unterhalb der Staumauer des Zervreilasees (1 868 m); von Vals Platz auf einer Strasse zu

Fuss (2 Std.), mit Taxi oder Postauto (wenn die Kurse bis dorthin fahren) erreichbar.

**Unterkunft:** Läntahütte SAC (2090 m), 33 Plätze, normalerweise nicht bewirtschaftet, kein Telefon (nur Notfunk). Zapporthütte SAC (2276 m), 35 Plätze, an Wochenenden teilweise bewirtschaftet, Tel. 0 81/62 14 96. In Vals: Berghaus Zervreila (ca. 1840 m), etwas unterhalb der Staumauer des Zervreilasees, zur Skitourenzeit offen, Tel. 0 81/93 51 166 (wenn keine Antwort, Auskunft im Restaurant Edelweiss in Vals, Tel. 0 81/93 51 133). Für sonstige Unterkünfte in 7132 Vals: Kur- und Verkehrsverein, Tel. 0 81/93 51 242. Auf der Tessiner Seite des Rheinwaldhorns: Capanna Adula SAC (2012 m), 70 Plätze, nicht bewirtschaftet, Tel. 0 92/70 15 32. Ca panna Adula UTOE (Unione Ticinese Operai Escursionisti), (2393 m), 100 Plätze, immer offen, nicht bewirtschaftet, Tel. 0 92/70 16 75. In Hinterrhein: Massenlager, Auskunft erhältlich beim Lebensmittelgeschäft Aebli, Tel. 0 81/62 15 13.

**Material:** Für Skihochtour.

**Karten:** 257 S Safiental, 266 S Valle Leventina, 267 S San Bernardino; 1234 Vals, 1253 Olivone, 1254 Hinterrhein.

**Jahreszeit:** Ende März bis Anfang Juni. Der Spätfrühling ist günstiger, da sich die Schneedecke um diese Zeit im allgemeinen gut verfestigt hat, und die Lawinen aus den steilen Talflanken heruntergedonnert sind; vielleicht müssen die Ski dann vom Zervreilasee ein Stück weit Richtung Läntahütte getragen werden. Die Rheinwaldhorn-Gruppe gilt als schneereich und -sicher. Nach starken Schneefällen sind Länta- und Zapporthütte wegen der lawinengefährdeten Zustiege »Mausefallen«.

**Ausweichtour:** Kaum eigentliche Ausweichtouren, es sei denn im März/Anfang April von Vals aus (Pistenskilauf, Skitouren, Thermalbad).

**Varianten:** Die Varianten zur unten vorgeschlagenen 4-Tage-Tour von Vals nach Hinterrhein sind zahlreich. Hier ein paar Vorschläge:

*1) Grauhorn-Westabfahrt:* am zweiten Tag vom Grauhorn steile, phantastische Direktabfahrt in die Val Carassino und Wiederaufstieg zu einer der Adula-Hütten; am dritten Tag Überquerung des Rheinwaldhorns von West nach Ost. Vorteile: Wenig befahrene Steilabfahrt des Grauhorns, die derjenigen über die N-Flanke in nichts nachsteht; Vermeidung des spaltenreichen N-Aufstieges aufs Rheinwaldhorn; Nachteil: immer volle Rucksäcke, da kein Depot in einer Hütte möglich.

*2) Läntahütte einfach:* Als strenge Wochenendskitour, mit Anreise freitags nach Zervreila, am nächsten Tag Furggelti- und Güferhorn, am Sonntag Grau- und Rheinwaldhorn (oder umgekehrt), und Abfahrt je nach Schneeverhältnissen nach O, N oder gar nach Westen ins Tessin (ab Lago di Luzzone an Wochenenden möglicherweise Mitfahrgelegenheit nach Campo Blenio).

*3) Umgekehrte Richtung:* 1.Tag Hinterrhein–Rheinquellhorn (mit Gepäckdepot)–Zapporthütte (oder auch nur Zapporthütte); 2.Tag Rheinwaldhorn und Abfahrt zu einer der beiden Adula-Hütten; 3. Tag Grauhorn–Läntahütte; 4.Tag Güferhorn (mit dem Gepäckdepot Seelein P. 2681m)–Furggeltihorn–Zervreilasee. Vorteil: skiläuferisch vielleicht noch schöner, dazu Bekanntschaft mit allen Hütten am Rheinwaldhorn; Nachteil: unter der Woche äusserst schwieriger Zugang zur Zapporthütte.

**Besonderes:** Der Zugang zur Zapporthütte ist unter der Woche wegen des Panzerschiessplatzes von Hinterrhein mitunter nicht möglich; Erkundigung unter Tel. 081/22 22 06.

# Furggeltihorn (3043 m)–Güferhorn (3383 m) 50
*Vom Zervreilasee zur Läntahütte*

Das Güferhorn, der zweithöchste Gipfel der Adula-Alpen, gleicht von Osten gesehen dem Rheinwaldhorn. Allerdings ist es ein paar Meter weniger hoch, die Aussicht ist etwas weniger vielfältig (es fehlt der Tiefblick in die südlichen Täler), vom Gipfel kann nur bei besten Verhältnissen abgefahren werden, und in der Anzahl Abfahrten ist das Güferhorn seinem Nachbarn leicht unterlegen. Trotzdem lohnt sich ein Besuch dieses stolzen und formschönen Gipfels, zumal die Abfahrt zur Läntahütte, besonders ab der Güferlücke, herrlich und fast anhaltend steil ist. Man kann sich auch vom Furggeltihorn mit dem Anblick des Güferhorns begnügen und dann gleich zu dieser Hütte abfahren, die eine der bemerkenswertesten in den Schweizer Alpen ist. Sie wurde, wie früher die ersten Alphütten oder heute noch die Unterstände für Ziegen in den Tessiner Alpen, an und unter einen riesigen Felsblock gebaut, der sie zugleich vor den Lawinen im höchst lawinenträchtigen Läntatal schützt. Trotzdem beschädigte vor ein paar Jahren eine riesige Lawine die heimelige Holzhütte, so dass eine zusätzliche Schutzmauer errichtet werden musste, deren Teil aus Beton als Kletterwand gestaltet wurde. Man kann da also an den langen Spätfrühlingsnachmittagen schon für die Sommertouren trainieren.

**Schwierigkeit:** Furggeltihorn GS (SGS), Güferhorn GAS (SGAS). Steil-

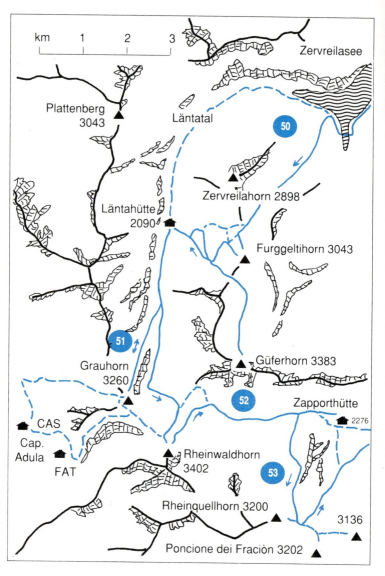

Zervreilasee

km  1  2  3

Plattenberg
3043

Läntatal

50

Zervreilahorn 2898

Läntahütte
2090

Furggeltihorn 3043

51

Grauhorn
3260

Güferhorn 3383

CAS

52

Zapporthütte

2276

Cap.
Adula

FAT

Rheinwaldhorn
3402

53

Rheinquellhorn 3200

3136

Poncione dei Fraciòn 3202

stes Stück ist der letzte Hang bei der Abfahrt zur Läntahütte mit durchschnittlich(!) 34° auf 300 Hm; etwas ausgesetzt. Aber auch die sich weiter oben befindenden Westhänge sind nicht flach. Der N-Grat zum Furggeltihorn ist auf 60 Hm 35°. Die ausgesetzte Firnschneide zum Gipfel des Güferhorns (gut 40°) kann bei besten Verhältnissen ebenfalls mit Ski befahren werden. Nur bei sicheren Verhältnissen; Lawinengefahr an mehreren Orten. Spalten auf dem Güfergletscher beachten.

**Höhenunterschied:** Aufstieg 150 (entlang Zervreilasee) + 1180 + 700 m (Wiederaufstieg Güferhorn) = 2030 m; Abfahrt 360 + 1290 m (= 1650 m).

**Zeit:** Berghaus Zervreila–Furggeltihorn 4 1/2 Std.; Furggeltihorn–Güferhorn 3 Std.; Güferhorn–Läntahütte 1 1/2 Std.; gesamt 9 Std.

**Lage:** Aufstieg N, NO; Abfahrt N, NW.

**Aufstieg Furggeltihorn:** Vom Berghaus Zervreila (ca. 1840 m) zur Staumauer (1868 m). Auf dem Strässchen auf dem O-Ufer des Zervreilasees über P. 1985 m zur Brücke (1865 m) über den östlichen Stauseezipfel. Auf dem Strässchen nordwärts dem See entlang bis zu den Hängen östlich des Hornbachs, wo der eigentliche Aufstieg beginnt. Südwärts hinauf nach Unter Butz (P. 2407 m) und südwestwärts am Fusse der Brochenhüreli-Nordhänge bis P. 2598 m in den Übergang (ca. 2750 m) südlich von P. 2761 m. Über den steilen N-Grat auf den flachen Gipfelrücken und zum höchsten Punkt des Furggeltihorns (3043 m).

**Abfahrt Furggeltihorn und Aufstieg Güferhorn:** Vom Furggeltihorn westwärts auf dem Gipfelgrat Richtung W-Gipfel (3023 m) und in der teilweise steilen NW-Flanke abwärts bis etwa 2800 m. Nun scharf nach links wenden und südöstlich von den Felsen von P. 2768 m durch eine Mulde abwärts, um dann wieder nach links zu einem Seelein (2681 m) zu queren. Hier am besten Gepäckdepot machen und anfellen. Durchs Tälchen hoch in die Güferlücke (2863 m). Auf den Güfergletscher queren und diesen südwärts ansteigen, wobei man deutlich nach O ausholt, um die Spaltenzone auf etwa 2950 m zu umgehen. Am Fuss des N-Grates (ca. 3280 m) meistens Skidepot und zu Fuss über die Firnschneide (Achtung: Wächten!) zum Gipfel des Güferhorns (3383 m); bei besten Verhältnissen können die Ski mitgenommen werden.

**Abfahrt zur Läntahütte:** Bis zum Seelein (2681 m) wie Aufstieg. Nun direkt durchs schmale Tälchen weiter, dann rechtshaltend unterhalb von Felsen in einen grösseren Hang einfahren. Ihn ebenfalls rechtshaltend abfahren, um den Steilhang zu erreichen, der im Norden von den Felswänden von P. 2422 m begrenzt ist. Ihnen entlang (und nicht dem Bachlauf weiter links), bis man direkt zum Valser Rhein hinabkurven kann. Auf Schneebrücken über den Fluss und kurze Gegensteigung zur Läntahütte (2090 m). Vom Seelein kann auch nordwestwärts über eine flache Rampe abgefahren werden, bis etwa 2500 m. Nun scharf nach SW drehen, um die oben erwähnte, einzig mögliche Ausfahrt zur Läntahütte in dieser steilen Talflanke zu finden.

**Varianten:**

*1 ) Nur Furggeltihorn:* Abfahrt vom Gipfelgrat zwischen Haupt- und Westgipfel nordwestwärts bis zu einem Einschnitt südlich von P. 2610 m (hierher auch direkt vom Übergang am Fuss des N-Grates), dann südwestwärts zu den Steilhängen südlich von P. 2422 m.

*2 ) Nur Güferhorn:* Vom Übergang am Fuss des Furggeltihorn N-Grates Querung auf etwa 2780 m, bis man südöstlich von P. 2768 m Richtung Seelein (2681 m) halten kann. Eine ganz andere Route umgeht das Furggeltihorn auf seiner Ostseite, ist aber weniger empfehlenswert, da der Übergang über die Lücke zwischen P. 2849 m und P. 2781 m heikel sein kann.

*3 ) Nur Läntahütte:* Von der Brücke über den Zervreilasee (1865 m) auf dem Strässchen ins Läntatal und flach über die Lampertsch Alp zur Läntahütte. 3 Std. ab Berghaus Zervreila.


**51 Grauhorn (3260 m)**

*Von der Läntahütte über die N-Flanke*

Das Grauhorn ist der dritthöchste Gipfel der Adula-Alpen. Für Skibergsteiger, welche steile, direkte Abfahrten lieben, ist dieser Berg ein Muss. Von der Läntahütte aus kann man sehr gut den Aufstieg und die Abfahrt über die vergletscherte N-Flanke studieren. Eine Besteigung des Grauhorns lässt sich nicht leicht, doch ohne grossen zeitlichen Mehraufwand mit derjenigen des Rheinwaldhorns verbinden.

**Schwierigkeit:** SGAS. Der Grauhorngletscher ist zwischen 2780 m und dem Gipfel anhaltend steil; durchschnittliche Neigung auf diesen knapp 500 Hm 33°, mit spürbar steileren Abschnitten (bis 40°). Grosse Ausgesetztheit, da der Aufstieg häufig am spaltenarmen, dafür nach der einen Seite in Felswände abbrechenden O-Rand des Grauhorngletschers erfolgt. Nur bei sehr stabiler Schneedecke.

**Höhenunterschied:** Aufstieg und Abfahrt je 1170 m.

**Zeit:** Aufstieg 3$^1$/$_2$–4 Std.; Abfahrt 1–1$^1$/$_2$ Std.

**Lage:** N. Der Grauhorngletscher ist leicht nach NO gerichtet und erhält schon die ersten Sonnenstrahlen; sehr früher Aufbruch empfiehlt sich.

**Aufstieg:** Von der Läntahütte (2 090 m) taleinwärts bis P. 2 264 m. Schräganstieg zum Grauhorngletscher, den man etwa in seiner Mitte betritt. Auf etwa 2 740 m an den O-Rand der N-Flanke des Grauhorns und direkt sehr steil hinauf zum höchsten Punkt (3 260 m); der Gipfelhang kann auch rechtshaltend gequert werden, um zuletzt über den NW-Grat zum Ziel zu gelangen.

**Abfahrt:** wie Aufstieg.

**Verbindung zum Rheinwaldhorn:** Vom Gipfel des Grauhorns über den NW-Grat (Spalten!) in eine Lücke südlich eines Felsaufschwungs und links sehr steil (gut 40°) durch eine Rinne auf den Vadrecc di Casletto abfahren (auf der Skiroutenkarte Valle Leventina 1988 ist die Route falsch eingezeichnet). Hier setzt die Steilabfahrt in die Val di Carassino zur Alpe Bresciana (1 889 m) an. Um zum Rheinwaldhorn zu gelangen, quert man so hoch wie möglich um die Rippe zwischen Grauhorn und Cima della Negra herum auf den nördlichen Vadrecc di Bresciana. Anfellen auf etwa 3 050 m. Auf einer Art Rampe unter dem Adulajoch hindurch zur Lücke P. 3 253 m (oder auch zu einer Lücke weiter südlich) und über den NO-Rücken, der oben in einen schmalen Grat übergeht, auf den höchsten Punkt des Rheinwaldhorns (3 402 m). 1$^1$/$_2$ Std. vom Grauhorn.

# Rheinwaldhorn (3 402 m)

**52**

*Von der Läntahütte zur Zapporthütte*

Das Rheinwaldhorn ist der höchste Gipfel der Adula-Alpen. Sie werden so genannt, weil ihr Kulminationspunkt auf italienisch Adula heisst. Dieses Gebirge liegt im Grenzkamm zwischen dem Graubünden und dem Tessin, und das Rheinwaldhorn markiert gleichzeitig den höchsten Punkt des südschweizerischen Kantons. Das 3 402 m hohe Haupt des Adulagebirges ist eine vierseitige Firn- und Felspyramide, in der die wichtigsten Bergketten konzentrisch zusammenlaufen. Von Osten strebt das Hinterrheintal, von Norden das Läntal in einem Zug bis zum Gipfelkreuz; im Westen reichen die Val Soi und die Val di Carassino bis zum Gipfelbereich; nach Süden hingegen bricht der früher auch noch

Piz Valrhein genannte Berg mit einer 700 m hohen Felswand in die Val Malvaglia ab, die sich in kurzem Lauf zu den Reben und Palmen der Valle di Blenio absenkt.

Vier Hütten erleichtern die Besteigung der Adula. Wer diese mit Ski ausführt, wird einen der schönsten Skiberge der Schweiz kennenlernen. Das gilt für die Aufstiege wie die Abfahrten. Und für die Aussicht erst recht: dank seiner Höhe und seiner weit nach Süden vorgeschobenen Lage ist das Rheinwaldhorn einer der hervorragendsten Panoramaplätze im zentralen Alpenbogen.

**Schwierigkeit:** GAS. Der Läntagletscher ist recht steil (je 200 Hm um die 30°) und ziemlich verschrundet (was man bei der Ansicht von der Läntahütte kaum vermutet). Der Gipfelgrat ist knapp 30° steil und etwas ausgesetzt, kann aber gut mit Ski befahren werden. Die O-Flanke ist bis 35° steil, oder noch mehr, je nach gewählter Route; ihr Gletscher ist zahm. Nur bei sicheren Schneeverhältnissen.

**Höhenunterschied:** Aufstieg 1310 m; Abfahrt 1130 m.

**Zeit:** Aufstieg 4¹/₂ Std.; Abfahrt 1¹/₂–2 Std.

**Lage:** Aufstieg N; Abfahrt O.

**Aufstieg:** Von der Läntahütte (2090 m) taleinwärts zum Läntagletscher. Auf seinem westlichen Ufer, unterhalb der Grauhorn-Felsen, bis etwa 2800 m aufsteigen und auf einer spaltenärmeren Verflachung nach links zu den Felsen von P. 2923 m aufsteigend queren. Über steilere Hänge zum Verbindungsgrat Läntalücke–Rheinwaldhorn hinauf und über ihn zum Gipfeldreieck. Den Bergschrund an seinem Fuss umgeht man rechts und steigt über den zusehends schmäler werdenden NW-Rücken mit Ski aufs Rheinwaldhorn (3402 m).

**Abfahrt:** Vom Gipfelkreuz kurz über den Grat zurück und rechts gleich einen steileren Hang hinab auf eine Verflachung. Nach links halten, bis man über eine Kante einen steilen Hang Richtung P. 3029 m befahren kann. Aber oberhalb davon wieder nach links halten. Wo man die darunterliegende, von Felsen durchsetzte Steilstufe überwindet, hängt von den Schnee- und Sichtverhältnissen ab. Am sichersten ist es, wenn man unterhalb der Felsen des N-Rückens nordwärts bis etwa 2900 m hält, um dann zur Verflachung bei P. 2712 m abzufahren; die Abfahrt ist jedoch auch weiter südlich möglich (aber auf jeden Fall nördlich von P. 2664 m). Hinab in den flachen Talboden und ostwärts nach Ursprung (P. 2345 m). Nun auf dem linken Ufer des Hinterrheins, entlang dem Sommerweg in der abschüssigen S-Flanke, zur Zapporthütte (2276 m); kleine Gegensteigung oberhalb P. 2295 m.

## Varianten

*1 ) Abfahrt über Läntalücke:* Über den N-Rücken des Rheinwaldhorns bis zur Läntalücke (2 979 m) und südostwärts, einigen Felsstufen ausweichend, in den Talgrund hinab.

*2 ) Abfahrt zur Capanna Adula:* wie beim Grauhorn beschrieben bis zum Anfellpunkt. Im Süden des Felsgrates der Cima della Negra durch ein zusehends steiler werdendes Tälchen bis 2 640 m, dann scharf links hinaus auf die Moräne. Ihr entlang, bis man nordwärts zur Hütte (2 393 m) abfahren kann.

# Rheinquellhorn (3 200 m)

**53**

*Von der Zapporthütte nach Hinterrhein*

Das Rheinquellhorn ist nur der siebenthöchste Gipfel der Adula-Alpen, dafür derjenige mit dem schönsten Namen. Quelle des Rheins, Europas drittlängster Fluss (1 320 km), Deutschlands Strom, Loreley und so, aber auch Schweizerhalle (Chemiekatastrophe in Basel). Der Rhein entwässert 68 % der Schweiz. Im Lai da Toma (2 345 m) beim Oberalppass beginnt der Vorderrhein (dort ist auch Kilometer 0). Im Paradiesgletscher im Osten des Rheinwaldhorns entspringt der Hinterrhein, das Gletschertor war einst bei P. 2 345 m (!), mit dem schönen Wort Ursprung benannt. Die 1870/1871 erbaute Zapporthütte hiess früher auch Ursprunghütte, und ihr gegenüber beschliessen wir die Tour durch die Rheinwald-Gruppe, mit einer direkten Abfahrt vom Rheinquellhorn über herrliche Nordhänge hinab ins »Paradies«. So heisst eine karge Alpwiese südlich des Rheins, und die Felswände am andern Ufer, in denen der ausgesetzte Sommerweg zur Zapporthütte verläuft, haben zu Recht den Namen »Höll«. Eher letzterem entspricht die weitere Abfahrt zum Dörfchen Hinterrhein, mit ihren zuerst alpinen und später militärischen Gefahren…

**Schwierigkeit:** GAS. Schwierigste Teilstücke sind der Anstieg von der Zapporthütte Richtung Ursprung sowie die stark lawinengefährdete Route durch die Rheinschlucht zur grossen Schwemmebene westlich von Hinterrhein (Panzerschiessplatz). Zuoberst am Rheinquellhorn müssen die Ski durch eine kurze Steilrinne beim Rauf wie Runter getragen werden (oder man macht gleich ein Skidepot). Der Zapportgletscher ist mässig verschrundet. Nur bei sicheren Verhältnissen.

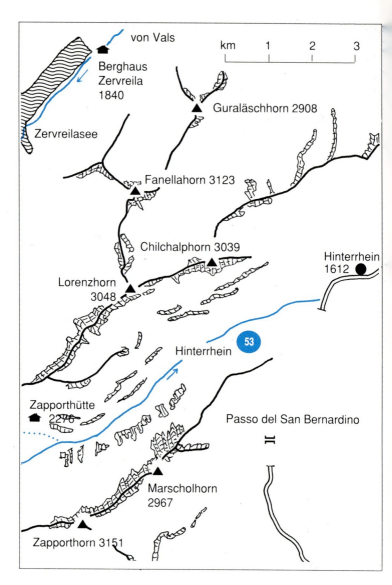

von Vals

Berghaus Zervreila 1840

Zervreilasee

km 1 2 3

Guraläschhorn 2908

Fanellahorn 3123

Chilchalphorn 3039

Hinterrhein 1612

Lorenzhorn 3048

Hinterrhein

53

Zapporthütte 2276

Passo del San Bernardino

Marscholhorn 2967

Zapporthorn 3151

**Höhenunterschied:** Aufstieg 910 m; Abfahrt 1 200 m rassig und 400 m flach.

**Zeit:** Aufstieg 3 Std.; Abfahrt 3 Std.

**Lage:** N

**Besonderes:** Der Abstieg auf dem Sommerweg von der Zapporthütte nach Hinterrhein ist nur bei völliger Ausaperung machbar.

**Aufstieg:** Von der Zapporthütte (2 276 m) auf der Rheinwaldhorn-Route bis westlich P. 2 295 m. Über den Hinterrhein und südwest-, später südwärts ansteigen bis P. 2 694 m. Ostwärts den Gratausläufer des Paradieshüreli queren und auf einer Art Rampe im westlichsten Zapportgletscher an den Fuss des SO-Grates des Rheinquellhorn. Ein Felsband versperrt den Zugang zur gut befahrbaren O-Flanke. Es kann durch eine kurze Steilrinne rechts der Gratkante überwunden werden. Danach zu Fuss oder wieder mit Ski entlang dem SO-Grat auf den Gipfel des Rheinquellhorns (3 200 m). Siehe Routenskizzen Seite 192 und 198!

**Abfahrt:** Bis unterhalb des Felsbandes wie Aufstieg, dann direkt (aber Vorsicht vor einigen Spalten) über den Zapportgletscher zur grossen Moräne, die sich ins Paradies absenkt. Über sie, später über eine weiter östlich liegende Moräne zum Rhein (ca. 2 000 m) hinab. Auf dem rechten Ufer zuerst durch eine eindrückliche Schlucht (bei zuwenig oder zuviel Schnee heikel!), später in etwas offenerem Gelände talauswärts. Den Fluss ungefähr beim Beginn der Schwemmebene (Höhgufer auf der Karte) auf einer Lawinenschneebrücke überqueren (weiter vorne gibt es auch eine Brücke) und auf Panzerpisten und einer Strasse zu Restaurant und Postautohaltestelle beim Nordportal des San-Bernadino-Strassentunnels (1 612 m). Ein zusätzlicher Strassenkilometer bis ins Dorf Hinterrhein.

**Varianten:**

*1 ) Aufstieg über Abfahrtsroute:* Von der Zapporthütte westwärts bis P. 2 295 m, über den Rhein und auf dem rechten Ufer abwärts bis etwa 2 200 m, worauf man nordwärts zur grossen Moräne aufsteigt. Der Abstieg direkt von der Zapporthütte zum Rhein ist sehr abschüssig und von oben her nicht leicht zu finden. Von unten: Der Fluss wird etwa 200 m westlich P. 2 097 m überquert, worauf man etwas rechtsausholend über Bänder die Hütte erreicht.

*2 ) Piz de Stabi (3 136 m) und Puntone dei Fraciòn (3 202 m):* Vom Zapportpass (3 045 m) östlich des Rheinquellhorns leicht und schnell erreichbar, der Piz de Stabi über den W-Rücken mit Ski bis zuoberst, der Puntone dei Fraciòn über den N-Grat, das letzte Stück zu Fuss.

Der Malojapass an der Schwelle vom Engadin ins Bergell ist Ausgangspunkt für Skitouren unterschiedlicher Schwierigkeit. Die hier ausgewählten Anstiege erfordern erprobte Skibergsteiger mit hervorragender Kondition – und sichere Schneeverhältnisse!

**An- und Rückreise:** Von Chur mit der RhB [940] nach St. Moritz. Weiter mit dem Postauto [940.80] über Sils-Maria nach Maloja.

**Ausgangspunkt:** Maloja (1809 m).

**Unterkunft:** Für Piz da la Margna Möglichkeiten in 7516 Maloja. Auskünfte erteilt das Verkehrsbüro, Tel. 082/43188. Immer offen ist die Jugendherberge Maloja, Tel. 082/43258. Will man die Tour früher im Jahr unternehmen, so bietet die Pension Lagrev in Isola, einer kleinen Siedlung am Südufer des Lej da Segl, einen guten Ausgangspunkt (9 Betten, von Mitte April bis Mitte Juni geschlossen, Tel. 082/45291). Für Piz Tremoggia: Möglichkeiten in 7514 Sils-Maria. Auskünfte erteilt das Verkehrsbüro, Tel. 082/45140. Wer die Tour früher im Jahr machen will, kann in der Val Fex übernachten: Chesa Pool in Fex-Platta, Tel. 082/45504 (geschlossen von Ende April bis Mitte Juni); Hotel Fex in der mittleren Val Fex (1960 m), Tel. 082/45355 (geschlossen eine Woche nach Ostern bis Mitte Juni).

**Material:** Für Skihochtour.

**Karten:** 268 S Julierpass; 1276 Val Bregaglia, 1277 Piz Bernina.

**Jahreszeit:** Ab März möglich, besser jedoch erst im April oder Mai.

**Ausweichtouren:** Im Frühling zahlreiche Touren rund um den Malojapass; im Mai allerdings sind die Möglichkeiten infolge Ausaperung ziemlich eingeschränkt. Kann keine Skitour unternommen werden, legt man sich ans Ufer des Silsersees und liest Friedrich Nietzsches »Also sprach Zarathustra«, das dieser in Sils-Maria schrieb oder besucht sein Haus (Sammlung mit Erinnerungsstücken).

## Piz da la Margna (3158 m)
*N-Rinne*

Anstrengende und schwierige Bergfahrt auf den weithin sichtbaren »Wächter des Oberengadins«. Die Nordrinne ist eine Extremabfahrt für

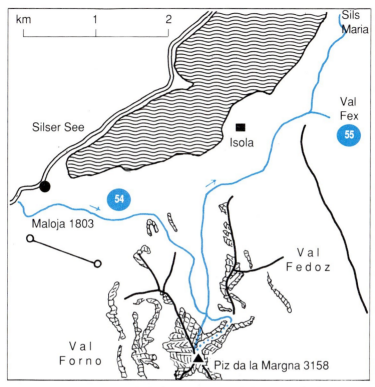

Ski-Artisten, die ungewöhnlich günstige Verhältnisse erfordert – Absturzgefahr bei Hartschnee, Lawinengefahr bei Weichschnee!

**Schwierigkeit:** SGAS. Die Nordrinne ist sehr steil – zwischen 3100 und 3000 m 45°, darunter 100 Hm 42°, dann spürbar flacher (36° und 32°); im unteren Teil ist sie eng und bei geringer Schneelage felsdurchsetzt; grosse Ausgesetztheit. Eine kalte, klare Nacht und frühzeitiger Aufbruch (Länge der Tour beachten!) sind unbedingt erforderlich. Aufstieg durch die N-Rinne empfiehlt sich, um die Schneeverhältnisse zu prüfen. Der Piz da la Margna ist aber auch auf dem »Normalweg« (also ohne Befahrung der Nordrinne) steil und lawinengefährdet.

**Höhenunterschied:** Aufstieg und Abfahrt je 1350 m.

**Zeit:** Aufstieg 5 Std.; Zeit für die Abfahrt vom skitechnischen Können und den Schneeverhältnissen abhängig; berücksichtigen, dass beim Übergang von der Val Fedoz in die Val Fex ein kurzer Gegenanstieg und Flachstücke Zeit kosten.

**Lage:** Aufstieg NW, N, NO; Abfahrt N, NO.

**Aufstieg:** Von Maloja (1809 m) Richtung O durch lichten Wald mit mässigem Höhengewinn nach Plan Fond (ca. 2000 m). Richtung SO ziemlich steil zu einem Rücken, der sich vom nordwestl. Vorgipfel des Piz da la Margna (La Margneta) herabzieht. Über diesen Rücken quert man in die riesige Nordmulde ein. Durch diese Mulde steil (180 Hm 31°) bis in eine Höhe von 2800 m. Hier quert man nach links (knapp 40°) zu den Felsen hinaus. Erscheint eine Abfahrt durch die Nordrinne nicht möglich, errichtet man das Skidepot bei oder dicht unter P. 2912 m. Ohne oder mit aufgeschnallten Ski über den langen Nordostgrat in unschwieriger Blockkletterei auf den Gipfel des Piz da la Margna (3158 m).

**Abfahrt:** Für gute Skibergsteiger bei ausgezeichneten Verhältnissen vom Gipfel durch die äusserst steile und im unteren Teil enge, bei geringer Schneelage felsdurchsetzte Nordrinne in die grosse Mulde. Hierher bei ungünstigen Verhältnissen vom Skidepot auf dem Anstiegsweg. Nach der zweiten Steilstufe durch sanft geneigtes Gelände bis in eine Höhe von etwa 2200 m. Hier beginnt man sich rechts zu halten und quert um einen felsigen Rücken (Fil da Murtairac) nach O zu einer Alm (Ca d'Starnam, 2024 m) in der Val Fedoz. Fast ohne Gegenanstieg zu einem Höhenrücken, der Fedoz- und Fextal trennt. In kurzer Abfahrt zur Fahrstrasse in der Val Fex, die man etwas oberhalb des grossen Parkplatzes erreicht. *Anmerkung:* Das Fextal ist für den allgemeinen Verkehr gesperrt. Alos zu Fuss nach Sils-Maria (1809 m). Die fahrplanmässige »Pferdegespann-Linie« [940.77] in der Val Fex verkehrt erst ab dem 10. Juni. Fahrten auf Bestellung werden jedoch durchgeführt (Tel. 0 82/45 2 86). Siehe Routenskizze S. 201 und 203!

## 55 Piz Tremoggia (3441 m)
*NW-Flanke aus der Val Fex*

Der Piz Tremoggia ist ein bedeutender Gipfel mit charakteristischer Gestalt: weithin sicht- und erkennbare Firnkuppe. Im Vergleich zum Piz da la Margna ist der Anstieg leichter, länger, aber auch (in den beiden unteren Dritteln des Anstiegs) eintöniger.

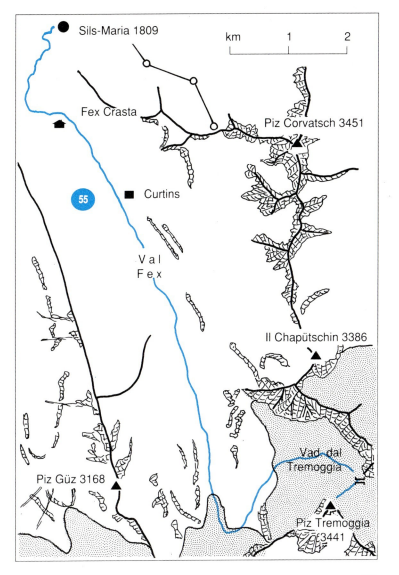

km      1      2

Sils-Maria 1809

Fex Crasta

Piz Corvatsch 3451

55

Curtins

V a l
F e x

Il Chapütschin 3386

Vad dal
Tremoggia

Piz Güz 3168

Piz Tremoggia
3441

**Schwierigkeit:** GAS. In dieser Jahreszeit nach kalter Nacht kaum lawinengefährdet. Nassschneerutsche bei verspäteter Abfahrt möglich.

**Höhenunterschied:** Aufstieg und Abfahrt je 1630 m.

**Zeit:** Aufstieg 6 Std.; Abfahrt 2–4 Std., in der Val Fex lange Flachstücke.

**Lage:** Aufstieg und Abfahrt NW, NO.

**Aufstieg:** Von Sils-Maria (1809 m) auf der Strasse der Val Fex bis zum Hotel Fex (1960 m); 1 Std. Am östlichen Ufer der Fedacla kurz talein, über eine Brücke (P. 1978 m) und – nunmehr am westlichen Ufer, aber weiterhin mit sehr geringem Höhengewinn – zu einer Alphütte (P. 2070 m) und zum Talschluss (P. 2303 m). Erst sanft, dann aber ziemlich steil Richtung S zum Vadret da Fex. Weiterhin steil bis in eine Höhe von etwa 2650 m. Nun folgt die »Schlüsselstelle« des Anstiegs, die Querung nach links zum Vadret dal Tremoggia. Der Westhang, der gequert werden muss, ist steil und felsdurchsetzt. Auf dem Tremoggia-Gletscher (Spalten!) in einem weiten Rechtsbogen zur Fuorcla Fex-Scerscen (3122 m). Von der Scharte steigt man über den behäbigen Nordostrücken, der sich in den letzten hundert Höhenmetern ordentlich aufsteilt, zum Gipfel. Dieser Schlussteil des Anstiegs führt bereits über italienisches Staatsgebiet. Nordöstlich oberhalb der Scharte das Bivacco Colombo (etwa 3170 m), eine Biwakschachtel für Notfälle. Achtung: Der Nordostrücken ist mitunter vereist und dann gar nicht mehr gemütlich. Pickel und Steigeisen erforderlich!

**Abfahrt:** Wie Aufstieg. Vom Hotel Fex mit Pferdegespann oder zu Fuss nach Sils-Maria.

## WOCHENENDE IN SAMNAUN

SAMNAUNGRUPPE

An der äussersten Ecke im NO der Schweiz liegt Samnaun. Das ehemals arme Bergdorf war lange Zeit nur auf dem Umweg über österreichisches Staatsgebiet erreichbar und erhielt, nicht zuletzt zur wirtschaftlichen Aufbesserung, den Status eines Zollausschlussgebietes. Inzwischen ist Samnaun längst auch von der Schweiz her erreichbar und nicht nur ein beliebtes Reiseziel, weil man hier Zigaretten, Spirituosen und Benzin billiger einkaufen kann, sondern auch weil es sich zu einem ansehnlichen Liftgebiet entwickelt hat. Dennoch findet der Skitourist keineswegs alltägliche Ziele! Der mächtige Gipfelhang des Muttler kann durchaus als Steilflanke betrachtet werden. Wer ihn – bei sicheren Verhältnissen, versteht sich – mit Genuss und nicht mit Zittern befährt, darf sich zu den Meistern des Skilaufs zählen. Weniger schwierig zu befahren ist die windgeschützte Nordmulde, die zum Piz Chamins führt – gleichfalls ein skiläuferischer Leckerbissen!

**Anreise:** Von Chur auf schmaler Spur mit der RhB nach Scuol [940, 960]. Weiter mit dem Bus nach Samnaun [960.70].

**Ausgangspunkt:** Samnaun (1840 m).

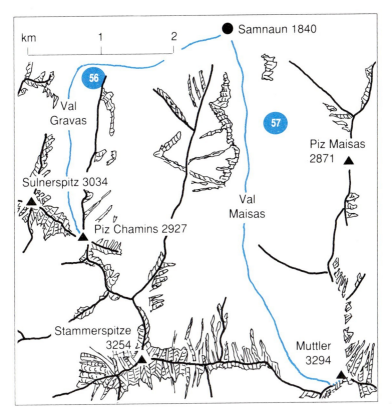

**Unterkunft:** Auskünfte Verkehrsverein 7563 Samnaun, Tel. 084/95154 oder 95437.

**Material:** Normale Skitourenausrüstung. Harscheisen nicht vergessen!

**Karten:** 249 S Tarasp; 1179 Samnaun.

**Jahreszeit:** Ab Februar, günstiger jedoch spät im Jahr (April oder Mai).

**Weitere Tourenmöglichkeiten:** Vor allem im Bereich der Silvretta, teilweise durch Aufstiegshilfen »entwertet«. Umfassend informiert der AV-Skiführer »Silvretta/Rätikon«, Bergverlag Rother (F & B).

## 56 Piz Chamins (2 927 m)

*Durch das N-Kar*

Der Piz Chamins steht im »Rang« als Skitour im Schatten des ungleich bekannteren Muttler (Tour 57), bietet jedoch einen grossartigen Anstieg durch ein urtümliches Nordkar.

**Schwierigkeit:** GS. Lawinengefahr in der Val Gravas, vor allem zwischen 2 200 und 2 400 m.

**Höhenunterschied:** Aufstieg und Abfahrt 1090 m.

**Zeit:** Aufstieg 3 1/2 Std.; Abfahrt 1 1/2 Std.

**Lage:** Aufstieg und Abfahrt N. Auf dem Fahrweg O.

**Aufstieg:** Von Samnaun (1 840m) auf einem Fahrweg Richtung W in das Tal des Schergenbaches. Nach etwa 20 Min. sieht man links die Val Chamins abzweigen – gleichfalls eine grossartige Skimulde, jedoch mit dem Nachteil, dass sie nicht auf einen ordentlichen Gipfel führt (der Piz Chamins über den O-Grat ist nicht jedermanns Sache), sondern nur auf eine Höhenkote (P. 2 922 m). Wen das nicht stört, dem sei dieser Anstieg sehr empfohlen! Wenig später mündet neuerlich ein Bach ein. Wir verlassen unser Tal und folgen ihm Richtung SW, auf einen Wasserfall zu. Deutlich unterhalb der Fälle, in einer Höhe von etwa 2150 m wechselt man zur ungleich steileren anderen Bachseite. Auf dieser (in Aufstiegsrichtung) linken Talseite steigt man steil durch die Val Gravas, bis es ab einer Höhe von etwa 2500 m (ab hier hält man sich in der Mitte des Tales) etwas gemütlicher wird. Ohne Orientierungsschwierigkeiten, zuletzt jedoch etwas enger und neuerlich steil, erreicht man den Gipfel.

**Abfahrt:** wie Aufstieg.

# Muttler (3 294 m)

## 57

Eine mächtige Pyramide, von vielen Gipfeln eindrucksvoll zu sehen, mit einer schwierigen Abfahrt nach Samnaun und einer noch schwierigeren (und gefährlichen!) nach Ramosch im Inntal.

**Schwierigkeit:** SGS. Häufig lawinengefährdet.

**Höhenunterschied:** Aufstieg und Abfahrt 1 450 m.

**Zeit:** 4$^1$/$_2$ Std.

**Lage:** Aufstieg und Abfahrt NW, N.

**Aufstieg:** Von Samnaun (1 840 m) auf der (im Anstiegssinne) linken Talseite durch die Val Maisas bis zum Talschluss. Hier beginnt die grossartige, nur wenig gegliederte NW-Flanke, die über rund 1 000 Hm zum Gipfel führt! Über diese Flanke, die sich schon nach kurzer Zeit ordentlich aufsteilt, steigt man – bei günstigen Verhältnissen – mit Ski bis zum Gipfelkreuz. Der letzte Teil des Anstiegs ist besonders steil und felsdurchsetzt. Lassen es die Verhältnisse oder das skitechnische Können nicht zu, hält man sich noch weiter rechts und erreicht die Einsattelung zwischen Muttler und Punkt 3 143 m der LK (»Muttlerscharte«, weder bezeichnet noch kotiert). Skidepot. Über den unschwierigen SW-Grat zum Gipfel (3 294 m).

**Abfahrt:** wie Aufstieg oder (schwieriger) nach Ramosch (siehe Routenskizze Seite 208).

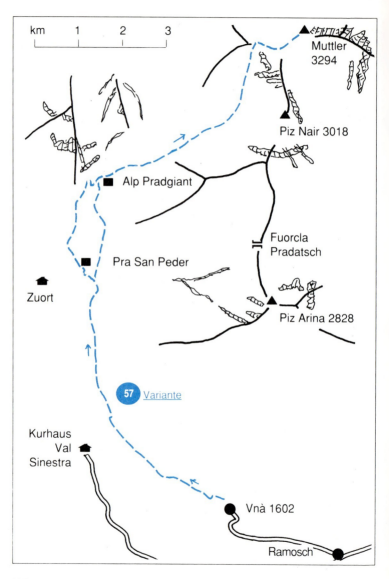

km 1 2 3

Muttler
3294

Piz Nair 3018

Alp Pradgiant

Fuorcla
Pradatsch

Pra San Peder

Zuort

Piz Arina 2828

57 Variante

Kurhaus
Val
Sinestra

Vnà 1602

Ramosch

208

# Skitouren im Juni

Im Juni rutscht der Schneesaum nochmals weiter nach oben, über 2000 m und noch höher; nur nordseitige Rinnen und Hänge sind unterhalb davon noch weisslich. Aufstiegs- und vor allem Abfahrtsrouten sind nun offensichtlich: ganz einfach da, wo noch Schnee liegt. Vom letzten zum allerletzten weissen Flecken zu rutschen und zu springen, das hat einen ganz besonderen Reiz. In höheren, vergletscherten Regionen kann natürlich auch im Juni noch Winter sein, wenigstens was den Schnee (kurzfristig) betrifft.

Normalerweise hat sich der Schnee so gut gesetzt und verfestigt, dass teilweise noch nach Mittag angenehme Bedingungen für rassige Firnabfahrten vorzufinden sind. Herrschte im Mai hingegen oft schlechtes Wetter, dann gilt für den Juni: Sternenhimmel verspricht Genuss, mitten in der Nacht aufstehen ist ein Muss. Ist die Schneedecke nur halb durchgefroren, so ist sie vielleicht nur vor den ersten Sonnenstrahlen befahrbar; sonst wartet man besser, dass sie richtig aufgeweicht wird – wenn es die Verhältnisse erlauben. Auf die tageszeitliche Erhöhung der Lawinengefahr muss auch im Juni Rücksicht genommen werden. Eine andere Gefahr ist ebenfalls ernstzunehmen: das Befahren von Bachläufen. Wenn der unterhöhlte Schnee plötzlich einbricht, kann es leider schnell ungemütlich werden.

Zu Frühsommerskitouren gehören hochgelegene Ausgangspunkte; Bergbahnen und wiedergeöffnete Passstrassen, über die ab Ende Mai oder ab Mitte Juni auch die Postautokurse ihren Betrieb aufnehmen, machen es möglich. Manchmal müssen die Ski freilich auch getragen werden, und dann sind leichte Ski, Tourenbindungen und Schuhe von gewichtigem Vorteil.

Zuweilen begegnet man auf Skitouren im Juni schon den ersten Leuten mit Wanderschuhen. Auch sie denken sich vielleicht, dass dieser Monat ideal ist, um die Einsamkeit des Hochgebirges zu erleben. Denn im Juni ist der Ansturm der Skifahrer vorbei, und derjenige der Wanderer und Bergsteiger hat noch nicht eingesetzt. Wenn noch Schnee liegt, ist Fahren schöner als Gehen.

# EIN GANZ ANDERES WOCHENENDE

## SCHWEIZ UND ITALIEN

Von zuhause mit dem Rad zum Bahnhof im Tal, mit der Bahn zur Station und eventuell noch weiter mit dem Postauto zur Haltestelle in den Bergen, von dort mit dem Rad zum Schnee, und mit den Ski zum Gipfel: neue Horizonte im Tourenskilauf.

Skitouren mit öffentlichen Verkehrsmitteln sind im Frühsommer nur beschränkt möglich, da am Ausgangspunkt häufig kein Flecken Schnee zu sehen ist, während die Autofahrer auf den Passstrassen und Alpwegen dem begehrten Weiss nachfahren.

Nun gibt es eine neue Art, um auch im Mai und Juni ohne Auto bis zur Schneegrenze zu fahren: mit zwei Rädern nämlich. Das Bergfahrrad, besser bekannt als Mountain Bike, ermöglicht einen eleganten Zugang zu den Firnhängen. Langgestreckte Bergtäler, häufig durchzogen von einem Strässchen durch den Talboden (oder dann der Seite entlang, wenn dieser mit Wasser gefüllt ist...) sind skifahrerisch wenig vergnüglich. Besser ist, man wartet ab, bis der Talgrund grün ist, um dann taleinwärts zu gelangen. Zu Fuss machen solche Anmarschwege, wenn sie sich über Kilometer erstrecken, nur heisse Sohlen; mit dem Auto gibt's Gestank und Lärm, ganz abgesehen davon, dass viele Erschliessungssträsschen mit einem Fahrverbot belegt sind, dem die Natur manchmal noch Nachdruck verleiht, wenn Lawinenkegel die Weiterfahrt versperren. Das Mountain Bike hingegen ist leicht und leise, sauber und auch schnell.

Und nötig! Wer Skitouren mit Opas Stahlross oder Tantchens Klapprad sowie mit zwei Meter langen Tourenski und herkömmlicher Bindung unternehmen will, wird nicht vom Fleck kommen. Das Mountain Bike aber kommt voran. Die breiten Reifen lassen den spitzen Stein der Schotterstrasse nicht zum Anlass eines Reparaturstopps werden, der stabile Rahmen schlingert die Person mit Sack und Ski nicht in Lenkschwierigkeiten, die vielen Gänge nehmen es – fast – mit jeder Steigung auf, und kräftige Bremsen stoppen die Schussfahrt sicher vor einer plötzlich herangaloppierenden Kuhherde. Ein gutes Tourenrad tut auf der Zufahrtsstrecke zur Skitour natürlich auch seinen Dienst und ermöglicht es zudem, das aufs Minimum reduzierte Gepäck hinten aufzubinden, was den Fahrer, vor allem sein Gesäss, spürbar entlastet. Spezielle Radhosen braucht man für solch ungewohnte Tour nicht unbedingt; wer sie trägt, sollte nicht vergessen, noch ein paar lange Hosen mitzunehmen, denn Skitouren in Shorts sind nur bedingt zu empfehlen. Empfehlenswert hingegen sind Teleskopstöcke, ein Muss kurze Ski. Mit normalen Tourenski ist eine Bike-Skitour eine leidige Sache: Die Ski erweisen sich als zu massig und zu sperrig. Kurzski hingegen sind leicht und handlich. Und noch ein Materialtip: Mit Tourenskischuhen ist das Radeln kein Vergnügen; deshalb in den Innenschuhen fahren und die Schalen in den Rucksack stecken. Leichter sind Kunststoff-Bergschuhe, und mit ihnen kurvt sich auf zwei Rädern überraschend locker.

Jetzt fehlen bloss noch die geeigneten Ziele. Das Avers zwischen dem Hinterrheintal einerseits und dem Bergell und Italien andererseits ist ideal für Radskitouren. Seine langen, flachen Seitentäler sind, wenigstens im Talgrund, stunden- und abfahrtsmässig genauso: lang und flach. Die beiden Pyramiden allerdings, der Pizz Gallagiun am Ende der stauseebedrohten Val Madris und der Pizzo Stella zuhinterst in der überfluteten Valle di Lei, zählten auch ohne Annäherung an den Berg auf zwei Rädern zu den interessanten Skibergen der Ostalpen. Dass ihre Besteigung jedoch so umfassend erfahrbar ist, gib ihnen eine ganz neue Dimension.

**An- und Rückreise:** Mit der RhB [940] nach Thusis und mit dem Postauto [940.40] nach Avers Cröt.

**Unterkunft:** Walserstube in Cröt, Tel. 0 81/63 11 28. Baita del Capriolo Vall di Lei liegt auf italienischem Staatsgebiet, 1 km nördlich der Westecke des schweizerischen Staudammes des Lago di Lei, 44 Plätze, offen vom 16. Mai bis 31. Oktober (in dieser Zeit ist auch der Zugangstunnel zur Valle di Lei offen), Tel. 0 81/63 11 36.

**Material:** Für Skihochtour (aber nur Pizzo Stella; sein Gletscher ist allerdings nur mässig verschrundet; Steigeisen immer einpacken, falls der Gipfelgrat vereist ist). Personalausweis. Lire für Baita del Capriolo nicht nötig, caffè con grappa, Alpkäse und -wurst können auch in franchi svizzeri bezahlt werden...

**Karten:** 267 S San Bernardino; 1255 Splügenpass, 1275 Campodolcino.

**Jahreszeit:** Mitte Mai bis Mitte Juni. Der Pizz Gallagiun lohnt sich nicht im Winter/Frühling, da die Val Madris viel zu flach ist. Der Pizzo Stella hingegen schon, aber dann von Madesimo aus über den Pizzo Groppera (der bekannteste Privatsender der Schweiz, »Radio 24«, begann dort oben halblegal zu senden); Bahnen und Skilifte sind bis ca. Ende April in Betrieb; Verkehrsverein Madesimo, Tel. 0 343/50 30 15.

## Andere Juni-Rad-Ski-Touren im Avers

*1) Valle di Lei:* Cima da Lägh oder di Lago (3 083 m).

*2) Val Madris:* Cima da Lägh (3 083 m), leichter als aus der Valle di Lei; Pizzo Rosso (3 052 m), Piz Bles (3 044 m).

*3) Bergalga:* Gletscherhorn (3 107 m), vgl. Tour 60.

**Besonderes:** Die Räder ein paar Tage vor der Tour mit Bahn/Postauto nach Avers-Cresta, allerdings mit dem Vermerk »Nur bis Walserstube, Cröt« senden (direkt nach Avers-Cröt geht nicht, da keine offizielle Entladestation; deshalb dieser Vermerk, den die Averser Postautochauffeure kennen). Wer nach den Skitouren mit dem Rad über Andeer und durch die Via Mala nach Thusis sausen will (sehr empfehlenswert, 30 km, 1000 m Abfahrt), kann das überflüssige Gepäck mit der Post ebenfalls dorthin transportieren lassen (zwei Paar Ski zusammenbinden, da pro Gepäckstück eine Gebühr von 4 sFr. erhoben wird). Und: In der Baita del Capriolo können Räder gemietet werden (vorher anfragen); allerdings muss man so von der Averser Talstrasse zur Berghütte wandern, durch den 1 km langen Tunnel ein ungewohntes Vergnügen.

 **58**

# Pizz Gallagiun (3 107 m)
*Aus der Val Madris*

Der auch Piz Gallegione genannte Berg liegt zuhinterst in der Val Madris – oder Madrisch, wie das Tal ebenfalls heisst. Es liegt nämlich im Schnittpunkt der drei Sprachen Deutsch, Romanisch und Italienisch. Dies ist nicht die einzige Besonderheit: Es ist ein ca. 10 km langes, von Norden nach Süden gerichtetes, von menschlichen Zerstörungen weitgehend verschontes Tal, mit saftigen Alpweiden, auf denen im Sommer unzählige Kühe weiden – bis vor 90 Jahren waren's diejenigen der Soglieser Bauern aus dem Bergell gewesen, die ihre Herden über den Pass da la Prasgnola und seine jahrhundertalte Steintreppe in den 1900 m hohen Talboden trieben. Heute kommen die Kühe aus dem Unterland ins Avers, dank der um die Jahrhundertwende errichteten Zugangsstrasse. Die neue Strasse war auch der Grund gewesen, dass die Bewohner der Val Madris ihre Lebensmittel nicht mehr über den Passo di Lago oder Madriserberg hinweg in Chiavenna holen mussten. Heute ist das Tal nur noch im Sommer bewohnt. Seine Zukunft ist allerdings gefährdet: Im hinteren Teil des Tales, dort wo jetzt schon ein kleiner Stausee das Wasser für den Lago di Lei sammelt, wollen die Kraftwerke Hinterrhein einen 100-Mio.-m³-Pumpspeicher erstellen. Der Stausee, gegen den die Arbeitsgruppe Val Madris-Curciusa seit Jahren kämpft, würde im Sommer mit »billigem« Atomstrom vollgepumpt und im Winter für teure Spitzenenergie auf dem Euromarkt abgelassen. Allerdings liegt dort, wo das Pumpspeicherwerk gebaut würde, das grösste Grasfroschbiotop des Kantons Graubünden. Es ist ins Inventar der Flachmoore von nationaler Bedeutung aufgenommen worden, und die Schweizer Bürger haben 1987 eine Initiative zum Schutz der Moore gutgeheissen. Deshalb ist zu hoffen, dass das Val Madris mit seinen Fröschen nicht zerstört wird. Skitourenfahrer werden das ebenfalls zu schätzen wissen. Denn der untere Teil der Val da Roda, das den Zugang zur Val da la Prasgnola und so zum Pizz Gallagiun ermöglicht, käme unter Wasser zu liegen. Das wäre schade, weil dieser Gipfel ein grossartiger Berg ist. Einmal wegen seiner Abgeschiedenheit am Rande einer noch heilen Schweiz und dann wegen seines Panoramas, dessen Tiefblick, Nah- und Fernsicht besonders gelobt werden dürfen. Der Blick auf die italienische Stadt Chiavenna, die 2 800 m fast senkrecht weiter unten liegt, ist beeindruckend; der Anblick der südlichen granittrotzenden Bergeller Berge, wie Pizzo Badile, Pizzo Cengalo und Sciora-Gipfel sowie der eisgepanzerten Cima della Bondasca dazwischen, ist besonders schön; die Aussicht auf viele grosse Gipfel der zentralen Alpen ist herrlich. Die Schweizer Soldaten, die im Zweiten Weltkrieg in der 1940 erbauten Gipfelhütte nach Truppenbewegungen Mussolinis in Chiavenna Ausschau halten mussten, werden dieses Panorma wohl stundenlang bewundert haben. Am 9. Oktober 1990 ist die Hütte abgebrannt.

Menschenwerk ist vergänglich. Unsere Skispuren in der weissen Ostflanke des Pizz Gallagiun werden auch nicht lange sichtbar sein.

**Radweg:** Cröt (1 715 m) – nach Süden in die Val Madris – Alp Preda Sovrana (1 995 m). Distanz 11 km, Aufstieg 280 m (in Wirklichkeit etwas mehr, da einige Gegensteigungen), Zeit 1¼ Std. Strasse zu ²/₃ geteert, die letzten 2 km recht rauher Schotterweg.

**Schwierigkeit:** GS. Schwierigstes Teilstück ist der Aufstieg von der Alp Preda Sovrana in die Val da Roda – bei viel Schnee; im Juni freilich wird der Wanderweg aper sein. Zwei steilere Hänge beim Aufstieg zur O-Flanke des Pizz Gallagiun.

**Höhenunterschied:** Aufstieg und Abfahrt je 1 110 m.

**Zeit:** Aufstieg 3¹/₂ Std.; Abfahrt und Abstieg 1¹/₂ Std.

**Lage:** N, oben O.

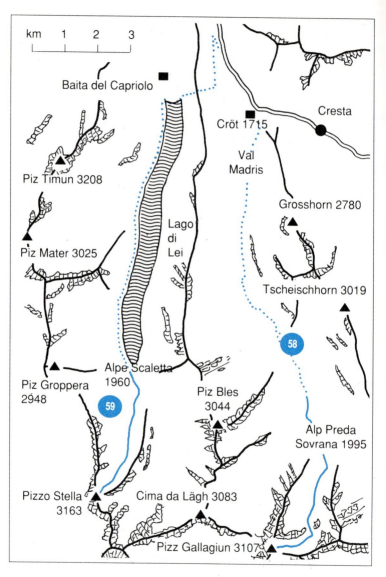

km 1 2 3

Baita del Capriolo

Cröt 1715

Cresta

Piz Timun 3208

Val Madris

Grosshorn 2780

Lago di Lei

Piz Mater 3025

Tscheischhorn 3019

**58**

Alpe Scaletta 1960

Piz Groppera 2948

**59**

Piz Bles 3044

Alp Preda Sovrana 1995

Pizzo Stella 3163

Cima da Lägh 3083

Pizz Gallagiun 3107

**Aufstieg:** Von der Alp Preda Sovrana (1995 m, ohne Namen auf der LK) zuhinterst in der Val Madris südostwärts auf dem Wanderweg oberhalb einer Schlucht in die Val da Roda hinein. Auf einem schmalen Betonsteg (P. 2132 m) wird der Bach überschritten (oder auch etwas weiter unten, wo man leicht zum eingeschnittenen Bachbett absteigen kann), worauf man in die Val da la Prasgnola hineinzieht. Am besten auf dem östlichen Ufer bis in den hinteren Talkessel. Rechtshaltend einen steileren Hang auf eine Verflachung hinauf und nochmals kurz einen von Felsen gesäumten Steilhang hoch, um nach links in einen Sattel westlich von P. 2684 m (mit Niederschlagsmesser) zu queren. Über die felsdurchsetzte O-Flanke auf den Gipfelgrat, wobei man sich mit Vorteil etwas rechts in einer schwach ausgeprägten Mulde hält. Über den Grat zum Triangulationssignal des Pizz Gallagiun (3107 m).

**Abfahrt:** wie Aufstieg. In der O-Flanke kann auch in ihrem mittleren Teil abgefahren werden, um auf der Höhe von P. 2684 m nach links zu queren.

# Pizzo Stella (3163 m)

*Aus der Valle di Lei*

Der Pizzo Stella liegt am Ende der Valle di Lei, einem Paralleltal westlich der Val Madris, aber schon zu Italien gehörend, weil die italienischen Orte Plurs und Chiavenna Weiderechte geltend machen konnten, als es im 19. Jahrhundert darum ging, Staatsgrenzen festzulegen. Heute gibt es nur noch wenige Weiden in der Valle di Lei, da ein riesiger, 8 km langer Stausee das Tal anfangs der 60er Jahre unter Wasser gesetzt hat. Wer genau hinschaut, wird sehen, dass die Staumauer in der Schweiz liegt, und so spricht man denn vom Lago di Lei auch von einem der grössten Stauseen der Schweiz. Seine Betreiberin, die Kraftwerke Hinterrhein, wollte anfangs der 40er Jahre einen grossen Stausee im Rheinwald errichten, was am Widerstand der bedrohten Dörfer scheiterte. Der Lago di Lei ersetzt diesen geplanten Stausee, und es ist vorgesehen, einen zweiten Stausee im Valle di Lei, im Tal zwischen dem Pizzo Stella und der Cima da Lägh, zu bauen, als Ersatz für den Pumpspeicher im Val Madris. Soweit ist es aber noch nicht, und so fahren dem Lago di Lei keine Lastwagen, nur italienische Fischer entlang – und vielleicht ein paar Radfahrer mit Ski, um den Nordfuss des Pizzo Stella zu erreichen, was dank des Tunnels zum Staudamm überhaupt erst möglich ist. Wenn wir aus dem Loch herausradeln, sehen wir weit hinten die weisse Pyramide des Pizzo Stella, 1 200 m über dem Ende des Sees, unnahbar und doch verheissungsvoll leuchtend wie der Morgenstern. Auf der Schotterstrasse haben wir keine Zeit mehr, diesen unvergleichlichen Talabschluss zu studieren, und einmal am Berg, aber nun mit Ski, merken wir gar nicht, wie mächtig er ist. Doch Stunden später, bei der Rückfahrt, baut sich dieser Gipfel im Schnittpunkt der am Splügenpass beginnenden Valle San Giacomo und der vom Malojapass herabkommenden Val Bregaglia mächtig auf. Wir können es kaum glauben, in diese schlicht grandiose Nordflanke unsere Spuren gezogen zu haben.

**Radweg:** Cröt (1 715 m) – Abzweigung Valle di Lei nördlich von Campsut (P. 1 672 m) – Tunnel – Staumauer Lago di Lei (1 932 m) – westliches Seeufer bis zur Brücke westlich der Alpe Scalotta (ca. 1 960 m). Distanz 15 km, Aufstieg 290 m, Zeit 1 1/2 Std. Geteert bis Staudamm, dann Naturstrasse. Wer in der Baita del Capriolo startet, kann ganz gemütlich flach zum Seende radeln.

**Schwierigkeit:** GAS. Der Gipfelhang ist auf 200 Hm 33° steil, der kurze, verwächtete Schlussgrat zum Gipfelkreuz unangenehm abschüssig (aber gut befahrbar). Lawinengefahr an einigen Stellen, doch im Juni normalerweise gering, wenn die Nacht klar war. Der Ghiacciaio Ponciagna ist nur mässig verschrundet.

**Höhenunterschied:** Aufstieg und Abfahrt je 1 200 m.

**Zeit:** Aufstieg 3 1/2 Std.; Abfahrt 1 Std.

**Lage:** N im unteren, NO im oberen Teil. Also spätestens bei Sonnenaufgang den Skiaufstieg beginnen, damit der steile Gipfelhang sicher befahren werden kann.

**Aufstieg:** Von der Brücke (ca. 1 960 m) bei Alpe Scalotta auf der östlichen Seite des eingeschnittenen Baches im Vallone dello Stella ansteigen, genau in südlicher Richtung (wegen des Geländes also immer leicht rechtshaltend über eine Folge von Mulden und Kuppen). Auf etwa 2 620 m fasst man auf dem Ghiacciaio Ponciagna Fuss, steigt zuerst eher auf seiner östlichen Seite auf, hält auf einem Flachstück nach rechts und überwindet den steilen Schlusshang in seiner Mitte. Zuletzt über einen ausgesetzen, verwächteten Grat zum Gipfel des Pizzo Stella.

**Abfahrt:** wie Aufstieg.

**Variante:** Im Vallone dello Stella, nach dem Flachstück auf 2 150 m, südostwärts durch eine Mulde auf das Plateau südlich P. 2 341 m hoch und über den Rücken, vorbei an P. 2 509 m, zum Gletscher, der westlich von P. 2 671 m betreten wird.

# ZWEITES WOCHENENDE IM AVERS
## OBERHALBSTEINER ODER AVERSER ALPEN

Schon wieder ein Wochenende im Avers? Gibt es nicht andere, in diesem Führer noch nicht vorgestellte Täler Graubündens, wo man ebenfalls Skitouren machen könnte? Die gibt es, gewiss, aber im Juni ist die Auswahl etwas eingeschränkt. Deshalb bietet sich das sonnige Hochtal von Avers geradezu an. Aus verschiedenen Gründen. Zum Beispiel seine leichte Erreichbarkeit, fährt doch sommers wie winters das Postauto mehrmals täglich von Thusis über Andeer bis ins hinterste Dorf. Es heisst Juf, bekannt als das höchste ganzjährig bewohnte Dorf der Alpen. 2126 m über Meer liegt sein nördlicher Dorfteil, und diese Höhe garantiert Schnee, vom Winter- bis zum Sommerbeginn. Hinzu kommt, dass die meisten Averser Berge mit Ski erreichbar sind. Diese Auswahl an leichten und schwierigen Skitouren zu fast jeder Jahreszeit macht das Gebiet zwischen dem Schons am Hinterrhein und dem Val Bregalia, zwischen dem Oberhalbstein und der italienischen Valle San Giacomo, zu einer vorzüglichen Gegend für Ausflüge mit Ski. Bemerkenswert, dass die Gasthäuser in den gut erhaltenen, noch nicht verbauten Dörfern einen Aufenthalt auf ihre Art bereichern.

Aber es sind nicht allein die Lage, die Skigipfel, der Zugang und die Unterkünfte, welche das Avers besonders auszeichnen. Das Avers ist eine Talschaft voll anschaulicher Vergangenheit, mit walserischer Einwanderung und rauher Abgeschiedenheit, mit Warenverkehr über die gefährlichen Pässe nach Italien. Es ist aber auch ein Bergbauerngebiet voll spannungsgeladener Gegenwart und Zukunft, mit Abwanderung, die durch Tourismus und dem Kraftwerkbau im Valle di Lei aufgehalten werden konnte, und mit neuen Staudammplänen für ein idyllisches Seitental des Averser Haupttales.

**An- und Rückreise:** Mit der RhB [940] nach Thusis und mit dem Postauto [940.40] über Andeer ins Avers.

**Unterkunft:** Pension Edelweiss bzw. Jugendherberge in Juf, normalerweise offen, Tel. 081/631134. Hotel Alpina in Juppa (genaugenommen zwischen Juppa und Podestatsch Hus), offen von Mitte Dezember bis Ende April sowie ab Mitte Juni, Tel. 081/631168. Weitere Unterkunftsmöglichkeiten beim ersten Avers-Wochenende (Touren 39–40).

**Material:** Evtl. Steigeisen für Aufstieg auf den Piz Piot von Bergalga.

**Karten:** 268 S Julierpass; 1256 Bivio, 1276 Val Bregaglia.

**Jahreszeit:** Dezember bis Juni.

**Ausweichtour:** Im Juni keine grosse Auswahl; sonst Grosshorn–Chlin Hüreli (vgl. Tour 39) sowie Bödengrat P. 2 952 m und Wissberg 2 980 m aus der Bergalga.

**Besonderes:** Die beiden Touren lassen sich natürlich gut mit dem Bike-Weekend in Avers-Cröt verbinden – besonders das Gletscherhorn hat alle Voraussetzungen zu einer Rad-Ski-Tour.

## **60** Gletscherhorn (3 107 m)

*Aus der Bergalga über die NW-Rampe*

Das Gletscherhorn, der hinterste Gipfel in der Bergalga, dem letzten Seitenast des Averser Hochtales, ist eine kühne weisse Spitze. Zu ihr zieht sich eine nach Nordwesten gerichtete Rampe in einem Schwung 900 Hm von der hintersten Talsohle der Bergalga hoch. Obwohl es mit einem harmlosen Firnfeld im Gipfelbereich seinem Namen keine Ehre macht, im Gegensatz zu seinen nördlichen Nachbarsgipfeln, bleibt am Gletscherhorn der Schnee bis in den Frühsommer hinein liegen. Auf dem flachen Zustieg von Juppa oder von Podestatsch Hus, der letzten Siedlung vor Juf, wird man um diese Zeit die Ski tragen müssen. Dabei wird man sich, falls dort noch genügend Schnee liegt, mit dem prüfenden Blick auf die Direktabfahrt vom Piz Piot nach Hinter Bergalga abzulenken wissen, während beim Rückmarsch das Treiben der (sonnen-)hungrigen Murmeltiere für Abwechslung sorgt.

**Schwierigkeit:** GS. Der nordöstliche Gipfelhang ist auf 100 Hm 36°. Nur bei sicheren Verhältnissen.

**Höhenunterschied:** Aufstieg und Abfahrt je 1 120 m (vom Eingang zur Bergalga).

**Zeit:** Aufstieg 4 Std. von Juf, 3 1/2 von Juppa/Hotel Alpina; Abfahrt 1 Std. bis Olta Stöfel/Hinter Bergalga und 1 weitere Std. durchs Tal zurück.

**Lage:** NW.

**Besonderes:** Man kann sich, vor allem wenn man im Hotel Alpina in Juppa logiert, überlegen, ob man die Ski nicht in Olta Stöfel stehen lassen will, um dann am nächsten Tag über den NW-Rücken auf den Piz Piot zu steigen und je nach Schneelage dahin zurück- oder überraschender nach Juf hinunterschwingen will!

**Aufstieg:** Vom Hotel Alpina bei Juppa auf der Strasse talеinwärts bis

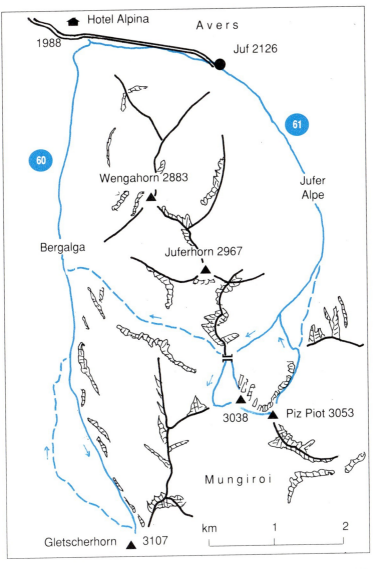

Hotel Alpina

A v e r s

1988

Juf 2126

61

60

Wengahorn 2883

Jufer Alpe

Juferhorn 2967

Bergalga

3038

Piz Piot 3053

M u n g i r o i

km 1 2

Gletscherhorn 3107

rund 100 m vor Podestatsch Hus. Hierher auch von Juf (2 126 m), 2 km auf der Strasse talauswärts. Auf einem Weglein hinunter zur Brücke über den Jufer Rhein (1 988 m). Auf dem Fahrweg 3 km durch das Tal der Bergalga bis zur hintersten grossen Alphütte in Hinter Bergalga, Olta Stöfel (2 074 m), und noch einen guten Kilometer weiter zum Talschluss bei P. 2 138 m. Man kann schon vorher mit dem Aufstieg über die teilweise als Tälchen ausgebildete NW-Rampe beginnen, die gradlinig in den Sattel zwischen Piz Predarossa und Gletscherhorn führt. Über den steilen Schlusshang zum Gipfelsteinmann (3 107 m).

**Abfahrt:** wie Aufstieg.

**Varianten:** Viele Abfahrtsvarianten, insbesondere über die weiten Hänge westlich der NW-Rampe (verschiedene Durchgänge durch das Felsband, welches die Rampe im W begrenzt). Die erste Möglichkeit ist eine schmale, steile Rinne gleich unterhalb des (nordöstlichen) Gipfelhanges; weiter nordwestwärts über herrliche Hänge nach Uf de Büela und nordwärts über Masügg zum Talboden der Bergalga (P. 2 138 m). Bei besten Verhältnissen können sehr gute Skifahrer auch direkt vom Gipfel über die N-Flanke (39° auf 200 Hm) abfahren.

## 61 Piz Piot (3 053 m)

*Von Juf mit Abfahrt über O-Grat oder nach Bergalga*

Der Piz Piot, der hinterste Gipfel im Averser Haupttal, ist der beliebteste Gipfel von Juf aus. Seine nordseitigen Hänge sowie die schmalen Grate, die sich vom Jufer Joch bzw. vom Piotjoch zum Doppelgipfel hinaufziehen, werden auf dem längeren Flachstück der Jufer Alpa erreicht. Je nach Schneeverhältnissen, Können und Tageszeit wählt man verschiedene Routenkombinationen. Besonders empfehlenswert ist bei genügend und sicherem Schnee die Überquerung von Ost nach West mit anschliessender Steilabfahrt nach Hinter Bergalga. Aber auch die drei im oberen Teil verschiedenen Abfahrten nach Juf sind lohnend – und vor allem noch im Juni durchführbar. Dass sich der Schnee auf den Wiesen hinter diesem bemerkenswerten Alpendorf so lange hält, schätzen allerdings die Tourenskiläufer weitaus mehr als die Landwirte.

**Schwierigkeit:** GS, mit kurzen Stellen an der Grenze zu SGS (W-Grat des Hauptgipfels sowie oberster Teil des NNO-Grates, die beide um die 35° und recht ausgesetzt sind). Das gleiche gilt übrigens auch für den obersten Teil des N-Grates des Westgipfels. Schneebrettgefahr im jähen Nordhang unterhalb des Jufer Jochs. Achtung auf Wächten im Gipfelbereich. Erreicht man den W-Gipfel über den W-Grat und fährt von dort wieder ab, ist die Schwierigkeit nur MS.

**Höhenunterschied:** 940 m von Juf.

**Zeit:** Aufstieg von Juf 3 1/2 Std.; Abfahrt 1 1/2 Std.

**Lage:** N, NO

**Aufstieg:** Von Juf (2 117 m) auf dem Ostufer des Jufer Rheins taleinwärts und unter der N-Flanke des Piz Turba südostwärts abbiegen. Weiter immer dem Talgrund folgen bis unterhalb einer recht steilen Verengung (P. 2397 m), die man linksausholend umgeht, um dann wieder in der Talachse aufzusteigen (man kann aber auch direkt durch die Verengung hoch). Man gelangt so auf das Flachstück unterhalb des Piotgletschers. Südwestwärts in das Piotjoch (2822 m) hinauf und südwärts durch eine Mulde zum Westgipfel-Westgrat, der östlich von P. 2959 m erreicht wird. Über diesen Grat aufwärts und durch die Flanke auf den verwächteten Verbindungsgrat Westgipfel–Hauptgipfel queren. Weiter in der Flanke auf den höchsten Punkt der Piz Piot (3053 m).

**Abfahrt:** Vom Hauptgipfel über den im oberen Teil schmalen NNO-Grat hinab gegen das Jufer Joch (2766 m). Noch vor der tiefsten Einsattelung links steil hinunter (39° auf 60 Hm) und zur Aufstiegsroute. Vom Jufer Joch kann bei sicheren Verhältnissen auch direkt über sehr steile N-Hänge abgefahren werden.

**Varianten:**

*1 ) Umgekehrte Route:* Aufstieg über Jufer Joch, Abfahrt vom Westgipfel (3037 m) über den im obern Teil schmalen und steilen (kurz um die 35°) N-Grat direkt ins Piotjoch (ein Felsturm wird westlich umfahren). Diese Route wird man wählen, wenn man anschliessend nach Hinter Bergalga abfährt. Der N-Grat des Westgipfels dient auch als ziemlich sichere Aufstiegsroute, vor allem dann, wenn der Ausstieg auf den Westgrat des Westgipfels zu gefährlich erscheint.

*2 ) NO-Flanke des Westgipfels:* Über den N-Grat bis in die Lücke südlich des Felsturms, dann leicht linkshaltend über die NO-Flanke (41° auf 120 Hm) auf den Piotgletscher.

*3 ) Abfahrt vom Piotjoch in die Bergalga:* Vom Joch nordwestwärts über flaches, gewelltes Gelände, nördlich der beiden Kuppen P. 2753 m und P. 2746,3 m vorbei, zur Kanzel von P. 2650 m. Hier beginnt die steile Abfahrt nach Olta Stöfel. Über den NW-Rücken, der rechts in den tiefeingeschnittenen Hüttabach abfällt, hinunter zu P.2 199,5 m, wobei man sich im unteren Teil meistens etwas rechts des Rückens hält. Auf der südlichen, moränenartigen Bachbegrenzung hinunter zu den Alphütten (2 074m). Bei sicheren Verhältnissen eine ganz starke Abfahrt. Schwierigkeit SGS, durchschnittlich 30° auf 500 Hm, mit deutlich steileren Strecken. Die Route auf der Karte Julierpass (1985/89) ist nicht empfehlenswert.

## WOCHENENDE AUF DEM FLÜELAPASS

### ALBULA-ALPEN

Spät in der Skitourensaison braucht es hochgelegene Ausgangspunkte, damit man die Ski nicht stundenlang zum Schnee tragen muss. Ein solcher Ausgangspunkt, bei dem man noch im Juni nach dem Aussteigen aus dem Postauto die Ski anschnallen kann, ist der Flüelapass mit seinen ansehnlichen 2 393 m Seehöhe. In Verbindung mit der Chamanna da Grialetsch ermöglicht er ein schönes, auch skiläuferisch befriedigendes Wochenende.

**Anreise:** Von Chur mit der RhB [910] nach Davos Dorf oder Platz. Mit dem Postauto [910.75, verkehrt erst ab Anfang Juni] über den Flüelapass bis zur Haltestelle Schwarzhorn, der nächsten nach Ospiz Flüela.

**Rückreise:** Von Dürrboden im Dischmatal mit dem Bus [910.65, verkehrt erst ab Sommeranfang] nach Davos Dorf oder Platz. An Wochenenden im Mai und Juni, wenn die Strasse bis Dürrboden offen ist, besteht freilich die Möglichkeit, mit einem der vielen Skitouren-Autos mitzufahren. Wer nicht auf diese Weise nach Davos zurückkehren will, fährt vom Piz Grialetsch zurück an die Flüelapassstrasse (Haltestelle Chant Sura), entweder direkt über die NO-Flanke oder über die N-Flanke mit anschliessendem Wiederaufstieg zur Grialetschhütte. Konditionsstarke Skibergsteiger steigen vom Fuss der Grialetsch-Nordflanke in etwa 2 Std. aufs Chüealphorn (3 077 m) und fahren ins Sertig ab (vgl. Tour 42).

**Ausgangspunkt:** Haltestelle Schwarzhorn östlich des Flüelapasses, bei der Abzweigung des Sommerpfades auf das Schwarzhorn, ca. 2 330 m.

**Unterkunft:** Chamanna da Grialetsch SAC (2 542 m), 75 Plätze (Winterraum 30), März/April durchgehend, im Juni teilweise bewirtschaftet, Tel. 0 81/46 34 36. Passhotel Flüela-Hospiz, Tel. 0 81/46 17 47.

**Material:** Normale Skitourenausrüstung. Vorsichtshalber Pickel und Seil für die Abfahrt über den Scalettagletscher.

**Karten:** 258 S Bergün; 1217 Scalettapass.

**Jahreszeit:** Ausgenommen die Steilflanke vom Piz Grialetsch (besser erst ab März) sind die Anstiege von Dezember bis Juni möglich.

**Ausweichtour:** Die sonnseitige Abfahrt von der (Radüner) Rothorn Furgga kann in schneearmen Wintern im Juni schon recht aper sein. Bei solchen Verhältnissen ist es angenehmer, die Tour in der umgekehrten Richtung zu machen.

*1 ) Umgekehrte Richtung:* Aufstieg am ersten Tag von der Haltestelle Chant Sura (2176 m) auf der Engadiner Seite des Flüelapasses durch die Val Grialetsch zur Chamanna da Grialetsch; Zeit 2 Std. Wer früh genug startet, steigt direkt auf den Piz Grialetsch, fährt über die Nordflanke ins Gletschertälli (ca. 2240 m) ab und bummelt gemütlich über die Fuorcla da Grialetsch zur Hütte hinauf. Mit 6–7 Std. ist von Chant Sura zu rechnen. Am nächsten Tag über Radüner Rothorn und Schwarzhorn zum Flüelapass. Oder Piz Grialetsch-Rundtour, nochmals übernachten und erst dann zum Schwarzhorn.

*2 ) Zusatzgipfel Piz Sarsura:* Ein sehr schneesicherer Juni-Skigipfel ist der Piz Sarsura (3178 m), den man ebenfalls in den Aufstieg zur Grialetschhütte einplanen kann. Am Talschluss der Val Grialetsch (P. 2369 m) zweigt man nach links ab und steuert den östlichen Teil des Vadret da Grialetsch an. Knapp unter der Fuorcla Barlasch nach links in einer steilen W-Flanke zum Gipfel. Einfacher ist der Anstieg über die Fuorcla Sarsura und den gleichmässig geneigten Vadret da Sarsura.

**Besonderes:** Unter der Woche leidet das Grialetsch-Gebiet unter den Geschossen des Fliegerabwehr-Schiessplatzes S-chanf; Auskunft unter Tel. 081/23 35 13.

# Schwarzhorn (3146 m) – Radüner Rothorn (3022 m)

*Von der Flüelapassstrasse zur Chamanna da Grialetsch*

Im Juni gibt es gut abgesetzten Sommerfirn. Da kann man mit dem ersten Zug bzw. Autobus statt des Hüttenanstiegs von einem Gipfel zur Hütte abfahren und noch einen zweiten, das Radüner Rothorn, »mitnehmen«. Obwohl das Schwarzhorn wie ein unzugänglicher Felskamm aussieht, kann man mit Ski bis zum Gipfel steigen, einem ungemein aussichtsreichen Gipfel übrigens. Wer wird sich dieses Vergnügen entgehen lassen?

**Schwierigkeit:** GS. Der Schwarzhorn S-Grat ist nicht sehr steil, aber schmal und deshalb recht ausgesetzt. Die O-Flanke des Radüner Rothorns ist 100 m hoch und 34° steil. Die obersten 120 Hm bei der Abfahrt von der Rothorn Furgga sind 30°. Um diese Jahreszeit bei normalen Verhältnissen keinerlei Lawinengefahr.

**Höhenunterschied:** Aufstieg 880 + 220 m (= 1 100 m); Abfahrt 350 + 480 m (= 830 m).

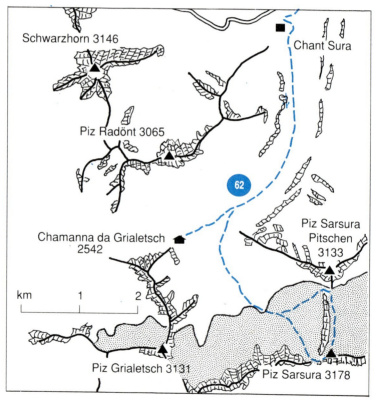

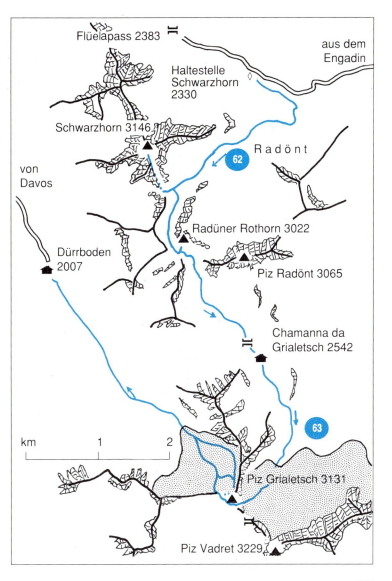

Flüelapass 2383

aus dem
Engadin

Haltestelle
Schwarzhorn
2330

Schwarzhorn 3146

Radönt

62

von
Davos

Radüner Rothorn 3022

Piz Radönt 3065

Dürrboden
2007

Chamanna da
Grialetsch 2542

63

km      1      2

Piz Grialetsch 3131

Piz Vadret 3229

225

**Zeit:** Flüelapassstrasse, Haltestelle Schwarzhorn–Schwarzhorn 3 Std.; Schwarzhorn–Radüner Rothorn 1¹/₂ Std. Radüner Rothorn–Chamanna da Grialetsch 1 Std. Gesamt 5¹/₂ Std.

**Lage:** Aufstieg zum Schwarzhorn NO, SO, zum Radüner Rothorn NO; Abfahrt vom Schwarzhorn SO, vom Radüner Rothorn zur Grialetschhütte SO, S.

**Aufstieg Schwarzhorn:** Von der Haltestelle Schwarzhorn an der Flüelapassstrasse (ca. 2 330 m) kurz talauswärts fast bis zur Einmündung des Radöntbaches (2 263 m) abfahren. Von hier steigt man Richtung S auf, erreicht in einem weiten Linksbogen P. 2 418 m und geht flach weiter zu P. 2 487 m (kleiner See). Nun wird es steil beim Weiterweg zur Schwarzhornfurgga (2 883 m). Hier setzt der Südgrat des Schwarzhorns (3 146 m) an, den wir bis zum Gipfel verfolgen – anfangs reichlich steil, dann mässig geneigt.

**Abfahrt vom Schwarzhorn:** Wie Aufstieg bis unterhalb der Schwarzhornfurgga, etwa bis in eine Höhe von 2 800 m.

**Aufstieg zum Radüner Rothorn:** Durch eine Mulde steigt man ohne Schwierigkeiten erst Richtung S, dann Richtung SO einbiegend, zum Gipfel (3 022 m) auf.

**Abfahrt zur Chamanna da Grialetsch:** Über den steilen Osthang in eine Mulde, aus der man nahezu eben zur Rothorn Furgga (2 884 m) queren kann. Richtung S durch eine schöne Mulde zum Furggasee (2 510 m). Bereits etwas oberhalb des Sees hält man sich links, um keine Höhe zu verlieren, erreicht die Fuorcla da Grialetsch (2 537 m) und mit ganz geringem Auf und Ab wenig später die Hütte (2 542 m).

 ## Piz Grialetsch (3 131 m)

*Von der Chamanna da Grialetsch mit Abfahrt
über die N-Flanke nach Dürrboden*

Der Piz Grialetsch ist ein »leichter« Dreitausender mit einer schwierigen Abfahrtsdirettissima, die geradewegs in den Bergfrühling führt. Seine Paradeseite, die eindrucksvolle Nordflanke, sehen wir erst nach unserer Abfahrt ins Tal von Dischma.

**Schwierigkeit:** GAS. Direktabfahrt vom Gipfel knapp 40°, die anschliessende Querung etwa gleich steil. Nordflanke unterhalb Sattel bei P. 3 043 m ebenfalls knapp 40°, aber offeneres Gelände. Um diese Jahreszeit kaum Lawinengefährdung, ausgenommen nach starken Schneefällen oder einem Wärmeeinbruch. Auf dem Scalettagletscher Spalten, die bei schlechter Sicht gefährlich werden können.

**Höhenunterschied:** Aufstieg 590 m; Abfahrt 1120 m.

**Zeit:** Aufstieg 2 Std.; Abfahrt 1 1/2 Std.

**Lage:** Aufstieg N, NO, S, W; Abfahrt N, NW.

**Aufstieg:** Von der Chamanna da Grialetsch (2542 m) in südlicher Richtung zu einem flachen Sattel (P. 2668 m) und – nach anfangs geringem Höhenverlust – weiter zu P. 2713 m. Wenig später erreicht man den Vadret da Grialetsch und steigt nun mässig steil zur Fuorcla Vallorgia (2969 m) auf. Unter dem Felsaufbau unseres Gipfels quert man hinüber zu einem Sattel östlich von P. 3034 m am Westgrat. Über den Grat erreicht man (mit aufgeschnallten Ski) unschwierig den Gipfel.

**Abfahrt:** Wer es sich zutrauen darf, fährt vom Gipfel steil Richtung N zu einer sanft geneigten Gletscherterrasse ab. Von hier biegt man auf etwa 2970 m zwischen Felsen Richtung W in den oberen Teil des Scalettagletschers ein. Hierher eine Spur leichter, wenn man über den W-Grat bis in den Sattel östlich P. 3043 m zurückkehrt und Richtung NO in die Nordflanke einfährt. Ohne weitere Schwierigkeiten erreicht man in der weiteren Abfahrt das Gletschertälli und (nach einem schneereichen Winter) auf den letzten Schneeresten oder zu Fuss über die Almböden Dürrboden (2007 m).

## VERLÄNGERTES WOCHENENDE
## IN DER ZENTRALEN BERNINA

Was den Gipfel betrifft, bringt dieses Wochenende im wahrsten Sinne den »Höhepunkt«: den Piz Bernina (4049 m) als den höchsten Gipfel (und einzigen Viertausender) nicht nur der Bernina Alpen, sondern der gesamten Ostalpen. Der Piz Palü mag als zweiter Höhepunkt gelten. Die dreigipfelige Firnschneide ist für viele Menschen ein Symbol für »Berg« schlechthin und damit in die Nähe des Matterhorns gerückt. Dass dieses Wochenende anstrengend ist und keine Genussskiläufer, sondern erprobte Skibergsteiger erfordert, braucht nicht besonders betont zu werden. Dennoch oder gerade deshalb: bei gutem Wetter kann sich dieses Wochenende auch zu einem persönlichen Höhepunkt im alpinen Tourenjahr gestalten.

**An- und Rückreise:** Von Chur mit der RhB [940] nach Samedan und auf der Linie St. Moritz–Tirano [950] weiter zur Haltestelle Morteratsch; die übernächste Haltestelle ist Bernina Diavolezza.

**Ausgangspunkt:** Hotel Morteratsch bei der gleichnamigen Bahnstation (1896 m).

**Unterkunft:** Hotel Morteratsch, 2 Wochen nach Ostern bis Mitte Juni geschlossen, Tel. 0 82/66313. Chamanna da Boval SAC (2495 m), 100 Plätze (Winterraum 12), meistens bewirtschaftet, Tel. 082/66403. Die italienischen Schutzhütten Rifugio Marinelli (218 Plätze, Winterraum mit 14 Plätzen immer offen) und Rifugio Marco e Rosa (alte Hütte mit 20 Schlafplätzen immer offen, keine Kochgelegenheit) sind im Mai/Juni nicht bewirtschaftet (Rifugio Marinelli um Ostern, Rif. Marco e Rosa nur in der Sommersaison bewirtschaftet).

**Material:** Vollständige Ausrüstung für Skihochtour. Wer im Rifugio Marco e Rosa übernachten will, muss unbedingt Kocher und evtl. auch Schlafsack mitschleppen.

**Karten:** 268 S Julierpass; 1257 St. Moritz, 1277 Piz Bernina.

**Jahreszeit:** Ab März möglich, günstigste Zeit jedoch April bis Juni.

**Ausweichtour:** Zahlreiche leichtere Gipfel wie z. B. Piz Misaun und Piz Mandra.

# 64 Piz Chalchagn (3154 m)
*Von Morteratsch über SO-Seite mit Abfahrt zur Chamanna da Boval*

Wer wird denn einen ganzen Tag für einen Hüttenanstieg verwenden? Günstiger ist es, die Chamanna da Boval über den Piz Chalchagn anzusteuern. Der Gipfel ist gleich zweifach berühmt: Wegen seiner vorgeschobenen Lage bietet er eine grossartige Aussicht, insbesondere einen eindrucksvollen Nahblick auf die späteren hohen Ziele; wegen seiner steilen Gipfelflanke wird er von Skiläufern geschätzt.

**Schwierigkeit:** SGS. Der knapp 200 m hohe, steile Gipfelhang ist auf 100 Hm 34°. Bei rechtzeitigem Aufbruch nach kalter Nacht um diese Jahreszeit keine Lawinengefahr.

**Höhenunterschied:** Aufstieg 1260 m; Abfahrt 660 m.

**Zeit:** Aufstieg 4 Std.; Abfahrt 1 1/2 Std.; im unteren Teil der Abfahrt zur Hütte ziemlich flach.

**Lage:** Aufstieg O, S; Abfahrt S, SO.

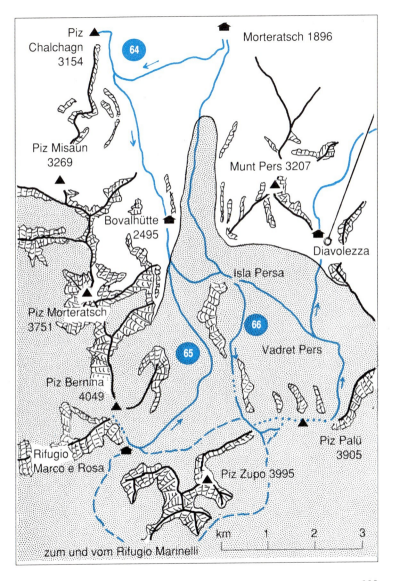

Piz Chalchagn 3154

Morteratsch 1896

64

Piz Misaun 3269

Munt Pers 3207

Bovalhütte 2495

Diavolezza

Isla Persa

Piz Morteratsch 3751

66

Vadret Pers

65

Piz Bernina 4049

Rifugio Marco e Rosa

Piz Palü 3905

Piz Zupo 3995

km    1    2    3

zum und vom Rifugio Marinelli

**Aufstieg:** Von Morteratsch (1 896 m) kurz taleinwärts, dann auf dem Sommerweg (ab Mai häufig aper) zur Chünetta (2 083 m), einem schönen Aussichtspunkt. Steil in westlicher Richtung hinauf. Bei etwa 2 500 m erreicht man flacheres Gelände. Weiterhin in der Grundrichtung W zu einem kleinen See (2 740 m). Nach N einbiegen und geradewegs auf den Gipfel zu. In einer Höhe von etwa 2 900 m erreicht man den steilen Gipfelhang. Man hält sich wegen einiger Felsen ziemlich weit rechts. Über eine Kuppe erreicht man schliesslich unschwierig den weitläufigen Gipfel des Piz Chalchagn (3 154 m).

**Abfahrt:** Über die steile Südflanke. Weiter in dieser Richtung bis oberhalb einer kleinen Mulde, in die ein See eingelagert ist (2 640 m). In südöstlicher Richtung auf einer Art Terrasse (skiläuferisch nicht besonders reizvoll, da sehr flach), zuletzt in einem flachen Tälchen zur Chamanna da Boval (2 495 m).

## **65** Piz Bernina (4 049 m)

*Von der Chamanna da Boval über den »Buuch«*

Grossartige Bergfahrt auf den höchsten Gipfel der Ostalpen. Alpin anspruchsvoll und gefährlich – Eisschlaggefahr, sehr gefährliche Spalten. Zweckmässige und vollständige Ausrüstung, ausgezeichnete Kondition, bergsteigerisches Können sowie günstige Verhältnisse (vor allem gute Sicht) sind unbedingt erforderlich! Die Hauptschwierigkeit des Anstiegs besteht in der Überwindung der ungeheuren Spaltenbrüche. Von den drei möglichen Durchstiegen (Labyrinth, Buuch, Foura = Loch) wird bei Skibesteigungen der mittlere Durchschlupf (»Buuch«) am häufigsten gewählt. Ein relativ sicherer Anstieg wäre über den Fortezzagrat und die Bellavista-Terrasse möglich, er ist jedoch mit einem bedeutenden Umweg und entsprechendem Zeitverlust verbunden.

**Schwierigkeit:** SGAS. Lawinengefährdung um diese Jahreszeit (ausser nach starken Schneefällen oder Wärme-Einbrüchen) gering, doch Eisschlag- und Spaltensturzgefahr. Skialpinistisch die anspruchsvollste Tour in diesem Führer!

**Höhenunterschied:** Aufstieg 1 550 m; Abfahrt vom Skidepot 1 400 m.

**Zeit:** Aufstieg 6 Std. bei einigermassen günstigen Verhältnissen. Zeit für die Abfahrt nicht nur vom skitechnischen Können und den Schneeverhältnissen, sondern auch vom Ausmass der Spaltengefährdung abhängig – erhebliche Verlängerung, wenn teilweise angeseilt abgefahren werden muss. Mit mindestens 3–4 Std. rechnen!

**Lage:** Aufstieg und Abfahrt N, NO, SO.

**Aufstieg:** Von der Chamanna da Boval (2495 m) zum Vadret da Morteratsch und sehr flach zu den felsigen Ausläufern, die den Gletscher im Osten begrenzen. Steil durch spaltenreiches Gelände zu einer Verflachung, und kurz darauf wieder steil zwischen einem Felssporn (P. 3087 m) und dem Fortezza-Grat. Geradeaus ginge es jetzt in das »Loch«, das gegenwärtig so stark zerklüftet ist, dass man mit Ski kaum einen Durchstieg findet. Wir wenden uns deshalb oberhalb des Sporns nach rechts (SW) und steigen wenig später – wieder sehr steil! – zwischen P. 3225 m und P. 3591 m auf. Richtung SW geht es auf die Fuorcla Crast' Agüzza (3601 m) zu, in deren unmittelbarer Nähe das Rif. Marco e Rosa steht (etwas westlich der Scharte auf einer fast gleich hohen Kuppe). Wir können bereits unterhalb der Scharte nach rechts abbiegen und über den schönen Südosthang fast bis zur »Schulter« (La Spedla, 4020 m, »Spalla-Grat«) aufsteigen. Skidepot. Über den Grat unschwierig, aber ausgesetzt, zum Gipfel des Piz Bernina (4049 m).

**Abfahrt:** Wie Aufstieg.

**Varianten: 1)** Nächtigung in dem (unbewirtschafteten) Rifugio Marco e Rosa (3597 m). Anschliessend am nächsten Tag über die Bellavista-Terrasse (besonders ausdauernde Geher können auch die drei Gipfel der Bellavista »mitnehmen«). Nach einer Überschreitung der drei Palü-Gipfel Abfahrt nach Morteratsch. Eine Nächtigung im Rif. Marco e Rosa ist allerdings nicht ohne Risiko, weil ein Wetterumschwung verheerende Auswirkungen haben kann: Man sitzt wie in einer Mausefalle fest.

**2)** Von der Fuorcla Crast' Agüzza in sehr anspruchsvoller Abfahrt oder Abstieg durch das 350 m hohe SW-Couloir (100 Hm 45°) zum gleichfalls (zu dieser Zeit) unbewirtschafteten Rifugio Marinelli (2813 m). Am nächsten Tag Überquerung der sehr flachen Vedretta di Fellaria, Aufstieg zum Altipiano di Fellaria und zur Fuorcla Bellavista. Nach einer Überschreitung der drei Palü-Gipfel Abfahrt nach Morteratsch.

# Piz Palü (3905m)

66

*Überschreitung West-Ost mit Abfahrt zur Diavolezza oder nach Morteratsch*

Die Überschreitung des »Silberdoms« ist kaum weniger schön als eine Ersteigung des Piz Bernina – aber ungleich weniger gefährlich. Wegen der grösseren Abwechslung des Anstiegs wird sie trotz gleicher

Anstiegszeit zumeist weniger anstrengend empfunden. Etwas Kletterfertigkeit erforderlich. Bei der Überschreitung selbst ist bei günstigen Bedingungen lediglich Schwindelfreiheit gefragt.

**Schwierigkeit:** SGAS. Abfahrt häufig zu einer »rauhen Piste« eingefahren, Spaltengefahr daher aufgrund der entsprechend deutlichen Spuren gering; im Juni jedoch erhält der Piz Palü weniger Besuch, weshalb man die richtige Route zwischen den Spalten oft selbst suchen muss. Lawinengefährdung nur nach starken Schneefällen oder nach einem Wärmeeinbruch.

**Höhenunterschied:** Aufstieg 1410 m + einige kurze Gegenanstiege; Abfahrt ab Skidepot 1840 m bzw. soweit der Schnee reicht.

**Zeit:** Aufstieg 6 Std.; Abfahrt 2–4 Std.

**Lage:** Aufstieg N, O; Abfahrt N, NO, N.

**Aufstieg:** Von der Chamanna da Boval (2495 m) in einem leichten Rechtsbogen über den Vadret da Morteratsch zur Abfahrtspiste von der Diavolezza. Auf der Piste Richtung P. 2720 m (Isla Persa). Kurz vorher zweigt man nach rechts ab und steigt, erst in einer Mulde, dann über den Vadret da la Fortezza zur Gemsfreiheit (Rifugi dals Chamuotschs, 3129 m) auf. Man lässt diesen aussichtsreichen Mini-Gipfel wörtlich »links liegen« und steigt zum Fortezza-Grat auf. Das ist ein gut begehbarer Rücken, der jedoch ein felsiges Zwischenstück aufweist, das mit aufgeschnallten Ski überwunden werden muss. Anschliessend problemlos weiter Richtung Ostgipfel der Bellavista (3804 m) zu. In einer Höhe von 3680 m, jedenfalls aber oberhalb der gewaltigen Eisbrüche (links), verlässt man den Rücken und quert zur Fuorcla Bellavista (3688 m). Kurz Richtung O, dann müssen die Ski aufgeschnallt werden. Hier beginnt die Überschreitung der Palü-Gipfel. Bei guten Verhältnissen ein Stapfen im Firn mit grossartiger Aussicht, aber auch gruseligem Tiefblick. Bei weniger guten Verhältnissen sind Steigeisen erforderlich und weniger Geübte anzuseilen. Über den Westgipfel (3823 m) und den Hauptgipfel (3905 m) erreicht man den überaus häufig bestiegenen Ostgipfel (3882 m), der nur während der Revisionsarbeiten an der Diavolezza-Seilbahn zwischen der Winter- und der Sommersaison (Winterbetrieb endet Anfang Mai) seine Schonzeit erhält.

**Abfahrt:** Kurzer Abstieg vom Piz Palü Ostgipfel über den Ostgrat, dann können die Ski angeschnallt werden. Richtung N durch die Gletscherbrüche bis in die flache Mulde des Vadret Pers in 3000 m Höhe. Hier heisst es, Vor- und Nachteile abzuwägen:

**a)** Richtung NW abfahrend stösst man auf die Pistenabfahrt von der Diavolezza, steigt kurz zur Isla Persa auf und fährt dann über den Morteratschgletscher ab. Die Abfahrt endet praktisch bei der Haltestelle Morteratsch (1896 m) der Rhätischen Bahn, apert allerdings im unteren Teil verhältnismässig früh aus.

**b)** Man fährt aus der Gletschermulde zuerst nordwestwärts, dann sehr flach Richtung N ab und steigt in einer halben Stunde zur Bergstation der Diavolezza-Seilbahn auf. Anschliessend auf der Pistenabfahrt zur Talstation bzw. zur RhB-Haltestelle Bernina Diavolezza (2093 m). Diese Abfahrt ist länger befahrbar, weil sie steiler und schattiger ist und die Schneedecke durch die Pistenpräparierung länger hält.

**Variante:** Aufstieg von der Chamanna da Boval über die Abfahrtsroute (Vadret Pers) auf den Piz Palü, was den Vorteil hat, das man die Abfahrt über die verschrundete N-Mulde schon beim Aufstieg kennenlernt. Von der Hütte wie bei obigem Aufstieg zur Isla Persa, Querung auf den Vadret Pers und südostwärts über den Gletscher zur flachen Mulde auf 3000 m (westlich P. 3031 m). Mit 5 Std. von der Bovalhütte auf den Piz Palü-Ostgipfel rechnen.

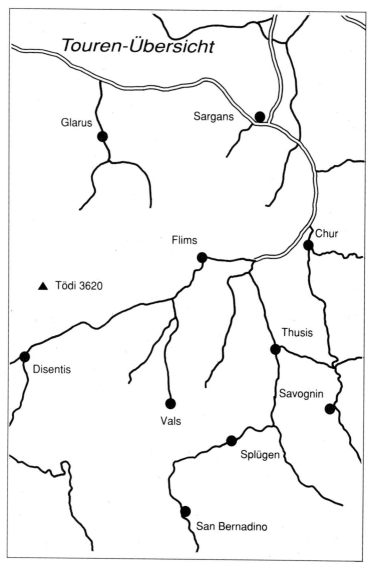

Touren-Übersicht

Glarus

Sargans

Chur

Flims

▲ Tödi 3620

Thusis

Disentis

Savognin

Vals

Splügen

San Bernadino

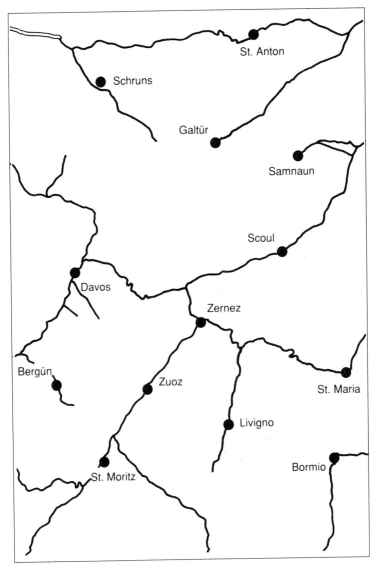

St. Anton

Schruns

Galtür

Samnaun

Scoul

Davos

Zernez

Bergün

Zuoz

St. Maria

Livigno

St. Moritz

Bormio

# Literaturverzeichnis

Auf der Maur, Willy und Ineichen, Fritz: Alpine Skitouren Band 1/Zentralschweiz–Tessin. Verlag Schweizer Alpen-Club, Bern 1985.

Calonder, Georg: Alpine Skitouren Band 2/Graubünden. Verlag Schweizer Alpen-Club, Bern 1987.

Gnudi, Maurizio e Malnati, Franco: Dal Sempione allo Stelvio.
112 itinerari scialpinistici nelle Alpi Centrali. Centro Documentazione Alpina, Torino 1986.

Grilli, Mario: dal Monte Rosa alle Valtellina. 732 itinerari scialpinistici. Torino 1989.

Keill, Peter und Steinbichler, Hans: Die grossen Skihütten der Ostalpen und ihre Gipfel. Bergverlag Rother, München 1988.

Keill, Peter und Steinbichler, Hans: Die grossen Skihütten der Westalpen und ihre Gipfel. Bergverlag Rother, München 1990.

Klappert, Reinhard: Westalpen Skitourenführer. Verlag J. Berg, München 1991.

Luchsinger, Werner: Alpine Skitouren Band 5/Glarus – St. Gallen–Appenzell. Verlag Schweizer Alpen-Club, Bern 1990.

Pracht, Egon: Alpenvereins-Skiführer Silvretta und Rätikon, Bergverlag Rother, München 1984 (10. Auflage).

Seibert, Dieter: Skitouren Vorarlberg. Steiger Verlag, Berwang/Tirol 1988.

Weiss, Rudolf: Skitouren im Engadin. Steiger Verlag, Berwang/Tirol 1989 (2. Auflage).

Weiss, Rudolf: Alpenvereins-Skiführer Ortleralpen. Bergverlag Rother, München 1991.

# Register

Die Zahlen entsprechen den jeweiligen *Touren-Nummern*. Bei den mit einem Sternchen (*) gekennzeichneten Ziffern handelt es sich um Ausweichtouren, die schon in der Einleitung der jeweiligen Tourenbeschreibung vorgestellt werden. (‾) bedeutet, dass die Route als Variante bei der entsprechend numerierten Tour aufgeführt ist. Namensteile wie »Piz« oder »Pizzo«, »Klein/Chlin«, »Mittlerer«, »Gross« usw. wurden nachgestellt.

# QUALITÄTSVOLLE SKITOURENFÜHRER:

DANIEL ANKER, FRANÇOIS LABANDE
Schweiz Bd. 1 – Berner Oberland und Wallis
Schweiz Bd. 3 – Westliche Schweiz

DIETER SEIBERT
Vorarlberg

ULLI SEIBERT
Bayern und Nord-Tiroler Kalkalpen

RUDOLF WEISS
Engadin
Ötztaler Alpen
Stubaier Alpen
Zillertaler Alpen
Kitzbüheler Alpen
Nord-Tirol, Ost-Tirol
Süd-Tirol
Dolomiten
Salzburg, Berchtesgaden, Glocknergruppe
Hohe Tauern (Nationalpark)

WERNER FREY
Tiroler Tourenbuch

## Steiger Verlag

Dieter Seibert

**STUBAIER ALPEN**

**Wandern Bergsteigen**

mit Hüttenverzeichnis

Dieter Seibert

**Karwendel · Wetterstein Mieminger Berge Ammergauer Alpen**

**Wandern Bergsteigen**

mit Hüttenverzeichnis

**BLUMEN WIESEN** DER ALPEN

ALFRED POHLER

**SüdTirol**

Bildwanderbuch

**BERGWERKE HÖHLEN HEILQUELLEN**

Herbert Kuntscher

ERLEBNIS
BERGWANDERN